汉译知识管理丛书

# 知识创造的螺旋
## 知识管理理论与案例研究

[日]竹内弘高 野中郁次郎 著
李 萌 译 高 飞 校译

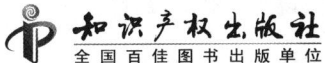
知识产权出版社
全国百佳图书出版单位

## 图书在版编目(CIP)数据

知识创造的螺旋：知识管理理论与案例研究／（日）竹内弘高，（日）野中郁次郎著；李萌译．—北京：知识产权出版社，2005.10
（汉译知识管理丛书）
ISBN 978-7-80198-352-7

Ⅰ.知… Ⅱ.①竹…②野…③李… Ⅲ.知识经济—应用—企业管理—案例—研究 Ⅳ.F270

中国版本图书馆CIP数据核字（2005）第113303号

All Rights Reserved. Authorized Translation from English language edition published by John Wiley & Sons (Asia), Pte Ltd.

本书由John Wiley & Sons正式授权知识产权出版社在世界范围以简体中文翻译、出版、发行此书。未经出版者书面许可，任何人不得以任何方式和方法复制抄袭本书的任何部分，违者皆须承担全部民事责任及刑事责任。

| 责任编辑：李 潇　石陇辉 | 责任校对：董志英 |
| 装帧设计：智兴设计室 | 责任出版：卢运霞 |

## 汉译知识管理丛书
## 知识创造的螺旋
### ——知识管理理论与案例研究

[日]竹内弘高　野中郁次郎　著
李　萌　译
高　飞　校译

| 出版发行 | 知识产权出版社 | | |
|---|---|---|---|
| 社　　址 | 北京市海淀区马甸南村1号 | 邮　编 | 100088 |
| 网　　址 | http://www.ipph.cn | 邮　箱 | bjb@cnipr.com |
| 发行电话 | (010)82000860转8101/8102 | 传　真 | (010)82000893/82005070 |
| 责编电话 | (010)82000860转8119 | 责编邮箱 | duanhongmei@cnipr.com |
| 印　　刷 | 北京嘉恒彩色印刷有限责任公司 | 经　销 | 新华书店及相关销售网点 |
| 版　　次 | 2006年1月第1版 | 印　次 | 2018年1月第5次印刷 |
| 开　　本 | 720mm×960mm 1/16 | 印　张 | 23.25 |
| 字　　数 | 284千字 | 定　价 | 55.00元 |
| 版权登记号 | 01-2005-3152 | | |
| ISBN 978-7-80198-352-7/F·049（1484） | | | |

出版权专有　侵权必究
如有印装质量问题，本社负责调换

## 中文版序

知识管理作为近年来少数流行的理念之一，既让实践者们欢欣鼓舞，也让其他学术领域的学者们为之一振。自我于20世纪90年代初陆续发表有关文章和出版专著以来，知识管理的理念越来越普及，学术和大众刊物上发表了大量文章，越来越多的组织准备实行知识管理系统和战略。对于那些依赖高附加值的服务及产品的组织来说，知识管理在许多方面已经能够满足需求。

《创造知识的企业》、《知识创造的螺旋》和《创新的本质》这三本书提供了知识管理理论和实践方面的信息。可以这样讲，1995年出版的《创造知识的企业》使得整个社会对知识管理的兴趣越来越浓厚。该著作利用日本著名企业的许多案例着重阐述了知识创造的过程。近期的几项实证研究也证明，我们所提出的知识创造理论框架是正确的。《知识创造的螺旋》一书汇集了日本一些著名学者在知识理论和实践方面的最新研究成果。在这本专著里，我们将理论探讨扩展到组织层面，提供了我们在创造以知识为基础的企业理论方面的尝试。《创新的本质》是对几家日本企业在以知识为基础的领域所面临范围广泛的问题的研究。我对李萌博士将这些著作翻译成中文表示感谢，他在知识管理方面有深刻的体验。

**Hitotsubashi on Knowledge Management**

在中国加速向知识经济社会转型方面,这三本著作可以提供广泛的信息。特别是,这些著作通过理论和各种各样的实例来阐明组织是如何创造知识的,以及组织是怎样对知识创造的过程进行管理的。可以预计,这些著作特别适合中国的情况,因为日本和中国两国都很重视知识的暗默层面。虽然外资的进入提高了增长的加速度,但是知识创造将推动中国经济持续增长的最大可持续力量。

野中郁次郎

2005年10月22日于东京

# 译者序

在管理科学与实践领域里，最近一轮知识管理的话题已经活跃十多年了，其中野中郁次郎和竹内弘高1995年的专著《创造知识的企业》❶（牛津大学出版社出版）是这场知识管理热潮中最有影响力的著作之一。在这本管理经典出版十年之后，两位教授与同事又推出了新著《知识创造的螺旋》（英文版由John Wiley出版社出版）。

经过十年的沉淀及世事变迁，这两位世界级管理学者早年的研究成果是否经得起实践和历史的检验？作者基于日本制造型企业的组织的"案例研究"总结出来的知识创造理论是否真正能够成为放之四海而皆准的管理模式？我相信细心的读者可以从《知识创造的螺旋》这本新著中体会到作者们经过多年潜心研究而悟出的洞见，通过阅读"新"的案例研究亲自揣摩顶尖企业的成功之道，再综合实际经历来欣赏并挑战他们的发现成果，进而将知识创造的理解进行"螺旋式"升华。这便是作者所采用的研究手法。

与1995年的经典著作相比，《知识创造的螺旋》更加关注实践性、可操作性与反思。丰富多彩的实例所涵盖的范围也更

---

❶ 中译本已由知识产权出版社出版，李萌、高飞译。

加广泛,而且新锐的研究者们独辟蹊径,从许多不同的研究角度对该理论进行了充实和深掘。我想《知识创造的螺旋》中有关辩证思考的内容对中国的读者来说并不陌生,然而利用这些耳熟能详的概念和语汇来阐述知识创造过程的管理,会让读者有耳目一新、豁然开朗的感觉。

我有幸在野中郁次郎教授20世纪90年代后期在日本国立先端科学技术研究院(JAIST)亲自创立的知识科学院学习和工作。在该学院五年间的耳濡目染,使我有机会对"组织知识创造"理论有亲身的体会和反思。我希望与读者分享这些体会,从而提高我国的知识管理水平,并将深化知识管理的理论与实践研究,为我国当前倡导的原创性、自主创新贡献绵薄之力。

自2004年初,知识产权出版社便与译者开始探讨、筹划引进和出版知识管理系列丛书事宜。在刘忠先生的热诚努力之下,很快获得野中郁次郎和竹内弘高的两部知识管理专著以及野中郁次郎另一部著作(《创新的本质》,合著)的版权。刘忠先生和董海龙先生对本书译文初稿进行了精心的编辑把关,并提出了一些具体修改意见。浙江大学创新与发展研究中心的陈劲教授、国家科技发展研究中心的柳卸林博士、清华大学经济管理学院的高旭东博士对丛书的翻译出版也提出了宝贵意见,在此一并表示诚挚的谢意。

最后，我要感谢家人的体谅和耐心。野中郁次郎和竹内弘高的两部专著是我在业余时间里翻译完成的。一年多的业余时间几乎都用在翻译及日臻完善上面。如果所有辛勤劳作的结晶能够使读者、企业和组织在经营思考、创新管理、知识管理及技术管理等方面的深入讨论及反思带来一些启示的话，我会深感荣幸。

李萌　博士
于上海交通大学安泰管理学院
2005 年 7 月

**Hitotsubashi on Knowledge Management**

# 序

从1995年开始,我们一直在努力建立一种新型组织知识创造理论,为此我们曾追典溯宗,最后在哲学和认识论里发现,自柏拉图和苏格拉底时代以来,知识一直是各种论争的主题。只不过在那时知识并不是管理领域辩论的中心议题。

自1995年至今,知识管理已走过了漫长的历程。今天,我们在《创造知识的企业》(牛津大学出版社1995年出版)所提出的理论被视为"知识管理文献中被引用次数最多的理论之一"[1]。最近的调查显示,就引用文献而言,由野中郁次郎和竹内弘高合著的《创造知识的企业》排名第一,其引用次数是126次。其后是野中郁次郎在《组织科学》期刊上发表的文章(48次),达文波特和普拉斯克(43次),列奥纳多·巴顿(39次),波拉尼(39次)[2]。彼德·德鲁克称我们的著作是一部"经典之作"。

---

[1] Chun Wei Choo and Nick Bontis, "Knowledge, Intellectual Capital, and Strategy," in Chun Wei Choo and Nick Bontis, *The Strategic Management of Intellectual Capital and Organizational Knowledge* (New York: Oxford University Press, 2002), p.11.

[2] Chun Wei Choo, "Perspectives on Managing Knowledge in Organizations," *Cataloging and Classification Quarterly*, forthcoming.

**Hitotsubashi on Knowledge Management**

我们认为，知识管理是当今管理层必须处理的首要任务。在瞬息万变的今天，外部环境的变化速度更快、范围更广。这些变化包括竞争的新形态、市场和供应链的全球化、技术突破、新兴产业的涌现、人口结构的变化趋势、劳动力的变化及地缘政治的权力游戏等等。外部环境的这些地方性变化要求组织必须在内部进行迅速和持续的变革。管理者必须对变化作出反应——要么变革，要么消亡。

　　对变革的重视，目的在于使知识管理成为应对今日瞬息万变的环境变化的重要课题。知识作为一种资源的独特之处在于，它一经创造出来，便成为过时的东西。因此，一家企业要想在竞争的环境中求生存、求发展，就必须不断地创造新的知识。我们将知识管理定义为，在组织内持续创造新知识、广泛地传播这种知识，并迅速地将其体现在新产品／服务、新技术和新系统上的过程。知识管理使组织内的变革成为永恒的事业。

　　管理者所面对的急速变化的环境同时也是极其复杂的。正如玛格瑞塔（Joan Magretta）在她的新著中所表述的[1]，管理是一种非常复杂的工作，可能比它看上去更为艰巨：

　　　　它需要技术知识和主观洞见。为了应对纷繁的复杂性、不确定性和变化，它需要有观点、有性格的人才，采用分析和

---

[1] Joan Magretta, *What Management is* (New York: The Free Press, 2002), p.218.

神入（empathy）❶、热忱与好奇心、果断与耐性相结合的方式。管理者是怀疑家，他们对所有事情都可以提出质疑，不相信任何天经地义的事情，但是他们必须相信每个人都会将自己的事情做好。

这种对追求看来是对立的双重需要（如技术知识与主观洞见、分析和神入、果断与耐性、质疑他人与信任他人），同时还将知识管理置于今日每位管理者的中心议事日程。知识本身就是由两分法所分割以及看似对立的两个部分构成的：即形式知识（explicit knowlege）和暗默知识（tacit knowlege）❷。正如我们将在本书中看到的那样，组织可以通过将暗默知识转换成形式知识或将形式知识转换为暗默知识的方式来创造新知识。通过"综合"（或合题）的方式创造新的知识是一个调和对立双方，并超越对立双方的持续动态过程。

## 各章简介

知识创造之精髓深深地植根于对超越众多对立双方的

---

❶ 神入(empathy)，是指一种想像自己处于他人的处境，并理解他人的情感、欲望、思想及活动的能力，译者注。

❷ 对这两个关键的术语有多种译文，explicit knowledge 翻译成"显性（外显或明示）知识"；tacit knowledge 翻译成"隐含（内隐或默然）知识"。本套知识管理丛书对两个术语的译文均使用野中郁次朗和竹内弘高一直使用的"形式知识"和"暗默知识"，以避免不必要的混淆，译者注。

**Hitotsubashi on Knowledge Management**

"综合"进行管理的过程之中。在第一章里，我们指出六组对立的事物——暗默知识／形式知识、身体／精神、个体／组织、由上至下／由下而上、层级体制／任务团队、东方／西方。为了创造新的知识，需要对它们进行综合。像知识创造过程那样，第一章指出：组织为了提升自身能力，管理者必须拥抱、培育和综合两种表面看似对立的品质。例如，他们必须既要追求短期目标又要考虑长期利益，既要放眼世界又要兼顾本土，既要注重效率又要追求创意，既要发挥灵活性又要严格管制，既要坚持持续改善又要进行颠覆性创新，既要重视运营效能又要关注战略定位。

本书第二章和第三章可以说是一种对立。第二章提出一些日本顶级企业如何着手创造新知。大体上基于案例研究，强调知识创造过程中比喻、混沌、中层管理者的重要性。第三章则展示知识创造过程的理论基础，大部分内容放在理解SECI（共同化、表出化、联结化和内在化）模型以及在组织内部协调知识螺旋上面。

第四章和第五章介绍一些将这一初始模型进行扩展的尝试。第四章试图通过"场"的概念、辩证思维和结构化理论与SECI模型相结合，建立一个以新型知识为基础的企业理论，并认为知识创造是一个综合的过程。在这个过程中，为组织超越矛盾与个体和环境发生相互作用。第五章描述了支持并维持知识创造过程的必要促进条件。

第六章到第十一章试图将知识管理与主流管理思想及实践进行综合的尝试。我们从知识的视角对以下管理概念及实践进行了检查：

- 产品概念创新（第六章）
- 全球竞争（第七章）
- 组织间网络化（第八章）
- 战略决策过程（第九章）
- 创立品牌的能力（第十章）
- 信息技术（第十一章）

第十二章提供一个在创业型组织里如何进行创造新知识的实例。这个创业组织就是一桥大学国际企业战略（ICS）研究生院，它是2000年创立的商学院，本书中的8位作者便在那里教授MBA课程。该院成为获得日本文部省认证的首家专业研究生院。

## 一桥大学简介

一桥ICS作为先行者在海外媒体上受到了格外的关注。一篇名为"创建世界级商学院"的文章（美国《商业周刊》2000年10月2日）对一桥ICS有以下描述：

每当日本开始培训最有前途的年轻管理者时，总是将他们送到哈佛、沃顿或加州大学伯克利分校。对于日本经营学教授来说，这不啻为一种国家的耻辱。"为什么世界第二大经济体竟然没有一个世界级商学院？"……（一桥ICS）是第一所提供MBA的国立商学院，而且是日本惟一一所需要工作经历作为入学资格的学府。

一桥ICS的名字还曾出现在英国《金融时报》(2000年10月30日)两版面的文章里。这篇文章集中介绍了该学院大胆地"与过去告别的尝试"：

与大多数日本大学——那里的教授很少步出校园——有所不同，这家新研究生院招聘一批前咨询专家、投资银行家和退休教授。虽然教员以日本人为主，但他们全部拥有海外学习、工作的经历，或具有在外企工作的经历。

在课堂上，教授们有计划地将讲授重点放在西方管理技术上，但是也强调日本的"知识管理"、团队工作和制造技术原则。

另外，该学院还给学生安排"绳索"（探险）课程、音乐会和每周实地调查。学生将面对现实世界的各类问题，如无家可归、饥饿、贫穷……这些课程标志着日本商学院在面对企业社会责任方面有着非同寻常的尝试。

ICS虽新，但一桥大学的历史却很悠久，其源头可以追溯到1875年，那时一桥还是在（东京）银座附近开办的私立职业学校。建校伊始，其教员就已经具有国际性了。1875

年,美国人怀特尼(William C.Whitney)在这所学校里讲授英文书法、会话和语法,除了这些英文课程之外,首批课程还包括一些非常实用的科目,例如簿记、日本和西方的算术及地理。

这所职业学校于1885年搬迁到东京神田区的一桥地区,1923年该校区被地震夷为平地之后,又迁到了东京郊区的国立市。2000年,ICS研究生院开张之时,一桥大学又重新搬回东京市中心地区。

一桥在1920年升格为大学,名称为东京商科大学。1949年被重新命名为一桥大学。近些年来,实用性的学习内容渐渐为更多的学术性内容所取代。现在,一桥在日本社会科学领域里成为首屈一指的学术重镇。

借助于ICS,一桥大学正在重归"故里":重回市中心,用英文讲授MBA课程,美国人又重返学院成为核心教员,又开始传授实用的商业技巧。不过,ICS同时大胆尝试,告别过去。例如,虽然一桥大学的校徽为水星图案,但ICS创立的新标识是一面迎风飘扬的旗帜,旗帜上标有人类面孔的图案,象征着一个创新、反传统、打破条条框框的领导者,高举这面旗帜向全球经济的前沿进发。突破思维定势、打破陈规、质疑已知的事物,这便是一桥ICS的追求所在。

**Hitotsubashi on Knowledge Management**

## 致谢

首先，我们感谢本书各位作者。他们来自不同的领域，但有着一个共同的目标，即将一桥ICS置于在全球背景的知识前沿。我们还要感谢一桥ICS国际经营战略系的其他同事，他们为创造新知识提供了良好的环境，这些同事包括舒尔曼·阿部、青岛矢一、海伦·陈、藤川佳则、生驹俊明、垣内惠美子、迈克尔·科沃、大上慎吾、帕特里夏·鲁宾逊、清水纪彦、田口玄一和安田隆二。

最后，我们两位感谢我们的家人以及各位作者的家属，感谢他们的鼓励和耐心。像歌曲中唱的那样，"你们是我们生命中的阳光"。

竹内弘高

野中郁次郎

中文版序
译者序
序

# 第一章 创造知识与辩证法 1
矛盾与知识　2
知识与辩证　5
IBM 公司是辩证的公司　18
佳能公司是辩证的公司　21
小结　24

# 第二章 创造知识的企业 27

知识螺旋　30
从比喻到模型　34
从混沌到概念：管理"创造知识的企业"　38

# 第三章 组织的创造知识理论 45

知识与信息　47
创造知识的两个维度　48
知识转换：暗默知识与形式知识间的相互作用　51
知识转换的四种模式　52
知识螺旋　63
组织知识创造的促进条件　66
组织创造过程的五个阶段　78
小结　80

# 第四章 创造知识作为一个综合的过程 85
组织即"处理信息的机器"与组织即"创造知识的实体"　87
知识创造和战略的作用　89
知识创造是一个综合的过程　90
"场"：创造知识的地方　95
案例：丰田 Prius 的开发过程　100
案例：NTT DoCoMo 公司 i-mode 模式的开发过程　103
小结　115

## 第五章　从管理知识到促进知识　　119

引言　119
知识创造的壁垒　121
促进知识的视角　130
小结　143

## 第六章　价值差异化
### ——产品概念创新与如何组织"Know—What"　　147

产品概念创新　147
创新和知识的三个维度　150
功能差异化　153
价值差异化　154
制约共存　156
产品概念的涌现及演进　160
索尼MAV-555型磁盘录像机的开发过程　161
价值差异化的促进条件　170

## 第七章　知识管理与全球竞争
### ——数字照相机产业中奥林巴斯的全球化知识管理方式　　175

引言　175
与全球竞争、区位和知识有关的理论　176
数字照相机（DSC）产业　183
奥林巴斯早期对Camedia系列DSC产品的开发工作　187
奥林巴斯的艰难岁月　197
2002年知识管理的挑战　201
奥林巴斯2002年的全球化知识管理方法　206
小结　213

## 第八章　跨组织的知识创造
### ——知识与网络　　217

引言　217
跨组织的知识创造框架　218
通过紧密、稳定网络进行的知识创造——丰田集团的案例　220
知识再结合——美国硅谷对跨企业边界的知识的综合　224
组织间知识创造的对比模型　226
日本企业真的衰退了？　228
小结　232

## 第九章　战略形成过程与对话　237
　　战略形成过程　238
　　对话即社会交流　240
　　战略形成过程与发言权　241
　　对立双方的相互依存　242
　　有意图的与突现的战略形成过程之间的辩证关系　243
　　战略形成过程、对话与知识创造　245
　　案例：丰田 Lexus　247
　　案例反思：对话与 Lexus 业务的发展　268
　　小结　273

## 第十章　创品牌能力
　　——索尼公司创造品牌知识的能力　277
品牌研究的新方向　277
"品牌知识"回顾　279
品牌知识的创造过程　281
创品牌能力：索尼事例　285
创建品牌就是管理　298

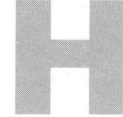

## 第十一章　综合模块知识与整体知识
　　——信息技术时代经营构架的创新　299
　　焦点　299
　　模块构架　303
　　信息技术与模块化　306
　　通用品化：模块化陷阱　309
　　对模块知识和整体知识的综合　311
　　"乐天市场"与 Askul　314
　　源自经营概念的构架　318
　　信息技术的三大悖论　322

## 第十二章　辩证组织内部的知识创造　327
　　ICS 是辩证的组织　331
　　促进辩证组织内部的知识创造　340
　　通过"场"共享动态情境　346
　　结论　349

# 1

## 第一章

## 创造知识与辩证法

年代越动荡、世界越复杂，矛盾也就越多，矛盾、对立、两难境地及两极分化也就越容易充斥于世。成功的企业不仅要与矛盾共舞，而且还需要充分利用各种矛盾。❶

斯科特·菲茨杰拉德（F.Scott Fitzgerald）曾经提出："对一流智慧的检验标准是看它同时驾驭两种对立思想，并仍然能够保证运转自如的能力。"❷ 一流智慧始于一个前提，即生活本身就是由对立事物构成的：男与女、生与死、善与恶、少与老、工作与家庭等等。我们必须与矛盾随遇而安，接受矛盾、应对矛盾、摸清矛盾，并利用矛盾来寻求解决问题的最佳方式。

熊彼德（Joseph Schumpeter）可以算得上是能够胸怀对立思想的人物。熊彼德提出假设："动态非均衡"（dynamic disequilibrium）已成为经济惟一的稳定状态，而且源自创新者的"创造性毁灭"（creative destruction）是推动经济的重要力量。他晚年的兴趣是对我们时代的反省，有意思的是，熊彼德的推断有悖于均衡才是健康经济的标准的主流经济理论以及作为现代经济发展的驱动要素的金融和货币政策。现在，一流的智者可以包容两种对立的观念——熊彼

---

❶ 若想进一步了解有关我们所面临的矛盾，参见 Charles Handy, *The Age of Paradox*(Boston:Harvard Business School,1994).

❷ 引自 James.C.Collins and Jerry I.Porras,*Build to Last*(New York, HarperBusiness,1994),p. 45.

德的正题与现代经济学的反题,同时能够运用它们寻找最佳的发展途径。

与矛盾为伍,既不安逸也不轻松。查尔斯·汉迪(Charles Handy)曾经这样描述过:

> 就像在没有月光的深夜在漆黑的森林中徘徊一般,因神秘怪异,恐惧袭上心头,方向感顿失,树木丛林蜂拥迫近,无论投足何处,总是逃不脱羁绊,风声鹤唳,危机四伏,默然伫立似乎会比举步前行更安全一些。然而,一旦凌晨时分,光线豁然间让末路变成通途,诡异之音俨然是鸟语欢歌,丛林之中的婆娑声响乃是兔儿的雀跃,树木不再是阻障,而成为导向的路标。整个森林简直变成一个迥异的世界。❶

❶ Charles Handy (1994), p.14.

倘若我们能够为世间各种矛盾带来阳光的话,这个世界看上去就会完全不同,不再充满险境。其实,这正是成功的企业在做的事情。

企业的繁荣从来没有像现在这样不堪一击,只有少数企业能够证明它们可以跟得上外部环境的急速变化,有能力驾驭周围环境的复杂性。现在企业失败的一个主要原因是它们往往沉迷于昔日的辉煌,用过去的陈规旧习扼杀各种矛盾。

与之相反,一些新锐企业却能够在当今矛盾重重的世界里一跃成为业界的霸主。这些企业我们称之为"辩证"的企业,它们不是被动地处理矛盾而是积极地拥抱对立的矛盾,正面地培育各种矛盾,运用矛盾作为寻觅最佳途径的请柬。

## 矛盾与知识

由工业社会迈向知识社会,这场两百年一遇的转变正在改变着我们对待矛盾的态度。工业社会里,矛盾属于被排除

**2**

第一章 创造知识与辩证法

3

的一类事物之列。它与泰勒（Frederick Taylor）所追求的事物本质格格不入。为了提高生产效率，泰勒提出组织及运营工作的"科学"方法及步骤，其中最主要的内容是时间和动作研究。实际上，其他提高生产效率的手段，比如装配线、自动化、机器人、CAD/CAM等，均被视为从车间铲除矛盾的措施之一。

同时，在信息处理领域，也有类似的根除模糊（ambiguity）的行动。受到计算机科学和认知科学进步的强烈影响，赫伯特·西蒙（Herbert Simon）对人类解决问题及决策的本质进行了研究，提出组织即"信息处理"机器的观点。鉴于人类饱受有限理性之苦，因此组织必须将信息分解成若干较小的简单部分，让人类以个别处理的方式来应对现实世界的复杂性。西蒙认为信息的有效处理只在将复杂问题简单化及组织结构专业化时才有可能进行。

我们现在用西蒙的观点来观察一辆汽车是如何制造出来的：汽车的制造过程被分解成为许多简单的任务，每项任务分派一名工人，工人不需要了解其他工人在做什么，也不必知道自己的工作对整个汽车的制造过程有何意义。将全部过程分解为若干任务或模块的做法是工业社会成功的要诀。

向知识社会的转变将那些曾经被铲除，或者必须避免的东西提升到需要相拥和培育的高度。矛盾、不一致、两难境地、两极分化、两分法及对立面等绝非是与知识背道而驰的事物。因为知识过程本身就是由形式知识与暗默知识所构成的，二者是两分且看似对立的。

形式知识（explicit knowledge）是以文字、数字、声音等形式表示的知识。它是以数据、科学公式、视觉图形、声音磁带、产品说明书或手册等形式进行分享的。一个人的形式知识可以很方便地用形式或系统的方式传递给他人。

暗默知识（tacit knowledge）属于看不见摸不着的知识，很难被表述出来。暗默知识具有高度个人化，难于形式化的特点。通过人与人之间交流来分享暗默知识不是一件容易的事。暗默知识的代名词可能是主观直觉和预感。暗默知识深深地扎根在个人的行动和切身经验，以及他们所信奉的价值观或情感之中。

严格地讲，暗默知识也包含两个层面。第一是"技术"层面，包括非正式和难以明确的技能或手艺，常常可以称之为"秘诀"(know-how)。例如，大师级工匠或三星级大厨对大量的技能了如指掌。尽管他们经验老到，但还是常常难以将日积月累的技能背后的技术或科学道理表达出来。源自亲身体验、高度主观和个人的洞察力、直觉、预感及灵感均属于这个层面。

暗默知识还存在一个重要的"认知"层面。它包括信念、领悟、理想、价值观、情感及心智模式。这些认知因素根深蒂固，我们往往认为是天经地义、理所当然的事情。尽管这些内容很难表达出来，但暗默知识的这个层面却始终影响我们对周围世界的感受方式。

将知识分为暗默知识和形式知识，并不是绝对的，有些知识是既有暗默的方面又有形式的方面，既然知识是由两个看上去对立的双方构成的，故此它存在固有的矛盾特性。

胸怀对立双方的能力——换言之，同时悟出一种鱼和熊掌可以兼得的方式，自柯林斯和波拉斯（Collins and Porras）在大约10年前提出"兼顾的天赋"(the genius of the and) 以来，已经成为管理研究的中心课题。成功企业在短期和长期两个方面均能够做到尽善尽美。❶它们既追求持续的改善，也重视颠覆性技术；❷既追逐产品和过程创新，也力争商业概念创新；❸既巩固核心能力，也刺激增长。❹此外，它们兼顾探索规模/范围经济与速度经济、控制与独立、效率与创造性、全球化与本地化。

为了在当今动荡的年代和复杂的世界立于不败之地，企业不仅需要拥抱对立矛盾，而且还要同时接受整个对立矛盾体。

❶ 例如，参见 Arie de Geus,*The Living Company*(Boston:Harvard Business School,1997)，以及 Michael L.Tushman and Charles A. O'Reilly III,*Winning through Innovation*(Boston:Harvard Business School,1997).

❷ Gary Hamel,*Leading the Revolution*(Boston:Harvard Business School,2000).

❸ Gary Hamel(2000).

❹ Jim Collins,*Good to Great*(New York:Harper Business,2001).

**4**

表1-1列出一个实例,美国海军陆战队作为当今世界上一个强悍的组织是如何同时追求多种对立的特质。目前,管理研究尚未搞清楚企业应该如何达到这种境界。在这个方面,对辩证关系的领会将大有裨益。

表1-1 美国海军陆战队:辩证的活样板

| | |
|---|---|
| 1. 拥抱矛盾 | 应对复杂环境,要求一种非简单化、非极端的心态。品质之间的张力可以为观点提供必要的微妙和细微差异 |
| 2. 培育对立的品质 | 冒失败风险的精神 / 求胜心<br>获得授权 / 尊重等级体制<br>明确的计划和步骤 / 需要即兴决断<br>遵守纪律 / 有创造性<br>从事核心工作 / 负责多种职能任务<br>严谨分析 / 迅速行动<br>与同事竞争 / 置他人成功于己之上 |

来源:D.H.Freedman,*The 30 Management Principle of the U.S.Marines*(New York:Harper Business,2000)

## 知识与辩证

辩证法是一种可以追溯到古希腊的思考方式,它强调两种对立的特质,在当今动荡时代和复杂世界里非常有益。[1] 第一,它强调变化,不奢谈静止的事物,而是侧重于过程和运动;第二,它重视对立关系,根据辩证思维的观点,变化是因冲突和对立而造成的。辩证法总是能够将个体或情形内部的矛盾看成为决定进程及潜在发生事物的主要向导。

辩证过程的起点是正题(thesis)(图1-1中的$T_a$)。接下来的阶段是该正题表现出不适当

---

[1] 关于这个话题的更多内容,参见John Rowan,*Ordinary Ecstasy:The Dialectics of Humanistic Psychology*(New York:Brunner-Routledge,2001).

或不一致。它是第一阶段的对立面或负面,因此被称为反题(antithesis)(图1—1中的$T_b$)。第二阶段再次表现出不适当或不一致,就会出现第三阶段——合题(synthesis)(图1—1中的$T_c$)❶。在第三阶段里,前述正题和反题彼此进行调和及超越。不过随时间的发展,合题会偏向某一方。这样,它便变成新一轮辩证运动的正题,所以这个过程会以"之"字型及螺旋式发展继续进行下去,如图1—1所示。

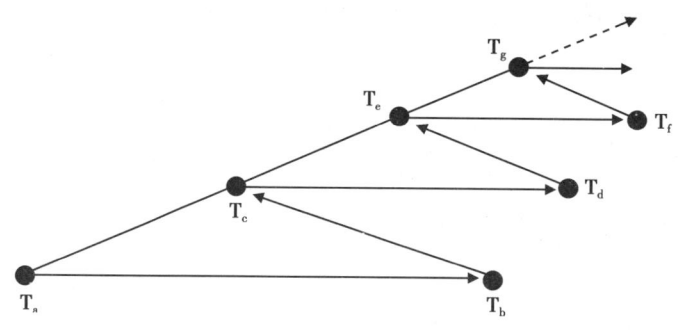

图1—1 正－反－合的螺旋

❶ 在德语里,向第三阶段的转移称为"*aufheben*"(扬弃)。

一个组织如何创造、维持及利用知识的动态过程与图1—1中的辩证模式非常类似。知识也是将对立双方在一个动态过程中进行综合而创造出来的。它是通过两个表面上看似对立的概念以螺旋的形式创造的结果。对立的概念包括:暗默知识与形式知识、混沌与有序、微观(个人)与宏观(环境)、自我与他人、精神与身体、部分与整体、演绎与归纳、创造性与控制、由上至下与由下而上、层级体制与任务团队等等。辩证思维是引导创造知识这一过程的关键,可以超越和综合对立的双方。

就复杂事物而言,相反的事物实际上并非是完全对立的,因此,我们一直使用像"似乎相互对立"或者"表面上看似对立"等字眼。首先,对立的双方是相互依存的,也就是说有此才有彼。如果没有光明的话，便谈不上黑暗，极化的一方需要对方的衬托。其次，对立的事物是互相渗透的，也就是你中有我，我中有你。黑暗中有光明，而光明中也有黑暗。如果彻底地考察任何一个事物，我们都会发现它的对立面。第三，只要我们将一方放大到极点使其绝对化，对立双方就可以合二为一。因此，倘若让黑暗绝对化，我们就会变得盲目，什么也看不到；如果使光明达到极点，我们同样会感到一片茫然，什么都看不见。❶

辩证法所提出的对立命题同样也可以应用到知识上面。第一，暗默知识与形式知识被描述为两个极端情形，但它们之间不仅彼此互相补充，而且互相依存。事实上，当我们开始理解形式知识的时候，便已经开始理解暗默知识。运用一种类型的知识不可以没有另外一种类型的知识的帮助。第二，它们彼此相互渗透。暗默知识存在于形式知识之中，而形式知识内也有暗默知识的影子。组织中某些实用知识来源于那些被表述出来的判断或推测性知识以及那些揭示隐含或不明显的知识。❷ 第三，暗默知识是从某种角度或背景看到的一种现实，同样，形式知识也是从某种角度或背景观察到的一种现实。如果我们将两者置于极端的境地，让它们绝对化，它们也许可以彼此互换位置。

辩证思维珍视各种矛盾，以一个普通人最可能看到的事物自我矛盾的概念为例，即对立的"相互依存"、对立的"相互渗透"及对立的"统一"。换言之，辩证法接受那些看来处于对立的极端情形，如男与女、生与死、善与恶、老与少，是互相依存、互相渗透并"统一"的。

正像辩证思维一样，知识创造接受那些看上去对立的事物，例如，暗默知识与形式知识，并且试图通过用转换和统一来超越既存现实的方式来达到综合的目的。新现实是通过合题（即

---

❶ Rowan(2001), p.2.　❷ Chun Wei Choo and Nick Bontis, "Knowledge, Intellectual Capital, and Strategy," in Chun Wei Choo and Nick Bontis(eds.), *The Strategic Management of Intellectual Capital and Organizational Knowledge* (New York: Oxford University Press, 2002), p.12.

综合)——使对立双方进行调和及超越的连续和动态过程创造出来的。或者说，这个过程是正题（A）、反题（B）创造一个新现实（C）。C独立于A和B，它不是A与B之间的"中间体"或是处于夹缝中。知识创造之所以很复杂是因为存在这样一个事实：综合必须建立在一个连续的基础之上（如图1-1中的"之"字型和螺旋式模式），并且超越众多对立双方。

在《创造知识的企业》一书的结尾处，我们曾经指出："知识创造的本质深深地扎根在建立综合以及对综合的管理过程之中。"并且在新知识可以在组织内以螺旋的方式创造出来之前，列出进行综合所需要考虑的几组对立的事物：

- 暗默知识与形式知识
- 身体与精神
- 个体与组织
- 由上至下与由下而上
- 层级体制与任务团队
- 东方与西方

我们在下面可以看到，创造知识企业的核心是拥抱、培育和利用这些对立事物，并让它们作为寻找最佳途径的请柬。

## 暗默知识与形式知识的综合

组织可以通过暗默知识与形式知识之间的转换来创造和利用知识。知识转换有四种模式：1. **共同化**(socialization)：从暗默知识到暗默知识；2. **表出化**(externalization)：从暗默知识到形式知识；3. **联结化**(combination)：从形式知识到形式知识；4. **内在化**(internalization)：从形式知识到暗默知识。在有关文献里这个过程被称为 SECI 模型、SECI 螺旋或 SECI 过程（见图 1-2），它是知识创造过程的核心所在，它描述暗默知识和形式知识如何在"质"与"量"上面得以放大,以及由个人到组织内部,直至在组织之间进行扩展。

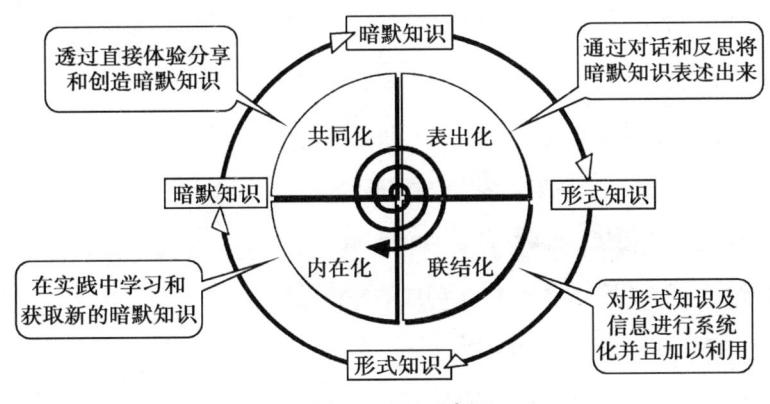

图 1-2　SECI 过程

来源：改编自 Nonaka and Takeuchi,1995

知识创造始于共同化。从此开启转换的四种模式,形成一个螺旋。知识经过四种模式转换放大,这个过程可以描述为:

1. 共同化：透过直接体验分享和创造暗默知识。
2. 表出化：通过对话和反思将暗默知识表述出来。
3. 联结化：对形式知识及信息进行系统化并且加以利用。
4. 内在化：在实践中学习和获取新的暗默知识。

知识螺旋还可以在存在论维度上加以放大,即从个体到组织。SECI 过程的每种模式都涉及创造知识实体的不同组合,如下所示:

1. 共同化：从个体到个体。
2. 表出化：从个体到团组。

3.联结化：从团组到组织。

4.内在化：从组织到个体。

在组织理论研究中，三种描述已经得到了某种程度的探讨。例如在内容上，共同化与团队过程理论（group process）及组织文化相近；联结化则根植于信息处理范式；内在化与组织学习密切相关。不过，组织研究过去基本上忽略了表出化过程。而正是在表出化过程内，这类个人化的、依赖于特定情境且难以被形式化、难以与他人交流的暗默知识被转换为可以传送、可以表述的知识。当找不到恰当表达方式时，比喻和类比就成为有用的工具。比喻为处于不同背景和具有不同经历的个体，提供一种凭直觉利用想像力和象征的形式了解某种事物的方法；类比则明确两种想法或事物的异同，因此，提供了纯粹想像与逻辑思考之间的中间步骤。

新知识的产生涉及在组织上对个体所创造的知识进行放大，并且将其"结晶"为组织的知识网络一部分的过程。驱动这种过程的真正动力是暗默知识与形式知识间的连续、动态和同期进行的相互作用。用辩证的话来说，A（暗默知识）与B（形式知识）的综合创造出C（新知识）。

**身体与精神的综合**

辩证思维接受"两者兼顾"（both-and）的方式，避免"两者择一"（either-or）的专制。在这个方面，辩证思维违反西方哲学中将身体与精神分离的传统。法国理性主义学派始祖笛卡尔提出了一个概念，即"笛卡尔二元论"（Cartesian dualism）或叫做"笛卡尔两分法"（Cartesian split）。笛卡尔认为终极真理只能由"思考自己"（thinking self）的实际存在演绎而得。他的名句"我思故我在"使二元论闻名于世，他假定"思考自己"独立于身体或物质。根据笛卡尔式二元论，真正的知识只能从精神上获得，而不是通过身体而获得的。

与之相反，知识创造过程特别强调身体体验的重要性。例如，儿童学习吃饭、走路和说话都是试与误（trial and error）的过程，都是通过身体而不是通过精神来学习的。然而学习过程只代表知识创造框架中的一种模式。"做中学"等同于将形式知识转换为暗默知识的内在化过程。其余三种知识转换模式也都同样重视从亲身或间接经验中所获得的知识。我们还可以通过身体体验获得主观见识、直觉及预感。

在日本的知识传统中，个人经历具有与间接的、思维抽象同等的价值。在中世纪，日本武士道教育认为，与掌握哲学和文学知识相比，成为"行动的人"对人格的塑造贡献更大。二元论中对立双方的综合可以与中世纪日本禅宗创立者之一荣西禅师的"身心如一"相提并论。通过动态、连续及同期的互动，或身（A）与心（B）的综合（C），将知识推向更高的层次。

## 个体与组织的综合

知识只能由个体创造。换言之，没有个体，组织自身不能创造知识。因此，组织的角色是支援和激励个体的创造活动，或者说组织应该为个体提供适当的环境。这一点非常重要。组织的知识创造应该被理解为有"组织"地放大个人创造的知识，并且通过对话、讨论、分享经验、意会（sensemaking），或实践社群（community of practices）等形式将其"结晶"在团组层面。

在开发一款更轻便、更经济、更舒适、更坚固的轿车过程中，本田汽车公司的渡边洋男坚持给机器分配最小的空间、为乘客提供最大的空间（在接下来的两章里将有详细的介绍）。本田公司的新产品开发团队对渡边洋男的想法进行了激烈的讨论，然后他们提出了"高个小子"（一款高而短的轿车）的概念（概念创新将在第七章进行详细的讨论）。为了做到这一点，他们利用一个"球形"作类比，在最小表面积之下得到最大体积，最终开发出"Honda City"轿车。

这个例子清楚地说明：在创造知识过程中，自发的团队组织有着核心作用，它提供一种共享环境，在这种环境中，人与人之间可以进行对话，而对话可能涉及相当大的冲突和异议。正是这种矛盾推动个人利用新的方式对现有前提提出质疑，并理解他们经验的意义。这种在团队层面的动态互动，对将个人知识转换为组织知识有很大的促进作用。

从以上阐述中我们可以清楚地看到：个人与组织实际上并非二元论中的对立两极。个人是知识的"创造者"，而组织则是知识的"放大器"。在实际情况下，大多数知识转换发生在小组或团队层面。团组活动起着知识"综合体"的功用。团组自主、多元化及自组织程度越高，这种综合体作用越有效。

个人（A）与组织（B）之间的动态相互作用创造了以自组织团队（C）形式持续的综合。C在创造知识过程中发挥着中枢的作用，它提供个人彼此间可以相互交流的共有情境（在第四章中，我们将详细讨论"场"的概念）。团队成员创造新观点，以对话形式解决各种矛盾（在第九章里有更多有关对话的内容），进行"由上至下"与"由下而上"的综合。

## 由上至下与由下而上的综合

长久以来，"由上至下"（top-down）与"由下而上"（bottom-up）这两个管理模型一直被视为组织过程图谱的两极。隐藏在"由上至下"方式背后的假设是：只有高层管理

# 第一章 创造知识与辩证法

者才能创造知识。而且由高层管理者创造的知识需要进一步的落实。另一方面,"由下而上"模型假定由第一线人员所创造的知识不再需要高层的命令和指示。

然而,两个模型均不适合于知识创造过程的管理。首先,"由上至下"模型基本上适合于处理形式知识,而对处理暗默知识并不适合。"由下而上"模型则恰好相反。由于这种局限,两个模型只能完成知识创造转换的一部分。"由上至下"模型侧重于联结化和内在化,而"由下而上"着重于共同化和表出化。两个模型都忽视了企业中层管理者的作用。在"由上至下"模型中,中层管理者只是对大量信息进行处理,却很少参与到知识创造过程之中。在"由下而"上模型里,知识创造者是有奋斗精神的组织基层个人,中层管理人员的角色微不足道。

在《创造知识的企业》一书中,我们提出"承上启下"(middle-up-down)式管理模式,作为在组织内管理创造性混沌最有效的手段(见图1-3)。在这个模型里,高层管理者的任务是提供企业应该向何处走的方向感,并且阐述企业的愿景或理想("应该是什么"),而第一线

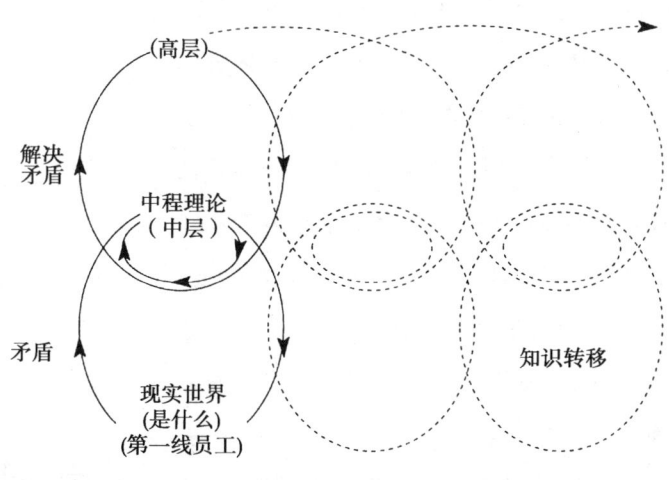

图 1-3 "承上启下"式知识创造过程

员工着眼于现实世界("是什么")。中层管理人员的作用是解决高层领导所希望创造的未来与现实世界中的实际情况之间的矛盾。

中层管理人员将高层管理者与一线员工之间的暗默知识进行综合,使之明示化,并将其结合到新技术、产品和服务之中。在"承上启下"模型中,在高层与第一线人员之间的螺旋式互动过程中,知识经常是由中层管理者创造出来的,他们通常是团队或攻关小组的负责人。这个模型将中层管理者置于创造综合的中心。知识既不是通过"由上至下"(A)方式,也不是经由"由下而上"(B)方式创造的,而是两者的综合,即通过"承上启下"(C)管理模型创造出来的。

**层级体制与任务团队的综合**

层级体制(hierarchy)与任务团队(task force)是两种对立的组织结构。层级体制是高度形式化、专业化的集中结构,在执行大规模、有效率、日常性工作方面非常有利。而任务团队则以灵活、动态及参与性为特征。在完成那些有明确目标,时间又很有限的任务方面,用任务团队方式特别有效。

从知识创造的角度来看,层级体制是用联结化和内在化获取、积累和运用新知识的有效结构。不过,层级体制由于其强烈的控制倾向,对个人能动性有阻碍作用,在不确定性和迅速变化的时代可能出现功能失调。它不适合于对暗默知识的获得、积累和利用。而任务团队更善于通过共同化和表出化获得新知识。然而,由于临时性的特点,任务团队在整个组织内持续地利用和转移知识方面效率很差,尤其在充分利用形式知识方面,它并不适合。

在《创造知识的企业》一书中,我们提出一种组织设计

(即"超文本"式(hypertext)组织结构),这种组织结构非常适合作为组织创造知识的结构基础(见图1-4)。"超文本"式组织包含了上述两种结构的优点,即层级结构的效率及稳定性,以及任务团队的有效性和机动灵活性。"超文本"组织(C)将对在层级体制(A)和任务团队(B)中产生的知识进行综合。

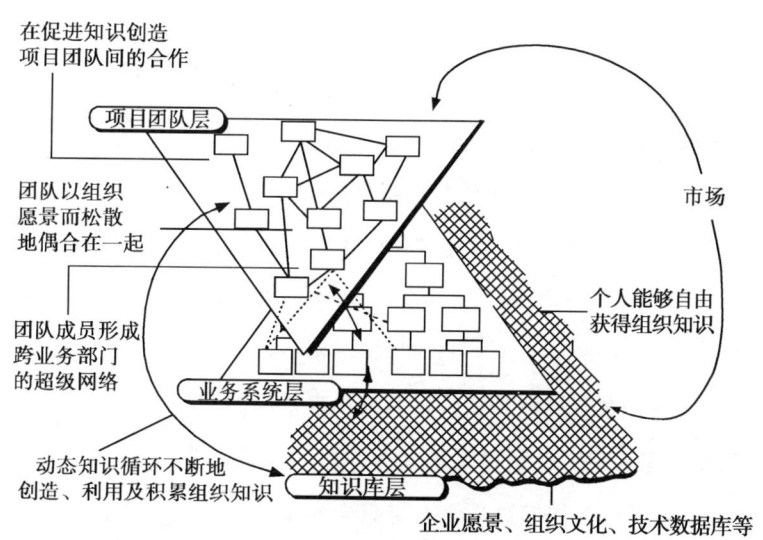

图1-4 "超文本"式组织

另外,"超文本"组织可以作为在层级体制与专门团队内产生的新知识的"交换所"(clearinghouse)。在两种结构中创造的知识在整个企业的"知识库"进行重新归类,并重构情境(recontextualization)。"超文本"式组织的特点是企业成员"进入"和"退出"多种情境和结构的能力,而"超文本"式组织本身却不是以一个独立的组织实体而存在的。

"超文本"组织还作为组织外部创造的新知识的"交换所"。它是一个与消费者和其他企业产生连续互动的开放系统。例如，它获得收集消费者需求新趋势或与其他公司共同开发新产品概念方面的能力。它也进行组织间的知识创造（这一内容将在第八章详细阐述）。

**东方与西方的综合**

在组织的知识创造活动上，日本企业与西方企业仿佛采取南辕北辙的方式。我们已经指出，在西方占主导地位的知识形式是"形式知识"，它很容易在个体之间进行形式的及系统的交流。西方的管理实践强调，通过具体形式来创造形式知识，包括分析方法以及口述和图形表述等，而日本人则只将形式知识看成是冰山的一角，他们认为知识主要是以暗默知识的形式，即不易察觉及表述的形式出现。它具有高度个人化、难以形式化等特征。暗默知识要通过利用比喻或图像的方式来获得的，并且它深植于个体的行动及经验之中。

在日本，对暗默知识的重视使组织具有完全不同的认知观念——组织不是处理信息的机器，而是富有生命的有机体。在这种情况下，对企业代表什么、向何处走、希望生活在一个什么样的世界里及如何将所希望的世界变为现实的共同理解，要比单纯处理客观信息重要得多。

另外，强调暗默知识还为如何进行学习带来全然不同的观念——不但需要通过理性而且必须通过身体及心智进行学习。西方的学习型组织运用"系统思考"来达到"既见树木又见森林"的心智转换，其重点很明显仍是透过精神而不是身体来学习。相反，日本的管理者重视从切身体验中学习以及通过试与误的方式进行学习的重要性。像儿童学习吃饭、走路和说话一样，他们是通过身心进行体会和学习。像前面

# 第一章 创造知识与辩证法

提到的,这种对"身心如一"传统的珍视,一直是日本人思维方式的独到之处。

对暗默知识的珍视还会引发全新的创新思考方式。创新不仅仅是将数据和信息的碎片拼凑在一起。恰恰相反,创新是高度个人化过程,其中员工对企业及其组织使命的认同和投入必不可少。就这个方面而言,新知识的创造既是思想也是理想的创新。在日本,创造知识不单单是R&D(研发)、战略规划或营销部门少数精英的职责,而是组织内全体员工的工作。在创造知识的过程中,中层管理人员在创造中程业务及产品概念上肩负着"承上启下"的重任。

然而,孤立地强调暗默知识有时是很有害的。首先,对以往成功的过度适应永远都是危险的。在生物中,恐龙就是最好的例子,恐龙在生理和形态上适合于特定的环境,但由于它们过于使自己适应这种环境,因而在气候和食物供应发生变化时,就无法适应于最终的环境变化。还有,在第二次世界大战中日本军队落入同样的困境,过度适应以往的胜利,不能放弃白刃战的概念,最后以失败告终。

日本企业所面临的另外一种危险是"集体思维"。日本人之间对促进丰富的暗默知识共享的道德及文化同质性很满足,也许这一点会成为经济全球化下不同种族和不同文化多样性交流的障碍。例如,日本人认为最理想的沟通境界是"哼哈式呼吸":一个人看着对方说"啊",对方点头回答说"嗯"。在分享信息、价值观、理想和心智模式的环境下,这类交流可能会行之有效,可是当全球化的变革力量将日本企业推向种族和文化不同的环境中时,他们需要与"集体思维"的经验告别,还必须获得管理多样性方面的新视角。

另外,在信息时代,日本企业还面临着被日新月异的变化甩在后面的危险。网络时代累积的形式知识在"质"和"量"上都以指数形式扩展,现在由形式知识向暗默知识的转换(联结化)可以在轻击键盘的瞬间不费吹灰之力地进行。网络已经使英语成为世界的共通语言,日本人用传真机将手书的日文便笺互相传送的时代已一去不复返了,日本企业需要在整个组织内部更好地利用信息技术、软件及计算机化管理系统来积累、存储并传播形式知识。

未来属于那些能够将东方（A）与西方（B）进行最佳综合，并且能够构造组织知识创新的通用模型（C）的企业。我们主张的这种综合，其实在东方和西方均不乏先例。在下一节里，我们将考察两家企业——IBM公司和佳能公司。他们已经成功地将"两个世界中的最佳方式"融合在知识创造的活动之中。

## IBM公司是辩证的公司

IBM公司在前任董事长兼首席执行官郭士纳（Louis Gerstner）领导下经历了历史性的转型。郭士纳认为："IBM公司在过去10年里已经开始培育处理高度的内部复杂性以及处理尖锐内部矛盾的能力。我们不是掩盖或者抑制冲突，而是学会如何处理冲突，甚至可能从中获益。"❶他称转型后的IBM公司是"反直觉"型企业，并指出IBM公司具备以下表面上看似对立的特征：

……庞大而敏捷；具有开拓精神而又有组织纪律；以科学为基础也以市场为导向；能够在全球范围内创造知识资产，而且还将资产传递到世界各个角落的顾客手中。

郭士纳本人充分利用过去在经历中所积攒的暗默知识。在10年首席执行官任职期间，他作出了两项最重要的决策。首先，在美国运通（American Express）的经历驱使郭士纳将IBM公司保持为一个整体，不要拆分为若干独立的部分。作为IBM公司的老客户，郭士纳认为像IBM这样的公司在整合所有信息技术和为顾客提供解决方案方面起着十分重要的作用。第二，在产业内创立最有影响的服务型业务的决定，源于郭士纳任麦肯锡（McKinsey）和美国运通这两家服务领域

❶ Louis V.Gerstner,Jr.,*Who Says Elephants Can't Dance* (New York: Harper-Business, 2002),p.215.

巨擘的领导时的经验。他认为自己有一种预感，这种预感是他多年经验积累的结晶，即在未来唱主角的是服务型公司，而不是技术型公司。

郭士纳运用暗默知识作为转变IBM公司的杠杆。他上任伊始，便开展"Operation Bear Hug"（拥抱顾客计划）行动，这是迫使50名最高层管理者每位至少访问5家IBM最大客户的计划。这是最早改变IBM企业文化的举措之一。郭士纳感觉到，IBM公司过于沉溺于内部流程，所以希望高层主管去现场倾听客户的声音。郭士纳说："我强调，我们要建立一家'由外而内'型公司，在这家公司里，客户将是我们全部活动的推动力量，这一点非常重要。"❶

在挑选继任者方面，郭士纳则强调诸如激情、理想、感性（即暗默知识的认知方面）等方面的品质，这些品质是最重要的选拔标准。在谈及最终选定的塞缪尔·帕米萨诺（Samuel Palmisano）作为继任者时，郭士纳指出帕米萨诺对IBM公司充满无限的"激情"。对IBM代表什么、IBM可能成为什么以及IBM能够做什么，郭士纳写道："他充满热情，一天24小时全身心地投入到企业的市场制胜及争取成功的不断升级上面。"❷

同时，郭士纳也知道，暗默知识的积累可能对IBM公司产生不利的影响。他敏锐地意识到，多年来，根深蒂固地蕴藏在自我增强的经验之中的IBM核心信念，有朝一日可能会不再灵验。他指出由IBM创始人托马斯·沃森（Thomas J. Watson, Jr.）所确定的三项"基本信念"之一——"尊重个人"——已经演变成这位IBM公司创始人不曾想到过的信念。随着时代的发展，"尊重个人"仅仅意味着IBM公司的员工不需要做任何工作便可以获得优裕的生活，并享受终身雇用的待遇，IBM公司的员工可以做任何想做的事，却不用或很少承担任何责任。

像IBM公司一样成功的机构都建立自己浓厚的企业文化。企业文化强化那些使组织迈向

---

❶ Gerstner (2002), p.50.　❷ Gerstner (2002), p.238.

卓越的信念和价值观，信念和价值观反映了他们所生存的环境。然而当环境发生变化时，企业文化却很少随之变化，而且很难发生变化。事实上，企业文化已经变成"机构适应能力的巨大障碍"❶。与恐龙和日本军队一样，IBM其实落入了"对往日成功过度适应"的困境。

郭士纳的行动及行为暗示，他是辩证思维的强烈倡导者。他既强调暗默知识，也重视形式知识。他经常称自己是"局外人"（outsider）。事实上，没有任何人比他对IBM公司内部情况更熟悉，毫无疑问，他是IBM公司的"局内人"（insider）。他相信个人的领导能力是由战略和战术两个方面构成的。他是通过冲突和矛盾来催生变革的教条的信徒。

反思在IBM任职的得失时，郭士纳指出，创造真正"一体化"的IBM公司是他留下的最重要财产。在他开始面对IBM公司转型中各种挑战之前，IBM公司内外几乎一直认为惟一的解决方案是将IBM公司拆分为若干独立的公司。然而，郭士纳则坚持，IBM公司最大的潜在价值在于它的协效功能：公司具备协调众多业务单元，为客户的各类问题而共同工作的能力，IBM是最早对各类技术进行整合的先驱。郭士纳认为客户需要IBM公司这样的伙伴，它既能够开发技术，又能够将各类技术整合为一种服务。他坚信解决方案不在于是否拆分IBM公司，而在于如何将其保留为一个整体。

郭士纳将IBM保留为一个统一企业的决策，可以追溯到他在作为IBM客户的美国运通的任职经验，以及在任IBM公司首席执行官时与客户之间频繁的互动过程中积累的暗默知识。这些经历使他能够运用局内人的视角（正题）与局外人的洞察力（反题）来创造一个真正以客户为中心的整合者（合题）。

❶ Gerstner (2002),p.182.

## 佳能公司是辩证的公司

在董事长兼总裁御手洗富大夫的领导之下,佳能公司从一家庞大的、拥有许多亏损下属企业的联合企业(conglomerate)变成了一家精简且盈利的企业。在佳能北美公司工作23年后,御手洗富大夫于1989年被调回佳能公司日本总部,于1995年出任佳能公司总裁。在佳能公司的转型过程中,他综合了美国式脚踏实地的追求利润精神和日本式经营的价值观,创造了一种东西方融合的管理模式。

为了降低成本以及整顿财务,御手洗富大夫在整个公司内部推行了美式做法。在上任三年内,他下令关闭了四个亏损的事业部:个人计算机、液晶显示器、电子打字机及光存储卡部门。他向企业内部发出了明确的信息:利润第一。在御手洗的领导下,佳能公司成为日本第一家以汇总形式报告收益的大型企业。他还强调股东的权益,加大公司账目透明化力度,还亲自出席投资者关系会议。在他的监督之下,佳能公司迅速引进了在美国属于标准实务但在日本尚未启用的现金流量表。

御手洗富大夫大刀阔斧地改革,使佳能公司东山再起,他是"由上至下"管理方式的真诚信奉者。他说过:"高层领导人的任务就是创造智慧、设立目标、制定战略、冲锋陷阵,以及带来良好的结果。这种'由上至下'的方式虽然在风格上是美式的,但我很喜欢。"[1]在美国工作的23年里,他学会如何迅速进行决策,并且采纳"由上至下"的管理方式。他承认:"美国的经历对我的影响很大。"[2]

御手洗富大夫对企业利润的高度重视可以追溯到1966年他在美国的一段往事。一天,美

---

[1] Nippon Keizai Shinbun-sha (ed.), *Canon:The Secret of Its High Profitability Revival* (*Canon Koushuuerki Fukkatsu no Himitsu*) (Tokyo:Nippon Keizai Shinbun-sha, 2001),pp.184-5.

[2] William J .Holstein,"Canon Takes Aim at Xerox," *Fortune*, September,30,2002,p.51.

国国税局（Internal Revenue Service，IRS）一位审计员来找当时在纽约曼哈顿仓库的办公室负责税务申报的会计御手洗富大夫。审计员感到佳能公司销售账目上的收益过低，怀疑佳能公司可能有逃税之嫌。其实，公司账面上的一点利润还是御手洗富大夫从应收账款里临时拼凑出来的。这位审计员发现佳能美国公司当时确实亏损时，他告诉御手洗富大夫："你这样做简直是疯了。贵公司实际上已经在亏损，可你却在粉饰利润。别傻了，你应该去催收所有的应收账款，然后把它们记在存款账户里，再报告给日本的总公司。之后，你什么都不用干，即使关门休业也可以坐收至少百分之五的利息。"后来御手洗富大夫回想此事时说："这件事让我想到，如果赚不到利润，即使做成了生意也无济于事。"❶

不过，御手洗富大夫认为，维持终身雇用制与追求利润同样重要。他相信终身雇用制与成果主义相结合依然是日本企业的一大法宝。在美国，雇员"流动率及工作机会比日本要高，社会基础设施允许美国雇员从一个工作跳到另外一种工作"。❷ 而日本的情况却不是这样，他坚持公司的员工是企业大家庭的一分子。由御手洗富大夫的叔父御手洗毅医生所创建的佳能公司始终没忘记提供稳定工作的重要性，以此保持员工勤奋工作的热情和真诚感。

即使在当今日本经济处于低谷之时，御手洗富大夫仍重申不会执行裁员政策。他倡导终身雇用制，理由有三：

第一，终身雇用制能创造一个共享命运的组织。在困难时期同舟共济，大家建立了彼此信任的关系。第二，开发一项专利需耗时10~15年，这意味着我们需要创造员工感到工作有保障的环境。这与年功序列制有所不同。佳能公司现在拥有多达73 000个专利这个事实生动地证明，终身雇用制是

❶ Nippon Keizai Shimbun-sha (2001),p.34.

❷ Holstein (2002),p .52.

第一章　创造知识与辩证法

正面而不是负面的制度。第三，还存在一个保密性的问题。尽管我们建立了多项内部保密核查体系，但是确保企业商业秘密的最佳方式是鼓励员工的真诚感。❶

既要坚持不裁员的方针，又要追求利润第一的政策，乍看起来好像有些矛盾。御手洗富大夫总裁承认在佳能公司里，矛盾是一种生活方式。例如，既要忠实于良好的公司统治，就必须重视股东的权益，但他拒绝指定外部董事成员的美式做法，而是给予内部审计员更大的职权。他既信奉速度经济（如，他迅速决定关闭四个事业部），也坚信"忍耐"经济（如继续实行终身雇用制）。他说："在面对矛盾时，我们拥抱它，与之共舞，因此我们会一直在不停地前进。"

为了拥抱和应对矛盾，御手洗富大夫充分利用非正式的、日常的董事例会（清晨8点之前的"晨会"）以及与高层管理人员的每日午餐会。御手洗富大夫是这样描述这些会议的：

我们公司上班时间是8点30分，可是大多数主管在7点30分以前就已经上班了。他们8点来到我的办公室，在一个小时左右的时间里，我们可以交换意见、谈业务，有时也作出业务决策。在9点钟，他们离开分别去做他们的事……如果出现矛盾问题，对问题有争论，就迅速找出解决方案，及时行动起来。

我所有的会议都是在一个钟头的午餐时间里进行的。大家都要吃午饭，所以出席率是百分之百。我们花上10分钟的时间吃饭，其余的50分钟用来讨论。由于此时属于午餐时间，所以我们是在利用"免费"的时间。

经营战略会议、事业部领导会议、分部领导会议全部在午餐时间进行，大多情况下，我们吃乌冬面，有时也吃饭团（都是快餐）。❷

---

❶ 御手洗富大夫专访，2002年1月24日，东京皇宫饭店。

❷ 御手洗富大夫专访，括号乃作者所加。

御手洗富大夫通过这些会议从不同角度来了解问题并讨论问题。晨会没有任何议程，所以鼓励主管们随便提出什么想法并且表达不同的观点。这样一来，管理的最新术语便不受欢迎。这些会议提供了创造含意的共有情境（也就是"场"）。❶ 在"场"里面，有关理想与现实、制约与可能性、内部能力市场机遇等话题都可以从不同的视角进行争论，并且以动态的方式予以综合。

尽管这类会议没有固定的议程，但却有一定的时间限制。与会都知道会议在50分钟后结束，所以大家必须加快讨论的进程，他们又知道会议每天都要召开，所以都很有耐性。有时，一项决策几周内都不能确定下来。在御手洗富大夫试图将每个工厂改制成较小簇群（cluster）或称"单元"（cell）式的新型制造系统，而不是较长的装配线制造系统时，就出现了上述的耗时情形。在御手洗富大夫争取得到大家共识之前，他花费了几周的时间，让疑虑重重的主管通过每日安排正反方辩论的方式做到心悦诚服。❷

佳能公司让我们看到作为一家辩证的公司是如何运营的。首先，它不是被动地迎接矛盾（例如，不裁员与利润优先），相反，它恰恰是利用各种矛盾作为一个自我超越的杠杆。其次，它是通过像晨会那样有创造性惯例（routine），让每个人参与对话和辩论，以此达到进行综合的境界，而这类晨会便成为创造新知识的场所。

## 小结

IBM公司和佳能公司均属于新锐的、被称为"辩证的企业"的先行者。我们较早时提到辩证的企业具备两种特征：第一，重视变化。辩证的企业在积极地、动态地应对各种变化之中

❶ 关于"场"的讨论，见第四章。

❷ Irene M.Kunji,"He Put the Flash Back in Canon," *Business Week*, September 16,2002,p.21.

# 第一章　创造知识与辩证法

不断前行。IBM公司和佳能公司都成功地经历过一场重大转型实践，实践证明企业有能力迅速地与周围环境变化共舞，并且有能力处理周围环境的复杂性。第二，强调对立。辩证的企业总是寻找矛盾，作为预报"在进行什么"、"可能会发生什么"的向导。IBM公司和佳能公司都尝试在"正－反－合"螺旋中通过对因对立所造成的矛盾的解决和超越而达到"综合"的境界。

我们在前面还提到过，当今企业失败的一个重要原因是沉迷于昔日成功的光环、因循守旧，倾向于扼杀矛盾。IBM公司和佳能公司则积极地拥抱对立矛盾，正面地培育矛盾，热情地利用矛盾作为发现最佳途径的向导。

我们还指出，成功的企业通过"之"字型"正－反－合"螺旋的动态辩证过程来调和及超越对立双方，换言之，这个辩证的过程利用正题（A）和反题（B）创造合题（C）。但是C独立于A和B，并不是A和B的"中间体"或"介于A与B之间"。例如，佳能公司采用重实际追求利润的美式做法（A）以及终身雇用制的日式管理传统（B），创造了"佳能方式"（C）。然而，对于成功的企业来讲，C阶段并不是一个稳态阶段。IBM公司也在历经艰辛之后终于发现，维持稳态、一团和气或缺乏交锋只能陷入"对往日成功过度适应"的陷阱。辩证的企业必须永远不断前进发展。

若想不断前进，企业就需要一种新型的管理范式。对于管理来说，定位范式（注重产业结构及竞争对手分析）以及"以资源为基础"的范式（侧重于企业的内部能力）均很实用，但是它们却不适合于处理动荡、不确定性、不一致、矛盾及似是而非的情形。

基于知识创造的新型管理范式正是动态求发展的企业所需要的理论。这种理论最适合于处理动荡、不确定性、不一致、矛盾及似是而非的情形。通过对看似对立的事物——暗默知识与形式知识的综合，新的知识应运而生。此外，动荡、不确定及复杂的环境就根植于暗默知识之中。按照知识管理的范式，我们成为环境的一分子，而环境也是我们的一部分。

# 27

第二章

# 创造知识的企业*

在一个只有不确定性才是惟一可以"确定"的经济体内，知识便是惟一能够保证产生可持续竞争力的源泉。当市场的变化日新月异、各类技术层出不穷、竞争对手与日俱增以及产品的翻新速度以日计数之时，只有那些能够坚持不懈地创造新知识、将新知识在组织内部进行广泛传播，并迅速将新知识体现在新技术和产品上面的企业才可能获得成功，这些活动表明"创造知识的企业"的核心任务就是进行持续的创新。

尽管有关"脑力"和"智力资本"的话题不绝于耳，可是真正能够掌握"创造知识的企业"之真谛的管理者却寥寥无几，更别提如何对其进行管理了。其原因是，管理者对知识是什么，以及企业在运用知识方面必须做什么等问题上存在很多误解。

从弗雷德里克·泰勒（Frederick Taylor）到赫伯特·西蒙（Herbert Simon），西方的管理传统一脉相承、根深蒂固——组织即"处理信息"的机器。按照这一观点，惟有形式和系统的知识，也就是硬性的（定量的）数据、编码程序、通用性原则，才算得上是有用的知识。同样，衡量新知识价值的主要标准也是类似的硬性和定量的指标——提高效率、降低成本及改善投资回报率。

---

\* 经《哈佛商业评论》许可重印。原文"创造知识的企业"刊载于《哈佛商业评论》1991年11月-12月期，作者为野中郁次郎，版权为哈佛商学院出版公司所有。

然而，在有关知识及其在经营型组织内的作用的思考层面，也存在另外一类观点，这类观点在诸如本田、佳能、松下、NEC、夏普和花王等获得巨大成功的日本企业里很常见。这些企业一直因为及时地满足顾客的需求、开拓新市场、快速开发新产品及主导新兴技术等能力而闻名。其成功的奥秘就在于采用独特的管理方式对创造新知识的过程进行管理。

对于西方管理者来说，日本的管理方式看上去往往有点奇怪，或者可以说难以理解。让我们看一看下面的几个例子：

- "汽车进化论"这个口号对于一款新车的设计思想来说究竟有多大的意义？不过，正是这个口号引导本田公司开发出独具匠心的城市型轿车——"Honda City"（本田城市）。

- 从啤酒罐为何可以让人联想到个人复印机？正是运用这个比喻，佳能公司在设计革命性的微型复印机时实现了根本性的突破。这类产品创造了一个全新的个人复印机市场，并且使佳能公司成功实现了从低迷的照相机业务向利润丰厚的办公室自动化设备领域的跨越。

- 仅凭合成"光电子"（optoelectronics）这个词究竟能为一家公司的产品开发工程师们提供怎样具体的方向感呢？可是，夏普公司恰恰就是利用这个词逐渐赢得一项声誉——创造可以勾画新技术及市场轮廓的"天下第一产品"。这使夏普成为一家从彩电、液晶显示器到定制化集成电路等业务领域的重要制造商。

在上述例子里，这些让西方管理者听起来愚蠢透顶的口号，含意十分隐晦，也许在广告宣传上能派上点用场，对企业的管理则毫无用处。然而对创造新知识来说，这些口号事实上却是行之有效的工具。世界各地的管理人员都能意识到创新的偶然性。而日本企业的主管们正在对有可能为企业、员工及顾客带来好处的偶然性进行管理。

　　日本式管理方式的核心在于，管理者能够认识到创造新的知识不只是"处理"客观的信息一样，恰恰相反，它还取决于企业是否能够发掘每个员工暗默的，而且常常是高度主观的洞察力、直觉及预感，并对这些洞察力进行检验，然后为整个公司内部所利用。这个过程的关键在于个人承诺（personal commitment）以及员工对企业及其使命的认同。如何调动个体的投入并将暗默知识体现在实际的技术和产品上，则要求管理者能够做到像他们对衡量市场份额、生产率或投资回报率之类的硬性数字一样轻松地看待各种形象化的比喻和象征，例如像"汽车进化论"这类口号，像个人复印机与啤酒罐之间的类比，以及像"光电子"这样的比喻。

　　在另一个基本观念方面，我们还发现许多日本企业对知识具有比较全面的思考方式。企业不是机器，而是一个有生命的有机体。企业像个体一样也具有集体的认同感及根本目的。这就是组织的自我知识（self-knowledge），对企业定位、发展方向、对所处世界的憧憬，更重要的是，对如何使所憧憬的世界变成现实的共同认识。

　　从这个角度来看，"创造知识的企业"既是有关理念，又是有关理想的概念。不仅如此，这个事实鼓舞着创新的激情。创新的精髓就是按照某个特定的愿景或理想来重新创建这个世界。更确切地讲，创造新知识就意味着在个体与组织不断自我更新的过程中，向企业及其每位员工注入新鲜的活力。在"创造知识的企业"里，发现新的知识并不是一项仅仅由R&D部门、营销部门或战略规划部门管辖的专门任务。它是一种行为方式，实际上，它是一种存在方式。在这种情形下，人人都是知识工作者，换言之，人人都是企业家。

　　为什么日本企业似乎对持续创新和自我更新特别在行呢？原因错综复杂。不过对管理者而言，最需要学习的经验却相当的简单，正像全球各地的制造商曾经向日本学习制造技术一样,任何希望在知识上一争高低的外国企业还需要向日本企业学习创造知识的技巧。下面所讨论的日本企业的经验提供了在创造知识的企业里,管理者的角色与责任、组织设计及经营实践方面一种新颖的思考方式。这种方式将知识创造过程置于它真正归属的地方,即企业人力资源战略的中心。

## 知识螺旋

　　新的知识总是源自个体。研究者的真知灼见很可能会引出一项新的专利,中层管理人员对市场趋势的直觉可以成为一个重要新产品概念的催化剂。第一线工人凭借多年积累的经验可以对一个过程的创新提供宝贵的建议。每个例子均触及一个重点,那就是将个人知识转变为对整个企业有价值的组织知识。

　　创造知识的企业的主要活动是使个人知识为他人所用。这种活动是持续进行的,而且发生在组织的各个层面。正如以下事例所显示的那样,有时它可能以料想不到的方式展开。

　　1985年,总部设在大阪的松下电器公司在全力组织研究一种新型家用烤面包机。可是在让机器正确地完成揉面这道工序上,研发人员遇到了难题。尽管他们花了很大的力量,面包还总是出现外焦里生的现象。研究人员为分析这个问题绞尽了脑汁,他们甚至动用X光机对机器揉制的面团与专业面包师揉成的面团进行了对比分析,可是还是不能获得任何有意义的数据。

　　就在这时,软件研发人员田中郁子提出一个很有创意的建议。在大阪地区,大阪国际饭店因其美味的面包闻名遐迩。为什么不用它作为一个模型呢？于是,田中郁子开始拜大阪国际饭店的面包大厨为师,向他学习"揉面"的手艺。田中郁子逐渐发现这位师傅的揉面技能与众不同。在一年的反复实践之后，田中郁子与项目工程师们密切合作，终于提出了产品规格，包括在机器内壁增添了特殊肋骨状凸纹，从而成功再现了她在饭店学得的揉面技艺以及面包的质量。这个结果创造了松下公司独特的"麻花面团"技术。该产品在问世的一年里创下新型烹饪器具销售的新纪录。

田中郁子的创新事例生动说明了两种不同类型知识之间的转换。转换过程的终点是"明示的"知识：对于烤面包机来讲，就是产品规格。"明示的"知识属于形式和系统的知识范畴。因此，利用产品规格、科学公式或计算机程序等形式，我们可以比较容易地交流并分享这类知识。

不过，田中郁子创新的起点却属于另外一类不容易被表达清楚的知识："暗默的"知识，就像大阪国际饭店面包大师所拥有的那种知识那样，暗默知识是高度个人化的知识。由于它难以转变为形式知识，所以不容易传达给其他人。或者套用哲学家迈克尔·波拉尼（Michael Polanyi）的话来讲："我们所知道的东西比能够说出来的要多。"暗默知识也根植于行动之中、融会在个体对某种特定情境的投入之中，这种情境包括手艺或职业、特殊技术或产品市场，或工作团队的各种活动。

非正规且难以讲清楚的技能是暗默知识的一部分。我们可以从"秘诀"（know-how）一词中体会到技能的真正含意。经过多年的勤学苦练之后，大师级师傅尽管对逐渐形成的大量专业技能了如指掌，但是却往往说不出他们所熟悉的技能背后所蕴涵的科学或技术原理。

暗默知识同时具有一个重要的认知层面。它包括心智模式、信念及各种视角。这些东西根深蒂固，我们一般认为是理所当然的，因此不可能很容易地将它们表述清楚。正缘于此，这些不言明的模式深深地影响着我们对周围世界的体验。

暗默知识与形式知识之间的区别表明，所有组织内都存在四种创造知识的基本模式：

1. **从暗默知识到暗默知识**。有时，个体之间可以直接分享各自独有的暗默知识。例如，当田中郁子向大阪国际饭店师傅学习制作面包的手艺的时候，她可以通过观察、模仿和实践领悟师傅的暗默技能。这些技能后来成为田中所具备的暗默知识库的组成部分。换句话说，她在共同化过程中让自己接触到这项技能。

然而，仅就过程本身而言，共同化是一种很有局限性的知识创造形式。不错，学徒工固然可以学到师傅的手艺，但学徒工和师傅双方均没有从他们的手艺知识里获得系统的见识。正因为他们从未将知识明示化，所以他们的知识不可能方便地为整个组织所利用。

**2．从形式知识到形式知识**。个体还可以将分散的各种形式知识结合成一个新的整体。例如，当一家公司的财务主管将在整个组织内收集的信息总结在一份财务报告中，这份报告就它综合许多不同来源的信息而言，属于新知识。但是，这种综合实际上并没有扩展该公司现有知识的基础。

可是，就像松下电器公司的例子那样，当暗默知识与形式知识相互作用时，便催生某种有威力的东西。严格地讲，正是这种暗默知识与形式知识之间的转换才使得日本企业特别擅长于产品开发工作。

**3．从暗默知识到形式知识**。当田中郁子能够将制作面包的个人暗默知识基本内容表达出来的时候，她就是将自己的暗默知识转换为形式知识，因此知识能被项目开发团队共享。另外一个例子，比方说刚刚提到的那位财务主管，他不仅为公司编制一份传统的财务规划，基于在该岗位多年积攒的经验，他还开发出一种预算控制的新方法。

**4．从形式知识到暗默知识**。更为重要的是，当新的形式知识为整个组织所共享时，其他人员开始将其内在化，即他们利用这种知识拓宽、延伸，以及重新构造自己的暗默知识。

第二章 创造知识的企业

比方说上面提到的那位财务审计员的提案导致了该公司对财务控制系统的修订，其他人员利用这项创新，并且最终将它理所当然地视为进行工作所必需的工具和资料背景的一部分。

在创造知识的企业里，这四种模式均存在于动态的相互作用之中，即存在一种知识的螺旋之中。回想一下松下电器公司田中郁子的例子：

1. 田中学到了大阪国际饭店面包师傅的暗默秘诀（共同化）。

2. 她将这些秘诀转换为能够与团队成员及松下公司其他人员进行交流的形式知识（表出化）。

3. 开发团队使形式知识标准化，将它综合在指南或工作手册里，并且体现在产品上（联结化）。

4. 通过创造新产品，田中及其团队伙伴丰富了个人的暗默知识库（内部化）。尤其是，大家开始领悟到诸如家用烤面包机这类产品能够提供真正的品质，也就是说，这种电器烤制的面包一定能够像专业面包师烤制出来的一样好。

这又开启新一轮的知识螺旋，但这一次是在更高层次上进行的。在家用烤面包机设计过程中逐渐积累起来的关于真正品质的新暗默见识（tacit in sight）又通过非正式的渠道传递给松下公司内部的其他员工。松下公司的员工又运用它对公司的其他电器——无论是厨具、视听设备，还是白色家电——制定对等的品质标准。这样，松下公司的知识库便得以拓宽了。

表出化（将暗默知识变换为形式知识）和内在化（利用形式知识扩大个人的暗默知识库）都是知识螺旋过程中至关重要的阶段。原因是这两个阶段都要求个体的积极参与，也就是说个人投入。田中郁子决定在面包大师手下当学徒工就是个人投入的一个例子。同样道理，当财务主管不只是"核算"传统的财务规划中的数字，还将他的暗默知识清楚地表达出来，并且应用到创新过程中，他的个人认同（personal identity）在某种意义上便被直接地包含进来。

事实上，除技术秘诀以外，暗默知识还包含心智模式和信念，因此从暗默知识向形式知识的转换实际上是个体对这个世界的憧憬的表述过程——这个世界是什么样以及应该是什么样。当员工发现新的知识时，他们也对自我、企业，乃至这个世界有了重新的认识。

当管理者懂得了这个道理之后，他们就会认识到，管理"创造知识的企业"的方法看来与在大多数西方企业里正在使用的工具有很大差别。

## 从比喻到模型

将暗默知识转换为形式知识意味着要发现可以使难以表述的东西得以表述的方法。遗憾的是，最常见被忽略的工具恰恰就是实现这个目标所需的最有效的管理工具——管理者可以用来表达直觉和洞察力的比喻性语言和象征手法。在日本企业里，特别在产品开发过程中，这类唤起情感、有时极富诗意的语言展现得淋漓尽致。

1978年，本田公司高层管理者为设计新概念车启动一个开发项目，口号是"一起去冒险吧！"这个口号表明，公司高层领导人确信本田公司的 Civic（思域）和 Accord（雅阁）车型对大众来说实在太熟悉了。管理者还意识到，随着战后新生代步入汽车市场，新一代年轻的产品设计人日渐成熟，他们对什么才能称得上是好车会有不同寻常的看法。

根据"一起去冒险吧！"这个口号，公司决定建立一支由年轻工程师与设计人员组成的新产品开发团队（平均年龄27岁）。高层管理者为这个团队仅下达了两项指示：第一，拿出与公司以前所制造的产品完全不同的产品概念；第二，制作出不昂贵但也不便宜的汽车。

## 第二章 创造知识的企业

尽管这项使命听起来也许有点模糊,但实际上它为该开发团队指出了非常明确的方向。例如,在项目进行初期,一些成员曾经提议设计一款比 Honda Civic 小一点且比较便宜的车型——一个保险且技术上可行的方案。不过,开发团队很快判定,这一方案有悖于该使命的基本原则,惟一的选择就是要发明全新的东西。

项目负责人渡边洋男杜撰了另外一个口号——"汽车进化论",以表达他对该团队雄心勃勃的挑战意识。这个口号描述了一种理想,事实上提出了这样一个问题:倘若汽车是有机体的话,它应该怎样进化呢?当团队成员热烈地讨论渡边洋男口号的含意时,他们又用第三个口号给出了答案:"人最大化、机器最小化"。这个口号捕捉到该团队的共同信念,也就是理想的汽车应该设法超越传统的人与机器的关系。可是,超越传统必须对渡边洋男所称的"底特律常识"——为外观牺牲舒适——提出挑战。

项目团队表述的"进化"趋势最终体现在一个"球形"形象上面——一款既"短"(在长度上)又"高"(在高度上)的轿车。他们推论,这款轿车比传统轿车重量更轻,价格更便宜,而且驾驶更舒适、车体更结实。球体形状为乘客提供最大空间,同时占用路面的空间最小。而且这个形状使发动机和其他机械系统占用的空间也达至最小化。就这样,被项目团队称为"高个小子"(Tall Boy)的产品概念由此诞生,本田公司独特的城市轿车"Honda City"也相应问世。

"高个小子"的概念与当时强调车身长而低的传统轿车设计观念大相径庭。不过"Honda City"的革命性风格和设计具有前瞻性。基于"人最大化,机器最小化"的设计理念,这款车型在日本汽车界开创了崭新的设计方式,从而在日本掀起了新一代"高而短"型轿车的风潮。

"Honda City"的故事显示了日本企业在公司上下及产品开发的各个阶段如何使用比喻语言的能力,也开始让人联想到不同类型的比喻性语言以及每种类型所起到的独特作用。

一种极其重要的语言是比喻（metaphor）。关于"比喻"，我不只是指语法结构或寓意方面的表达方式，还意味着比喻是一种独特的认知方式。它是处于不同情境、具有不同经历的个体，借助想像力和象征手法，在不需要分析和概括的情况下，通过直觉来了解某件事物的方式。通过各种比喻，人们将用新方式所了解的东西放在一起，开始表达他们知道但尚无法诉诸言辞的事情。借此，在知识创造的初期阶段，比喻方式在鼓励对富有创造性的过程的直接投入方面十分有效。

比喻方式之所以有效，是因为它将两个不同且有差距的体验合二为一，使之成为一个单独的、有包容性的形象或象征，就像语言学家马克斯·布莱克（Max Black）所描述的"双关语"一样。通过在两个看似差别很大的事物之间建立一种关联，比喻制造了差异或冲突。通常，比喻的形象具有多重含意，在逻辑上好像是矛盾的，甚至不合情理。但是这绝不是它的弱点，实际上这恰恰是它的最大长处。因为正是这些比喻中所展现的冲突，开辟了一片充满创意的新天地。当员工尝试弄清楚某个比喻所表达的灼见之时，他们其实是在对充满冲突的语言进行调和。这便是使暗默知识明晰化的第一步。

请揣摩一下渡边洋男的"汽车进化论"口号的例子。像任何绝妙的比喻一样，它将人们通常想不到可以放在一起的主意合二为一。汽车是机器，而进化论与有机体有关。尽管如此，这种差异便是对理想车型特点进行推测的良好平台。

不过，当比喻激发知识创造过程的时候，仅靠比喻是远远不够的。接下来需要使用类比（analogy）。比喻大多由直觉所驱使，将乍看起来不相干的形象联系在一起，而类比则是一个有结构的过程，其作用是化解矛盾和梳理差异。换言之，通过明辨一个词组中两个词义之间的区别，类比使表现在比喻的矛盾之处变得和谐起来。在这个方面，类比是纯粹想像与逻辑思考之间的中间环节。

佳能公司开发革命性微型复印机的过程可以说是类比的最好例子。佳能的设计人员知道个人复印机要想在市场上获得成功，首先必须性能可靠。为确保可靠性，开发人员提出制造一次性感光墨粉盒的设想。维修问题中的90%来自这个部分。可是若想使用一次性墨粉盒，其制造过程必须方便，成本必须低廉。怎样制造一次性墨粉盒呢？

一天，工作小组负责人田中宏买了一些啤酒，突破的机会便出现了。在小组成员边喝啤酒、边讨论设计问题的时候，田中手握一个啤酒罐，大声地问："做这样一个铝罐要花多少钱？"这个问题让成员们推想制造啤酒罐的过程是否可能与制造铝制复印机墨粉盒联系起来。通过探讨墨粉盒与啤酒罐之异同，该开发小组提出了能够用较低的成本制造铝制复印机墨粉盒的工艺技术。

知识创造过程中的最后一步是建立一个实际模型（model）。模型与比喻或类比相比要容易理解得多。在模型里，矛盾已经得到解决，各种概念可以经过一致且系统的逻辑过程进行转换。大阪国际饭店的面包质量标准使得松下电器公司可以为其家用面包机提出各种正确的产品规格标准，球体的象征让本田汽车公司创造出"高个小子"的产品概念。

当然，诸如"比喻"、"类比"及"模型"之类的术语堪称理想的形式，在实际中，彼此之间往往难分仲伯，相同的词组或形象可能代表三种功能中一种以上的功能。尽管如此，这三种语言捕捉到组织将暗默知识转换为形式知识的过程的实质。首先，比喻将彼此矛盾的事物及想法联系在一起；然后，借助"类比"来化解矛盾之处；最后，将创造出来的概念提炼并体现在一个"模型"里，使新创造的知识为组织其他人员所利用。

## 从混沌到概念：管理"创造知识的企业"

了解知识创造作为一个使暗默知识明示化的过程（利用比喻、类比和模型），对于企业设计组织结构及明确组织内部的角色与职责具有直接的意义。这就是"创造知识的企业"的"how"（方法）和将企业愿景变成有创意的技术和产品的组织结构与实践。在我所研究的日本企业里，组织设计的基本原则可以归结为"冗余"（redundancy）——组织的信息、业务活动及管理者职责均存在有意识地重叠。对于西方管理人员来讲，"冗余"含有不必要的重复及浪费的意思，也许听起来缺乏魅力，然而，创建一个信息"冗余"型组织只是管理"创造知识的企业"的第一步。

"冗余"的重要在于它鼓励频繁的对话和交流。这一点有助于在员工之间建立一个认知的"共同的认识基础"。因此，"冗余"可以促进暗默知识的转移。由于组织成员分享重叠的信息，他们可能感受到别人正在努力想要表达什么。"冗余"还通过组织传播新创造的形式知识，从而使员工可以将新的形式知识内在化。

"冗余"的组织逻辑有助于解释日本企业为何将产品开发的管理当作不同的职能部门共享劳动力的分工的形式共同完成任务的重叠过程。在佳能公司里，重叠的产品开发更进一步。该公司按照"内部竞争原则"来组织产品开发团队，将一个开发团队划分为若干竞争的小组,针对同一课题提出不同的方案，然后对各个方案的利弊进行辩论。这种做法鼓励团队从不同的角度来审视某个项目。在团队负责人的指导下，团队最终对"最佳"方式达成共识。

从某种意义上看，这种内部竞争实属资源浪费。为什么

## 第二章 创造知识的企业

要利用两个以上团队来开发同一种产品呢？不过当大家分担职责时，信息量就会成倍的增加，而且组织的创造力和执行各种概念的能力也会提高。

例如，在佳能公司，发明微型复印机用的一次性墨粉盒之后，许多促进微型化、轻量化及组装自动化进程的新技术层出不穷。然后，这些技术迅速应用于其他办公自动化产品，如缩微胶片阅读器、激光打印机、文字处理机及打字机领域。这就是佳能公司由照相机向办公自动化设备进行多元化转型及确保在激光打印机产业竞争力的重要因素。截至1987年，在引入微型复印机产品之后的短短五年时间里，佳能公司全部营业收入的74%来自商用机器事业部。

增加信息"冗余"的另外一种方式是采用策略性轮调（strategic rotation），尤其在不同技术领域之间及不同部门之间，比如R&D与营销部门之间。轮调有助于员工们以多重视角来了解公司的业务。这就使组织知识更具"流动性"，并更易于付诸实践。日本著名消费品制造商花王公司经常让年届40岁的研发人员从R&D部门"下岗"，让他们到其他部门工作，如营销、销售或制造部门。该公司所有员工在10年间平均至少要在3个不同部门任职。

自由地获取企业信息也有助于加强信息"冗余"。当存在信息差异时，组织成员是不可能在平等的基础之上进行互动的，这可能会妨碍对新知识的不同看法的研究。因此，花王公司高层管理者不允许员工在获取信息方面有任何歧视的做法。公司的全部信息（除个人数据资料）都储存在综合数据库里，所有员工无论职位高低都可以随时阅读。

就像这些事例所昭示的那样，在"创造知识的企业"里，没有哪个部门或专家小组会对创造新知识具有垄断的职责。高层主管、中层管理人员及第一线员工都扮演一个角色。实际上，任何个人所贡献的价值不是由其在组织层级中的位置所决定，而是依其对整个知识创造系统所提供的信息的重要性而定。

但是，这并不是说在"创造知识的企业"中没有角色和职责之间的区别。事实上，创造出来的新知识是三种角色之间动态相互作用的结果。

第一线员工终日埋头在具体技术、产品或市场的日常细节之中。没有人比他们更熟悉企业的实际业务。不过，当第一线员工沉浸于非常专业的信息之中时，他们经常会发现很难将自己获得的信息转变为有用的知识。首先，来自市场的各种信号可能是模糊不清的。其次，一线员工可能受到自己狭窄的视野的局限，以致"只见树木不见森林"。

更重要的一点，甚至在一线员工确实悟出有价值的想法和见解时，他们也可能仍然难以将这些信息传递给他人。人们并非只是被动接受新知识，他们会积极解读新知识，并将新知识与自己的处境及观点相适应。在某种情境下有意义的事情，当被传递给处于不同背景的人时，可能会发生某种变化，甚至失去意义。因此，当新知识在组织内传播时，其含意会不断地发生改变。

在任何一个组织内部，对含意的理解存在着不可避免的分歧，由此产生的混乱可能让人感到这是一个问题。事实上，如果企业知道如何对这个过程进行管理的话，这种混乱可能刚好是新知识的丰富来源。管理这个过程的关键是不断激发员工的积极性，让他们重新审视那些被认为是理所当然的事情。尽管反思过程在"创造知识的企业"中永远都是必要的，但是当企业的传统知识范畴已不再起任何作用时，尤其在企业面临危机或倒闭时，反思则是必不可少的。在此紧要关头，模糊作为不同含意，对待事物的新思考和新方向感的策源地是极其实用的。从这个意义上讲，新知识是从混沌中诞生的。

在"创造知识的企业"里，管理者的主要任务是将混沌朝着有目的地进行知识创造的方向引导。管理者应该为员工提供概念性框架，帮助他们理解切身体验的意义。这一过程

## 第二章 创造知识的企业

可以发生在企业的高级主管层面，也可以出现在公司团队的中层管理人员层面。

高层管理者可以通过表述某些比喻、象征或概念来勾画企业的未来，从而引领员工创造知识活动。要想做到这一点，他们可以发问："我们需要学习什么东西"、"我们究竟想要了解什么"、"我们应该向何处去"、"我们是谁"等等。如果说第一线员工的工作就是需要知道"是什么"的话，那么高层主管的任务就是了解"应该是什么"的问题。用本田公司高级研究员本间浩的话来讲："高层管理者是追求理想的浪漫主义者"。

在我所研究的部分日本企业里，总裁们一般喜欢借助阐述企业的"概念伞"来解释他们的角色。"概念伞"(concept umbrella)是指，用高度概括和抽象的词言表达某些宏观概念(grand concept)，它们代表将表面分立的活动或者业务连接成密不可分的整体的共同特征。夏普公司致力于"光电子"技术就是很好的例子。

1973年，夏普公司通过将LCD（液晶显示器）和CMOS（互补氧化金属半导体）两项关键的技术相结合的方式发明了第一台低耗电量的电子计算器。该公司的技术人员为此创造了"光电子"这个术语，用来描述微电子技术与光学技术的融合。后来，夏普公司的高层管理者采用了这一术语，并将其影响扩大到公司R&D和工程部门以外的各个角落。

"光电子"体现着夏普公司所希望的栖居世界的形象，它是夏普公司应该成为什么样企业的关键概念之一。就这样，它成了公司战略开发的整体指导方针。在这个"标题"下，夏普成功实现了对计算器领域初步胜利的跨越，成为以LCD和半导体技术为核心，在众多领域中处于领先地位的世界级大公司，产品包括便携式电子系统手册、LCD投影系统及定制集成电路，比如光罩式ROM（只读存储器）、ASIC（特定用途集成电路）、CCD（电荷耦合装置）等。

其他日本企业也有类似的"概念伞"。在NEC（日本电器公司），高层管理者将企业的知识库划分成几个关键的技术群，然后提出"C&C（计算机和通信）"这个比喻。花王公司的"概念伞"则是"表面活性科学",意指材料表面涂层技术,这个词汇始终引导花王公司的产品多元化进程,从肥皂洗涤剂到化妆品到软盘等业务,所有这些产品均属于花王公司的核心知识库的衍生物。

高层管理者为员工提供方向感的另外一种方式是,为组织成员持续开发知识的价值设定检验标准。决定支持哪些努力、开展哪些项目属于高度战略性任务开发的努力是属于非同寻常的战略任务。

在大多数企业里,衡量新知识价值的基本指标是经济方面的,如提高效率、降低成本、改善投资回报率,但在"创造知识的企业"里,属于比较定性的其他因素同样重要,例如,"这个主意是否体现企业的愿景"、"它是否表达高层管理人员的愿望和战略目标"、"它是否具有创建企业的组织知识网络的潜力"。

马自达汽车公司决定致力于开发转子发动机(rotary engine),这件事是此类定性判断的经典案例。1974年,发动机产品开发团队面临着来自公司内部主张放弃该项目的巨大压力。批评人士抱怨说,转子发动机是"油老虎",在市场上永远不会有成功的机会。

当时开发团队负责人山本健一(后来出任马自达公司的总裁)坚持认为,中止该项目就意味着放弃公司对内燃发动机革命的梦想。"让我们这样想一下,"山本提议,"我们正在创造历史,应对这一挑战就是我们的命运。"马自达公司下定决心继续进行转子发动机项目,这一决定使马自达成功地开发了装有转子发动机的跑车——Savanna RX-7。

如果从传统管理的角度来看,山本健一关于公司"命运"的主张听起来有点疯狂。不过在"创造知识的企业"中,却

## 第二章 创造知识的企业

具有特别的意义。山本借助于公司的基本理念，也就是他所说的"致力于毫不妥协的价值观"，并援引了公司高层主管曾经表述过的科技领先战略。他阐述了转子发动机项目是如何遵循组织对其愿景的承诺。同样，继续进行该项目也可强化团队成员对公司愿景和组织的个人献身精神。

"概念伞"以及"定性"判断标准对赋予企业创造知识活动的方向感至关重要。尽管如此，强调企业愿景的开放性，包容各种不同甚至矛盾的解读同样重要。乍看起来，这种说法好像有点矛盾，究竟企业的愿景应不应该毫不含糊、连贯一致和清楚明白呢？然而，一个愿景如果过于明确，它就会与命令或指示没什么区别，而命令不会孕育出有效的知识创造所依赖的高度个人献身精神。

一个较为模糊的愿景可以使员工和工作小组获得制定目标的自由空间及自主权，这一点很重要。因为虽然高层管理者的理想很重要，但仅仅依靠这些理想还远远不够。高层管理者最应该做的事就是为自发组织（self-organizing）团队清理路障、铺路搭桥，然后让自发组织团队自己来决定高层的理想在现实世界里究竟有何含意。所以在本田公司，像"一起去冒险吧！"这样含糊的口号及比较宽泛的任务使命给予"Honda City"产品开发团队以强烈的自我认同感，最终创造出革命性的新产品。

在"创造知识的企业"里，团队是主角，因为他们提供着个体彼此进行互动及深刻反思所依赖的持续对话的共享情境，团队成员可以在对话和切磋中创造新的观点。他们将信息汇集在一起，并从不同的角度对信息进行研究，最后将他们分散的个体视角整合成一个新的集体视角。

事实上，这样的对话可能带来相当大的冲突及不和谐。正是由于这些冲突，才推动个体现有的假设提出质疑，并利用新的方式搞清楚他们体验的意义。佳能公司一位负责高技术开发的副经理承认:"人们步调不一致的时候,会发生争吵,因此很难将他们聚拢在一起。可是,如果一个小组从一开始便步调一致的话,要想取得良好的效果也很难。"

　　作为开发团队的负责人,中层管理者处于企业信息系统的垂直与水平的交汇点。他们的作用是架起一座连接高层主管的浪漫理想与基层员工日常面对的混乱现实之间的桥梁。通过创造中间业务(middle-level business)及产品概念,中层管理者居中调解"是什么"和"应该是什么",根据企业愿景对现实进行再造。

　　因此,在本田公司的高层管理者决定尝试一些崭新的东西时,采纳了渡边洋男产品开发团队在开发"高个小子"的产品概念中所利用的具体形式。在田中宏领导的攻关小组开发出"方便维修"这个产品概念并且最终催生个人复印机之时,佳能公司"超越照相机业务,创建卓越公司"的雄心壮志,才成为现实。在松下电器公司,通过田中郁子及其同事开发的中程概念"方便和丰富"(Easy & Rich),并将其体现在自动烤面包机上的努力,企业的客观概念"人性电子"才获得生机。

　　在上述所有案例中,中层管理者将第一线员工与高层主管的暗默知识进行了综合,使暗默知识得以明晰化,并且将其融会在新技术和新产品之中。从这个意义上讲,他们才是"创造知识的企业"中名副其实的"知识工程师"。

第三章

# 组织的创造知识理论*

西方哲学有关知识的独特方式，对组织理论学者看待知识的方式产生了深远的影响。笛卡尔学派将主观与客观、认知者（the knower）与被知物（the known）截然分离，由此形成了组织作为一种"信息处理"的机制的观念。按照这一观念，组织只是对来自外部环境的信息进行处理，以便适应新的环境。虽然这种观点被证明可以有效地解释组织是如何工作的，但是却存在一个根本的缺陷。根据我们的看法，它不能真正解释创新过程。当组织进行创新活动时，它们并不是为了解存在的问题以及适应变动的环境而简单地对外部进来的信息进行处理，事实上，是由内而外地创造新知识及信息，以便重新明确问题，并提出解决方案。在这个过程中，它们对所处环境进行重新创造。

为了解释创新，我们需要一个组织创造知识的新理论。就如任何关于知识的方法一样，它将具有自己的"认识论"（epistemology）〔即知识论（the theory of knowledge）〕，虽然新理论与传统的西方方式存在相当大的区别。我们的认识论之基石是暗默知识与形式知识之间的区分，像我们将在本章里介绍的那样，知识创造的关键在于对暗默知识的动员和转换。因为我们的关心所在是与个人知识创造相对立的组织的知识创造，我们还将有自己独特的"存在

---

\* 经牛津大学出版社许可重印。《创造知识的企业：日本企业持续创新的动力》，作者野中郁次郎和竹内弘高，1995年出版，版权为牛津大学出版社所有。

论"(ontology),主要考虑创造知识主体的各个层次(即个人、小组、组织和组织之间)。在本章里,我们展示知识创造理论,大家需要将知识创造的两个维度(认识论和存在论维度)谨记在心。图3-1显示认识论和存在论维度与产生的知识创造"螺旋"。当暗默知识与形式知识之间相互作用、从存在论较低层次向较高层次动态地扩大时,螺旋便应运而生。

图3-1　知识创造的两个维度

知识创造理论的核心是描述这种螺旋究竟是如何产生的。我们提出知识转换的四种模式——我们称之为共同化、表出化、联结化和内在化,构成整个知识创造过程的"引擎"。这些模式属于个人所经历的东西。它们还是一系列机制,通过这些机制个人的知识得到表述,并且被"放大",然后扩展到组织内部。在铺陈这四种模式并且举例说明之后,我们将阐述可以促进这种组织的创造知识螺旋模型的五个条件。我们还要提出依时间的演进组织内部创造知识所历经的五个阶段。

## 知识与信息

在详述我们的理论之前，我们首先讨论知识与信息之间的相似处与不同处。在这个方面，三个事实比较清晰明了：第一，与信息不同，知识与信念和投入密切相关，知识所反映的是一种特定的立场、视角或意图；第二，与信息不同，知识是关于行动的概念，知识总是"为了某种目的"而存在的；第三，知识与信息均与含意（meaning）有关，知识具有依照特定情境而定的特征，而且显示有关联的属性。

在组织的知识创造理论里，我们采用知识的传统定义，即"经过验证的真实信念"（justified true belief）。不过，应当注意的是，虽然西方传统认识论更重视以"真实"作为知识的基本属性，而我们则强调知识的实质是"经过验证的信念"。在这种聚焦点上的差异，是西方传统认识论的知识观与我们知识创造理论的知识观之间另外一个重要区别。传统的认识论强调知识是关于绝对的、静止的、独立于个人的侧面，典型的例子是以命题和形式逻辑所表述的知识。我们则认为，知识是**人际间个人信念朝"真实"的方向实现验证的动态过程**（a dynamic human process of justifying personal beliefs toward the "truth"）。

尽管"信息"和"知识"这两个词汇常常可以替换使用，但是信息与知识之间有非常明显的区别。正像贝特森（Bateson，1979）描述的那样，"信息是由产生区别的差异构成的"（第5页）。就对事物的解读而言，信息可以提供新的观点，使以前无法辨别的含意明晰化，或者使对无法预料的因果关系进行分析的人豁然开朗。因此，信息是悟出及构造知识的必要媒介或素材，它通过添加或重构一些内容对知识产生影响（Machlup，1983）。同样，德莱茨基（Dretske，1981）提出这样的论点："信息是能够产生知识的商品，而且一个信号所携带的信息就是我们从中可能学习的内容。……知识可以被认为是产生（或支撑）信息的信念"（第44页，第86页）。

我们可以从两个角度来看待信息，即在"句法"（syntactic）和"语义"（semantic）上的含意。在香农和韦弗（Shannon and Weaver,1949）对在不考虑内在含意情形之下测量信息流的分析中，我们可以发现有关句法信息的例证，尽管香农自己承认他的信息观念本身是存在问题的。❶由于信息的语义层面重视所传递的含意，所以它对知识创造更为重要。如果我们将自己的参考空间局限在句法侧面，便不太可能捕捉到信息在创造知识过程中的重要性。任何对信息的正式定义的迷恋都会导致过分强调信息处理的功能，这样做会对从混沌且模糊的信息海洋中创造新含意缺乏敏锐的感受。

信息是讯息流，而知识则是信息流所创造的，并且沉积在拥有者的信念和投入之中。这种理解着重强调知识在本质上与人类行动密切相关。❷塞尔（Searle,1969）在谈及"言语行为"时也指出，就讲话者的"意图"和"投入"而言，语言与人类行动具有密切的关系。作为组织知识创造理论的重要基础，我们重点强调由深植于个人价值观体系中的"投入"和"信念"这些词语所表现的积极和主观的知识属性。

最后，信息和知识两者均依赖于特定的情境，并且与人类社会互动中动态创造的情形相关。伯格和拉克曼（Berger and Luckman,1966）主张，在某种历史和社会情境里，产生相互作用的人可以根据共享的信息来构造社会知识，将其作为一种现实，反过来，这种现实又对他们的判断、行为和态度产生影响。同样，由企业领导人的模糊战略所展示的企业愿景，是组织内通过成员与环境之间的互动所构成的知识，然后它反过来又对其业务行为产生影响。

## 创造知识的两个维度

虽然在管理学领域里，关于知识重要性的论述很多，可

❶ 香农后来说："我想也许'信息'这个字，与它所带来的价值相比，造成的麻烦更多……只不过我们难以找出另一个更正确的字。应该牢记，（信息）只是对某些信息源所产生的序列传送之难度的测量"（引自Roszack,1986）。鲍定（Building,1983）表示香农的评价好比一个电话单，它是基于时间和距离，但并没有阐明信息的内容，可以称它为贝尔电话（BT）信息。德莱茨基（Dretske,1981）认为真正的信息论应该是关于信息内容的理论，而不是有关这些内容所表现的形式的理论。

❷ 知识与行动关系的重要意义在人工智能领域已经获得认可。例如，格鲁伯（Gruber,1989）调查了指导专家们行动的"战略知识"，并且试图开发获得这类知识的各种工具。

# 第三章 组织的创造知识理论

是有关如何创造知识以及怎样管理创造知识过程的研究却寥寥无几。我们将在本节提出一个框架，将传统和非传统的知识观综合成组织的知识创造理论。如上所述，我们的框架由两个维度构成：认识论维度和存在论维度（参见图3-1）。

我们首先讨论存在论维度。从严格的意义上讲，惟有个人体能创造知识，组织的功能是对富有创造性的个体提供支持或为个体创造知识的活动提供有关情境。因此，组织层面的知识创造应该被理解为：在组织层面"放大"由个体所创造的知识，并将其"结晶"为组织知识网络的一部分的过程。这个过程发生在扩大的"互动社区"之内，跨越了组织、组织之间的层级和界限。❶

在认识论维度，我们利用迈克尔·波拉尼（Polanyi,1966）关于暗默知识与形式知识的两分法。暗默知识是指与特定情境相关的个人知识，难于进行形式化，也难以进行交流。另一方面，明示或系统化的知识，即形式知识，是那些由形式、系统的语言表达、可以进行传递的知识。波拉尼关于人类认知上暗默知识的重要性观点与完形心理学（Gestalt Psychology）的核心论点遥相呼应。在完形心理学里，知觉（perception）是以被综合为完形或格式塔（Gestalt）而决定。然而，当完形心理学强调在本质上统一所有形象时，波拉尼则主张人类乃是通过积极地对自身体验进行创造和组织的形式来撷取知识。因此，能够以文字和数字形式表示的知识只代表全部知识冰山的一角。正如波拉尼（Polanyi,1966）所说的那样："我们所知道的比

---

❶ 布朗和杜奎（Brown and Duguid,1991）关于"实践社群（community of practices）演化"方面的研究工作表明，每个人实际的工作和学习方式可能与组织所规定的硬性、正式做法有很大的区别。实际上，非正式团组的进化在探索解决某个特殊问题或追求其他共同目标的个人之间进行的。这些团组中的成员资格是由个人交换有实用价值的信息的能力所决定的。奥尔（Orr,1990）曾经指出：成员间交换意见，分享故事或"艰辛历程"，然后从冲突和混乱的信息中建立共同理解。因此，知识创造不仅包括创新，也包括可能对日常工作方式的塑造和开发的学习过程。

能够说出来的要多"❶(第4页)。

在传统的认识论里,知识源自知觉主体与客体之间的分离,人类作为知觉的主体,经由分析外部客体而获得知识。波拉尼则主张,人类是通过自身成为客体的一部分,即通过自我包含(self-involvement)和投入,或像波拉尼所称的"寓居"(indwelling)的形式创造知识的。倘若了解某件事物,人们就要通过对具体细节进行暗默地综合,创造该事物的意象或模式。为了将模式作为有意义的整体来理解,人们必须让自己的身心与具体细节融为一体。"寓居"打破了精神与身体、理性与感性、主观与客观以及认知者与被知物之间的两分法。因此科学的客观性不再成为知识的惟一来源。其实,我们所拥有的大多数知识是我们自己在与世界打交道时刻意努力的果实❷。

波拉尼在哲学层次上力主暗默知识,我们则可以将他的思想延伸在比较实用的方向上面。暗默知识包含认知和技术两种成分。认知成分集中在约翰逊-莱尔德(Johnson-Laird)称为"心智模式"上面,它指的是人类通过在内心创作和操纵类比来创造世界的运作模式。心智模式,例如,图表、范式、视角、信念和观点,有助于个体对他们的世界进行认识和定义。另一方面,暗默知识的技术成分包括秘诀、手艺和技能。在这里,值得注意的是,暗默知识的认知成分是指个人对现实的写照和对未来的憧憬,即"是什么"和"应该是什么",这具有重要意义。像下面将要讨论的,在"动员"过程中,暗默心智模式的表达是创造新知识的关键要素。

有关暗默知识与形式知识之间的区分如表3-1所示。与暗默知识相关的特性列在表格的左侧,而与形式知识相关的置于右栏。例如,关于经验知识具有暗默、身体和主观的倾向,而理性知识趋向于明示、形而上和客观的一面。暗默知

❶ 例如,我们虽然能够认出邻居的面孔,但却不能用文字解释如何辨认出来的。此外,我们可以通过别人的表情感觉他们的情感,但若用文字来描述这种感受却比较困难。换言之,虽然几乎不太可能表达出我们从邻居面孔感觉到的情感,但是我们仍能够得到全部印象。有关暗默知识的深入讨论,参见波拉尼(Polanyi,1958)和杰尔维克(Gelwick,1977)的文章。

❷ 就其观点和背景而言,迈克尔·波拉尼在西方哲学中不被认为是主流,他出生在匈牙利,是以名作《大转变》(The Great Transformation)而闻名的经济学家卡尔·波拉尼的弟弟。迈克尔·波拉尼本人是著名化学家,曾经传闻他几乎获得诺贝尔奖,但在50岁时转向哲学研究,就强调行为、身体和暗默知识而论,波拉尼的哲学与"晚期"维根斯坦(Wittgenstein)和梅洛庞蒂(Merleau-Ponty)的思想,有含蓄或明显的一致。关于波拉尼与维根斯坦晚期思想在暗默知识方面的讨论,请参见基尔的研究(Gill,1974)。

识是在特定的、实践的场合下，在"此时此地"创造出来的，它需要具备伯特森(Bateson, 1973)所指的"模拟"(analog)特质。个体之间通过交流来分享暗默知识是

表3-1　两种知识的对比

| 暗默知识（主观） | 形式知识（客观） |
|---|---|
| 经验知识（身体） | 理性知识（精神） |
| 同时化知识（此时此地） | 顺序知识（彼时彼处） |
| 模拟知识（实践） | 数字知识（理论） |

需要对个体分享问题复杂性进行"并行处理"(simultaneous processing)的模拟过程。另一方面，形式知识则是关于在"彼时彼处"的过去事件或客观事实，而且趋向于与情境没有关联的理论导向。❶从而，它乃是由伯特森所称的"数字"活动而创造的。

## 知识转换：暗默知识与形式知识间的相互作用

西方认识论的历史可以被视为究竟对哪类知识更加"真实"的持续论战史。西方人倾向于强调形式知识，而日本人则偏爱暗默知识。不过，依我们之见，暗默知识与形式知识并非截然相互分离，而是彼此互补的。它们在人类创造性活动中相互作用、彼此互换。我们关于知识创造的动态模型是基于这样一个假设：人类知识是通过暗默知识与形式知识之间的社会化相互作用而创造和扩展出来的。我们称这种相互作用为"知识转换"(knowledge conversion)。应当注意的是知识转换是一个发生在个体之间，而不是局限于个人自身的"社会化"过程。❷按照理性主义的观点，人类的认知过程是个人的演绎过程，但是当个体认识事

---

❶ 布朗（Brown, 1992）认为："未来的组织将是'知识精炼厂'(knowledge refinery)；在这里，员工将对来自四面八方的信息海洋的理解和解读，并进行综合。"他认为，在"知识精炼厂"内，员工要与过去和现在两个方面合作。与现在合作是分享暗默知识，而与过去合作是从以前的行为方式获得经验。

❷ 按照马图拉纳和瓦雷拉( Maturana and Varela, 1980 )的意见，"语言学作为调整行为的范畴需要至少两种生命体，彼此有类似的相互作用领域，这样从有可能有相互作用的交集部分开放一个合作系统，在该系统中，两个生命体的新行为均彼此相关、相通……从本质上讲，该领域是社会的"(第xxiv, 41页)。

物时，他永远不可能独立于社会的相互作用而进行。因此，通过"社会化转换"过程，暗默知识与形式知识在质和量两方面均得以扩展（Nonaka，1990b）。

"知识转换"的思想，从某种程度讲，可以与在认知心理学领域建立的 ACT 模型❶（Anderson，1983；Singley and Anderson，1989）相一致。这个模型假定，为了发展认知能力，全部陈述性知识（declarative knowledge）（与我们理论中的形式知识相对应）必须转换为程序性知识（procedural knowledge）（与我们理论中的暗默知识相呼应，在像骑自行车或弹钢琴这类活动之中经常体会到这类知识）❷。可是，正如辛格雷和安德森承认的，ACT 模型存在局限性，它视转换过程为一个特例，因为该模型的研究主旨只是聚焦于程序性（暗默）知识的获取和转移，而没有将陈述性（形式）知识包括在内。换言之，ACT 模型的支持者认为知识转换主要是从陈述性（形式）知识向程序性（暗默）知识的单向过程。我们则主张这类转换是彼此相互作用的，是以螺旋的方式推进的。

## 知识转换的四种模式

新知识是通过暗默知识与形式知识之间的相互作用而创造出来的。这一假设让我们推定知识转换的四个模式：(1) 从暗默知识到暗默知识，我们称为共同化；(2) 从暗默知识到形式知识，称为表出化；(3) 从形式知识到形式知识，称为联结化；(4) 从形式知识到暗默知识，称为内在化。❸ 其中三种知识转换，即共同化、联结化和内在化，在组织理论中已经从各种视角得以论述。例如，共同化与集体过程和组织文化等诸理论有关联；联结化则根植于信息处理的理论；内在化

❶ ACT: Adaptive Control of Thought，思维适应控制法，译者注。

❷ ACT 模型与赖尔关于知识的分类相呼应。赖尔（Ryle,1949）将知识分为认识"存在"和识别存在的运作"方式"。同样，斯奎尔（Squire,1987）列出了十几对对立的分类词汇，如"含蓄"与"明晰"、"技能"记忆与"事实"记忆。这些区分大多将属性分别为"程序性"或"陈述性"类别。

❸ 一项对105位日本中层经理的调查验证了知识创造构念（construct）包括四种知识变换模式（即共同化、表出化、联结化及内在化）的假设。详细内容，参见野中郁次郎等人的文章（Nonaka,Byosiere,Borucki and Konno,1994）。

# 第三章 组织的创造知识理论

与组织学习有密切的关系。然而，在某种程度上，表出化在以前被忽略了。❶ 图 3-2 表示知识转换的四种模式。以下部分对知识转换的各种模式进行深入讨论，并且用实际事例加以佐证。

## 共同化：从暗默知识到暗默知识

共同化（socialization）是分享体验，并由此创造诸如共有心智模式和技能之类暗默知识的过程。❷ 个体可以从他人那里不经语言直接获得暗默知识。学徒工与师父一同工作，不用语言而凭借观察、模仿和练习便可学得技艺。在商业场合下，在职培训基本上利用同样的道理。获得暗默知识的关键是体验。如果没有形成共有的体验的话，个体极难使自己置身于他人的思考过程之中。通常，如果信息是从

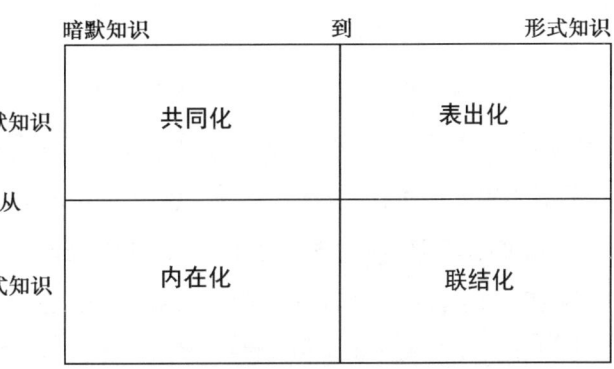

图 3-2 知识变换的四种模式

---

❶ 有关用信息创造的观点对表出化进行有限分析的情况，参见野中（1987）的文章。

❷ 坎农—鲍尔斯、萨拉斯和康沃斯（Cannon-Bowers, Salas and Converse, 1993）基于他们对共享心智模式有关文献的详尽回顾以及对团组决策方面的研究，将"共享心智模式"定义为"团组成员所信奉的，使他们形成精确解释和预期，反过来又协调他们的行动和行为以适应任务及其他团组成员的知识结构（第228页）"。德国哲学家汉斯—格奥尔格·伽达默尔（Hans-Georg Gradamer）的视界融合（the fusion of horizons）概念对心智模式是怎样形成的理解很有帮助。这个概念源自对哲学启发法或诠释历史文本（historical text）方法论的研究。伽达默尔（1989）认为对文本的真正理解是诠释者与作者视界的一种"融合"。他将视界定义为"从一个有利的角度可以看到任何事物的视野范围"（第302页）。如果将这个概念应用在我们的情形之下，我们可以说：共同化是参与者的暗默知识"融合"在一个共有心智模式之中的过程。

相应的感情以及共有体验所根植的特定情境中抽象出来的话，单纯传递信息意义不大。下述三个事例将解释日本企业是如何在产品开发中运用共同化过程的。

第一个共同化的例子来自本田汽车公司。本田建立"头脑风暴营"，也就是为详细探讨、解决开发项目中碰到的难题而进行的非正式会议形式。这类会议通常在办公地点以外某处进行，一般在温泉饭店。在那儿，参加人员一边品清酒、共品美食、一起泡温泉，一边讨论各种难题。会议出席者不仅限于项目成员，任何对项目感兴趣的员工均可以参加。在讨论中，讨论者的资格和地位一概不问，但只有一个禁忌：缺乏建设性建议的批评。因为大家都赞同"批评比拿出建设性办法容易十倍"。这类"头脑风暴营"在日本很普遍，并非只有本田公司才有。它也不仅限于新产品及服务开发活动，还被应用在管理体系开发和企业战略制定等方面。头脑风暴营不仅是旨在营造具有创造性对话的论坛，也是分享体验以及增进参加者彼此信赖的媒介。❶ 在共享暗默知识和创造新观点方面，这种形式卓有成效。它将所有人员的心智模式引导向同一方向，却不是采用强迫的方式。相反，"头脑风暴营"代表一种机制，透过这种机制，个体将自己投入到用身体和精神体验追求和谐的境界。

第二个例子来自松下电器公司，表达的是如何进行共同化的过程。这家位于大阪的公司，在开发家用自动烤面包机时遇到一个很大的难题：如何使揉面过程机器化。揉面过程基本上属于面包师暗默知识的范畴。研究人员将面包师揉制的面团与机器揉制的面团进行了X光检测和对照，但没有获得任何有意义的线索。软件部门负责人田中郁子知道，在大阪地区最好的面包要数大阪国际饭店烤制的面包了。为了获

❶ 帅弗伦（Scheflen,1982）提出"场的认识论"（field epistemology）的概念。他强调在形成共同理解的场方面，"相互作用节奏"（interaction rhythms）非常重要，他还主张，交流就是对某种情况下所有存在的信息进行同时的共享。类似地，康顿（Condon,1976）认为交流是与情境有关的，同时发生的现象。在这种情况下，人们感受到变化的动态、分享同样的变化感觉、并受到触动而采取行动。换言之，交流像波浪一样，它流过人们的身体，当所有的人与波动同时达到高潮。霍格和艾布拉姆斯（Hogg and Abrams,1993）从社会心理学的角度观察到："对含意和一致的自我概念（self-concept）的追求可以激励小组行为"（第189页）。

得揉面技能的暗默知识,她和几位管理人员自愿在该饭店首席面包大师手下做学徒工。要想做出跟面包大师做的一样美味的面包绝非易事,没人能够说出其中的道理。一天,田中郁子注意到面包大师不仅拉伸而且还"搓捻"面团,这个过程就是制作可口面包的奥秘所在。因此,她透过观察、模仿和练习,经过"共同化"学到了面包大师的暗默知识。

共同化还可以发生在产品开发人员与顾客之间。在产品开发之前,以及产品投放市场之后与顾客的相互作用,事实上是分享暗默知识及创造改进想法的永无止境的过程。NEC 公司开发第一台个人计算机的方式最能说明这一点。新产品开发过程始于半导体和IC销售部门一个课题小组,构想销售日本第一台微型计算机TK-80的主意,目的是推销其半导体器件。NEC 公司过去只是接受日本电报和电话公司(NTT)有规律的订单,而向大众大规模销售 TK-80 计算机是完全不同的业务。想不到的是,从中学生到专业计算机爱好者的大批顾客蜂拥到 NEC 的 BIT-INN——设在东京秋叶原(东京地区电子商品零售中心区)的展示服务中心。在 BIT-INN 里,研究人员与顾客共享经验,不断地对话,几年后产生了 NEC 开发的最畅销的个人计算机PC-8000。

## 表出化:从暗默知识到形式知识

表出化(externalization)是将暗默知识表述为形式概念的过程。它采用比喻、类比、概念、假设或模型等形式将暗默知识明示化,是知识创造过程的精髓。当我们试图对一个意象进行概念化时,大多借助语言来表示其本质——书写是将暗默知识转换为可以表述的知识的一种方式(Eming, 1983),可是言语表现常常还是不适当、不一致和不充分的。然而,这些形象与表现方式之间的不一致和差距,对鼓励"反思"和个体之间的相互作用很有帮助。

知识转换的表出化模式一般被视为创造概念的过程,而这个过程是由对话或集体反思所触发的❶。创造概念常用的手段是结合使用演绎和归纳法。例如，马自达汽车公司在开发新型RX-7跑车概念时，结合使用了这两种推理方法。这个概念被描述为"提供刺激与舒适驾驶乐趣的纯正跑车"。这个概念由马自达的经营理念"创造崭新价值，提供驾驶乐趣"，以及新款车型的定位为"面向美国市场和创新形象的策略车型"演绎而来。同时，新概念是以"概念之旅"——开发团队在美国的驾驶体验，以及"概念诊所"——从顾客和汽车行家那里收集的各种意见归纳而成。每当我们通过演绎或归纳分析方法从意象那里找出适当的表现形式时，我们就必须利用非分析的方法。因此，表出化常常是由比喻和类比引发驱动的。利用充满魅力的比喻和（或）类比，在培育对创造性过程的直接投入方面非常有效。回想"本田城市"那个例子。在开发这款车型时，渡边洋男和他的团队曾使用"汽车进化论"这个比喻。他的团队视汽车为一个有机体，并且究其终极进化形式。实际上，渡边洋男在设问："最终汽车将会进化成什么样子？"

> 我的主张是为机械部分分配最低的空间，为乘客提供最大的空间。这似乎是汽车应该进化的理想形式，……向这个目标发展的第一步，就是要挑战为外观而牺牲舒适的"底特律常识"。我们的选择是短而高的轿车……球形的，因此，重量更轻、价格不高、驾驶更舒适、更坚固耐用。❷

通过"人最大化，机器最小化"概念，与包含在最小表面积内最大体积的球形意象之间的类比方式，高而短的概念"高个小子"浮现出来，最终产生了"本田城市"。

佳能开发微型复印机的事例是在产品开发中如何有效地运用类比的范例。开发团队当时面临最棘手的问题，就是如何生产低成本、一次性墨粉盒，它将排除传统机器所需的必

❶ 格劳门（Graumann,1990）将对话视为多重视角的认知过程。如前所述，像"言语行为"一词所提示的那样，语言与行为有着内在的联系（Austin,1962,Searle,1969）。因此，对话可以被视为一种集体行动。另外，根据康德的思想，世界是由语言创造的，创造概念就是创造世界。

❷ 访谈于1984年1月25日进行。

要维护。由于这种复印机是为家庭或个人用途而开发的，如果没有一次性墨粉盒的话，佳能公司就不得不在世界各地配置维护人员。如果使用率很高的话，维护人员的成本可以忽略不计，可是对个人复印机来讲，情况并非如此。大多数顾客只是偶尔使用这种机器。这就意味着新产品必须具有可靠性高及不需要或最低限度的维护。有关复印机维护方面的一项研究显示，90%以上的故障出于感光滚筒或其周围的部件。出于削减维修成本又要兼顾最高可靠性的目标，该团队开发了一次性墨粉盒系统的概念，即感光滚筒或称复印机的心脏，它在使用一定时间之后可以替换掉。

  接下来的问题是，感光滚筒的造价能否降下来，降到可以低价销售复印机的预期标准。专门负责解决成本问题的攻关小组对使用低成本铝材拉伸管，生产传统的感光滚筒进行了热烈的讨论。一天，攻关小组负责人田中宏差人买了一些啤酒。在喝光啤酒之后，田中问道："制造这样一个铝罐需要多少成本？"然后小组成员开始对使用相同的材料制造啤酒罐的过程是否制造感光滚筒的可能性进行探讨。他们在分析异同所在之后，发现了以低成本制造铝制感光鼓的工艺技术，一次性感光滚筒由此诞生。

  在日本企业内部，这些事例清楚地表明，利用比喻和类比，在产生概念并使之完善方面非常有效（见表3-2）。像本田的渡边洋男说的那样："一旦产品概念被创造出来，我们的任务就完成一大半了"。从这个意义上看，领导者丰富的比喻语言和想像力是从项目成员中引出暗默知识的重要因素。

  在知识转换的四种模式中，因为表出化从暗默知识中创造出新的形式知识，所以它对知识创造至关重要。我们如何才能够有效，并且高效地将暗默知识转换为形式知识呢？答案是按顺序地使用比喻、类比和模型方法。正如尼斯比特（Nisbet,1969）所表明的，"大多数被迈克尔·波拉尼称之为'暗默知识'的东西是可以用比喻的手段表现出来的，只不过是表现的程

表 3-2  产品开发中用于概念创造的比喻和类比

| 产品（公司） | 比喻/类比 | 对概念创造的影响 |
|---|---|---|
| "本田城市"（本田） | "汽车进化论"（比喻） | 暗示乘客空间最大化乃是汽车终极发展的方向创造了"人最大化，机器最小化"的概念 |
| | 球形（类比） | 暗示在最低表面积下达到最大乘客空间创造出"高而短型轿车（高个小子）"概念 |
| 微型复印机（佳能） | 铝制啤酒罐（类比） | 暗示制造便宜铝制啤酒罐与感光滚筒之间的类似性创造了"低成本制造过程"的概念 |
| 家用烤面包机（松下） | 饭店面包（比喻） | 暗示比较可口的面包创造出"麻花面团"的概念 |
| | 大阪国际饭店面包师（类比） | |

度大小而已"（第 5 页）。比喻是一种借助象征性地想像另外一件事物来认识或直觉地理解事物的方式。它最经常被用在设因推论（abductive reasoning）或非分析方法，来创造革命性概念（Bateson，1979）。它既不是对关联的事物间共同性质的分析，也不是对它们进行综合。多那伦、盖瑞和鲍根（Donnellon,Gary and Bougon, 1986）认为"比喻通过让听者用其他事物来观察一件东西的方式来创造新型体验的解释"，并且"创造体验现实的新方式"（第 48 页，第 52 页）。因此，"比喻是一种调和含意歧见的沟通机制"（第 48 页）。❶

另外，比喻是产生新型概念网络的重要工具。由于比喻是"一个字或词组支持不同事物的两种看法，……而这个字或词汇的含意是彼此相互作用的结果"（Richards,1936,第 93 页），所以，我们可以不断地在内心将相去甚远的概念联系起来思考，甚至将抽象的与具体的概念联系在一起。这样，富有创造性的认知过程，随着我们对概念之间相似之处的思考，以及感受联想它们之间失衡、不一致和矛盾之处继续前

❶ 这些作者强调为有组织的行动，创造共有含意十分重要，他们认为，创造了共有含意组织需要发展共同体验"等效含意"（equifinal meanings）。比喻是开发等效含意四种机制之一。这是这些作者通过他们的交谈分析（discourse analysis）发现的。有关比喻和其他三种机制（逻辑论证、影响调制及间接语言）详细的讨论，参见多那伦等人（Donnellon,Gary and Bougon, 1986）的文章。另外，比喻可以视为一种有效的认知工具。根据罗什（Rosch,1973）的看法，我们理解某种事物不是通过它们的属性，而是透过它们的漂亮样板，或她称为"原型"的东西。对于鸟类的原型，知更鸟比海鸥要好一些，海鸥比企鹅强一点。最佳的原型可以利用最低认知能量（cognitive energy）提供最丰富的信息。

行，因而，经常会发现新的内涵，乃至形成新的范式形态。

接下来，经类比方式使比喻中固有的矛盾得以和谐。类比通过突出两种不同事物的"共同点"的形式来降低事物的未知数。比喻和类比常常令人感到困惑，通过比喻将两种事物联系在一起，大多是由直觉和整体意象驱使的，而且人们并不意在发现两者之间的区别。另一方面，使用类比的方式所建立的联想则是由理性思考所完成的，而且聚集于发现两者之间在结构或功能上的相似点，因此也找到了不同点。所以类比有助于我们通过已知事物来理解未知事物，并且弥补形象与逻辑模型之间的差距。❶

一旦创造出形式概念之后，便可以对这些概念进行模型化。在一个逻辑模型里，不应该再存在矛盾，所有概念和命题必须用系统化的语言和缜密的逻辑表达清楚。不过在企业经营场合里，模型经常只是概括性的描述或用图形来表示，远未达到完全具体化的程度。在企业经营创造新概念时，模型一般是由比喻产生的。❷

## 联结化：从形式知识到形式知识

联结化（combination）是将各种概念综合为知识体系的过程。这种知识创造模式包括将不同的形式知识彼此结合，个体通过用文件、会议、电话交谈或计算机交流网络等媒介将知识联结在一起。通过对形式知识的整理、增添、结合和分类等方式，重新构造既有信息，可以催生新知识。在学校里，通过正规教育和培训的形式所进行的知识创造通常采用这种模式。

---

❶ 下面的故事可以清楚地说明这个过程。德国化学家凯库勒（F.A.Kekule）在睡梦中梦见一条蛇咬住自己的尾巴，因此发现苯的化学结构式——由六个碳原子构成的圆环。在这个事例中，蛇的形象是一种比喻，这个形象可以变成为其他有机物的类比，由此，凯库勒后来发现了有机化学结构模型。

❷ 莱科夫和约翰逊（Lakoff and Johnson, 1980）说过："比喻在日常生活中比比皆是，不只是表现在语言里，还出现在思想和行动中"（第3页）。

MBA 教育便是这类情形中一个最好的例子。

企业经营中,当中层管理人员细数企业愿景、经营理念或产品概念时,我们经常能够看到的是知识创造的联结化模式。在使用经过编辑的信息和形式知识网络来创造新概念方面,中层管理者起着极其关键的作用。创造性地使用计算机通信网络和大规模数据库,无疑对这种知识转换模式有极大的帮助。❶

在生产奶制品及加工食品的卡夫(Kraft)食品公司,来自零售商的POS(point of sales,销售点)系统的数据,不仅用来了解哪些产品畅销或滞销,而且还用于创造新的"销售方式",即新的销售系统和方式。该公司开发了一个被称为"微观促销"(micro-merchandizing)的信息密集型营销系统,向超级市场提供即时而准确的最佳商品组合以及基于微观促销系统数据分析结果的销售促销活动建议。利用各种数据分析方法,包括其独到的商店与购物者六种分类,卡夫公司的系统可以确定哪些顾客在哪里购物以及使用哪种购物方式。通过对四种类型管理方法的要素控制,即消费者与商品类目动向、店铺空间管理、商品管理和价格管理,卡夫公司成功地实现了对其通过超市销售的产品进行管理。❷

组织的高层,在将中程概念(mid-range concept)(比如产品概念)结合和整合为赋予宏观概念(grand concept)(比如企业愿景)以新的内涵时,联结化模式就完成了。例如,朝日啤酒公司在推出一个新的企业形象时,采用了名为"精力充沛的人喝朝日纯生啤酒"的宏观概念。这个概念所传递的信息是:"朝日公司将为充满活力、追求积极向上的人士,提供自然而纯正的产品与服务"。有了这个宏观概念,朝日公司开始调查有魅力的啤酒的奥秘所在。基于"醇郁又烈爽"

❶ 用于此目的的信息和通信技术包括 VAN(Value-added Network,附加价值网络)、LAN(Local Area Network,局部区域网络)、E-mail、POS 系统、适于 CSCW(Computer Supported Cooperative Work,计算机支持的协同工作)的"组件"(groupware)、以及 CAD/CAM(Computer-Aided Design/Computer-Aided Manufacturing)。

❷ 在三个一组数据库系统中,"市场度量超市解决方案"(Market Metrics' Supermarket Solutions)系统的数据(它整合全国性市场的POS数据)与"信息资源"系统所提供的购物行为(定制的)数据以及"Equifax营销决策系统"中Microvision数据库的生活方式数据连接在一起。详细信息参见"Micro-Merchandizing with KGF," *Food and Beverage Marketing*,10(6),1991;"Dawn of Brand Analysis," *Food and Beverage Marketing*,10(10),1991;及"Partnering," *Supermarket Business*, 46(5), 1991。

(richness and sharpness) 的新产品概念,该公司开发出朝日超爽(Super Dry)啤酒❶。此概念是使朝日啤酒的宏观概念更加清晰地得以鉴别的中程概念,反过来,它又对产品开发系统产生影响。此前,啤酒的味道是由开发部门的工程师决定的,没有销售部门的参与和配合。"醇郁又烈爽"的概念则是两个部门在产品开发的密切合作中发现的。

其他一些宏观概念与中程概念之间相互作用的例子也很多。例如,NEC 公司的 C&C(computer and communications,计算机和通信)概念引发了划时代的个人计算机 PC—8000 的开发工作,它是基于"分散处理"(distributed processing)的中程概念。佳能公司的企业方针,"超越照相机业务,创建卓越企业",也是伴随"方便维护"的中程概念使微型复印机横空出世。马自达公司的企业愿景"创造崭新价值,提供驾驶乐趣",在 RX—7 "提供刺激和舒适驾驶乐趣的纯正跑车"的中程概念下变成了有形的东西。

**内在化:从形式知识到暗默知识**

内在化(internalization)是使形式知识体现到暗默知识之上的过程。这个过程与"做中学"(learning by doing)有着密切的关系。经过共同化、表出化和联结化三个过程的体验,以共有心智模式或技术诀窍的形式内化到个体的暗默知识基础内,这些体验此时变成了有价值的资产。例如,"本田城市"项目团队的所有成员将他们的体验内在化,然后在该公司利用这些诀窍并且领导其他 R&D 项目。然而,若想进行组织的知识创造,在个人层次上积累的暗默知识必须与其他组织成员分享,这样才能激发新一轮知识创造的螺旋。

从形式知识到暗默知识的转换,假如是知识以语言和图表的形式变成文件、手册或口述

---

❶ 舒波乐,译者注。

故事的话，对组织将大有裨益。文档化帮助个体将经历的事情内在化，这样就会丰富个人的暗默知识，此外，文件或手册便于使形式知识传递给他人，从而有助于其他人员间接地体会这些经历（即再体验，re-experience）。例如，美国通用汽车(GE)公司将客户所有投诉和询问做成文件，储存在公司设在肯塔基州路易斯维尔市答复中心的数据库内。这样，产品开发小组的成员可以利用这些数据"再体验"电话接线员所经历的问答。GE公司之所以建立答复中心，就是要对GE任何产品，在一天24小时、一年365天里，处理各种询问、请求帮助、客户投诉等事宜。该中心的200多位电话接线员每天需要对多达14 000次通话进行回复。GE在计算机数据库内，针对可能出现的问题，提供150万条解决方案。这个系统还利用最新人工智能技术，配有在线诊断功能，以便迅速对询问提供答案。在两秒钟内，电话接线员就可以找出问题答案。万一系统内不能提供解决方案的问题，12位至少有4年以上维修经验的专业技术人员便会作现场解答。4位专职程序员将解答输入数据库。一般新的信息次日便会安装在该系统内。这些信息每月一次送到相关产品部门。尽管如此，产品部门还是经常派遣产品开发部门人员前往答复中心，与电话接线员或几位现场专业人员进行交谈，"再体验"他们的经验。

　　内在化也可以发生在没有实际"体验"他人经历的场合。例如，阅读或听某人讲一个成功的故事，可以使组织的某些成员感受到故事中的现实和本质。发生在过去的经历，可以变成一种暗默的心智模式。当该心智模式为组织的大部分成员所共享时，暗默知识便成为组织文化的一部分。这种实践在日本很流行，有关企业或企业领导的图书和文章很多。自由撰稿作家或退休员工发表这类内容，有时是应企业之邀。在主要书店里，总能够找到几十本关于本田公司或本田宗一郎的图书，所有这些图书对灌输本田公司浓厚的企业文化都起到推波助澜的作用。

在松下公司，可以找到通过"做中学"进行内在化的事例。1993年，松下公司要在整个企业推行一项方针——将年度工作时间减少到1 800小时。这项方针被命名为MIT'93，即"迈向1993年心智与管理创新"。该方针的目标不是降低成本，而是通过减少工作时间及提升个人有创意的工作方式，对心智和管理进行创新。许多部门对如何执行这项显然以形式知识传达的方针不得其解。MIT'93推进办公室建议每个部门先对每月150个工作小时进行体验。通过这种实在体验后，员工开始了解年度1 800小时是怎样的概念，"将工作时间减少到1 800小时"的形式知识，在一个月的经历之后得以内在化。

扩大实际体验的范围是内在化的关键。例如，"本田城市"项目负责人渡边洋男不断地重复："让我们试试看"，以此鼓励团队成员的实践意识。跨部门团队这种形式，使成员对那些超越自身职能专业领域范围广泛的体验进行学习及内在化。快速原型化（prototyping）加速了开发过程经验的积累，这可以导致内在化。

## 知识螺旋

如上所述，共同化旨在共享暗默知识。然而，共同化只是一种有限的知识创造模式。除非使共享的知识明示化，否则它不可能轻易为整个组织所利用。另外，只是将分立的形式知识联结起来，形成一个新的整体，例如，一位企业财务主管从企业内部各部门收集信息，再编制一份财务报告，这个过程其实没有真正使该组织的既有知识基础扩大。但是当暗默知识与形式知识产生相互作用时，像松下公司的事例所展示的，一项创新便涌现出来。组织的知

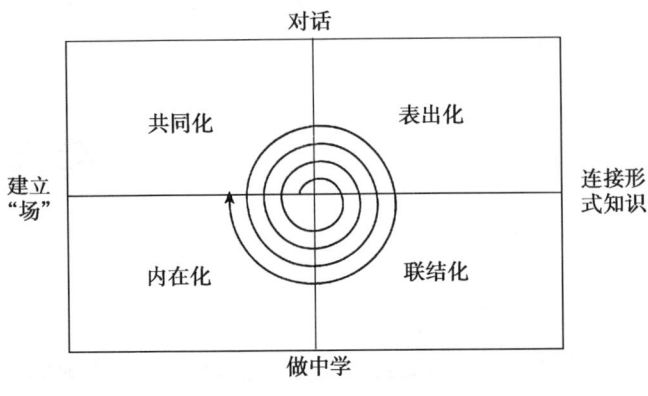

图3—3 知识螺旋

识创造是一个暗默知识与形式知识持续相互作用的动态过程。这种相互作用是由于知识转换的不同模式之间的转变所塑造的，而这些转变反过来又是由几个触发因素所诱致的（见图3—3）。

首先，共同化模式通常起始于创建互动的"场"。所谓"场"，是促进成员间分享彼此经历和心智模式的场所。其次，表出化模式由有意义的"对话或集体反思"所触发，在对话与反思中，运用适当的比喻或类比帮助成员将难以沟通和隐含的暗默知识表述出来。再次，联结化模式是由新创造的知识与组织内其他部门的既有知识形成"网络"所激发，由此，使这些知识结晶在新产品、服务或管理体系之内。最后，"做中学"开启内在化过程。

到目前为止，我们的讨论集中在组织知识创造的认识论维度。正如前面提到的，组织本身无法创造知识。个体的暗默知识是组织知识的基础。组织需要调动由个体所创造及积累的暗默知识。被调动出来的暗默知识，通过知识转换的四种模式"在组织层次上"得以放大，并且在存在论维度较高层级（即小组和组织）上固定下来。我们将这个过程称为"知识螺旋"。在知识螺旋的过程中，暗默知识与形式知识之间的相互作用随着在存在论层级的上升幅度不断扩大。因此，组织的知识创造是一个螺旋的过程。它源自个体，并且随互动社群的扩大，超越团组、部门、事业部、组织的边界而不断往前推进（见图3-4）。

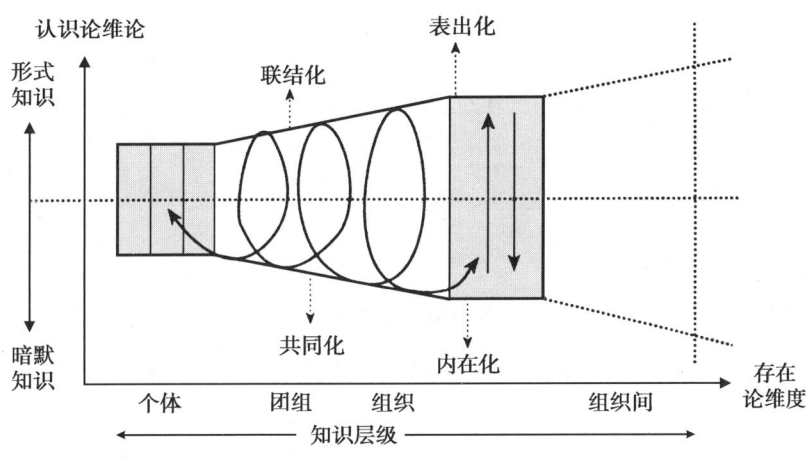

图3-4　组织的知识创造螺旋

我们用产品开发过程来解释知识螺旋的过程。开发一种产品概念是关系到许多背景不同、具有不同心智模式的个人之间的互动过程。来自R&D部门的成员侧重于技术上的潜力，而制造和营销部门的成员则对其他问题更感兴趣。这些成员的经历、心智模式、动机和意图不尽相同，而其中只有一部分能够以形式知识的方式表述出来。因此，需要一个分享暗默知识的共同化过程。另外，共同化和表出化在将不同个体的暗默知识和形式知识连接起来方面也是必要的。为此，许多日本企业采用的手法是"合宿"（即集中吃住、集体学习）。

通过这种集体合作过程所创造的产品，需要企业的中程及宏观概念进行对比，以便检验它是否与这些概念相一致。即便新开发的产品出类拔萃，但它可能与用中程和主体概念所表述的部门或组织目标发生冲突。如果是这样的话,为了维持整体的统一,还需要在较高层级上启动一个过程。这便是在更大的背景下,产生新一轮的知识创造。

## 组织知识创造的促进条件

在组织的知识创造过程中,组织的作用是提供适当的场所,以利于个人知识的创造与积累,并促进有关团体活动。在本节内,我们将讨论在组织层次上,促进知识螺旋的五种条件。

### 意图

组织的意图(intention)是知识螺旋的驱动要素。意图被明确定义为组织对其目标的渴望。❶ 在企业经营场合下,实现组织意图的努力通常是以战略形式表现的。从组织知识创造的观点来看,战略的实质就是开发那些能够获得、创造、积累及利用知识的组织能力。企业战略中最关键的要素是将愿景概念化——指出应该开发哪些知识并将其纳入管理体系以备实施之用。

例如,当NEC公司在其中央研究所开发核心技术时,它视技术为一个知识体系。当时NEC从事三项主要业务:通信、计算机和半导体。因为对这三个领域的R&D工作协调很困难,有必要在较高和更抽象的层次上(即知识)领会这些技术的本质。根据前副总裁植之原道行的意见,通过对未来十年后各产品群进行预见的方式,NEC确认了"基础技术",包括抽出对这些产品群共通和必需的技术。然后,将具有协同效应的基础技术划分为若干"核心技术",比如,模式识别、图像处理和VLSI(超大规模集成电路)技术。从此,NEC加大

❶ 奈瑟(Neisser,1976)认为:只有在有目的活动背景下,作为"认识"(knowing)和"理解"(understanding)的认知过程才能进行。此外,威克(Weick,1979)从组织理论的角度指出,组织对环境信息的解读具有自我实现式预言的因素,因为组织为其自我成就具有强烈的意志。威克将这种现象称之为对环境的"制定"(enactment)。

其在核心技术项目的研究力度。

此外，NEC 设计了一个名为"战略技术领域"（strategic technology domain,STD）的概念，用于衔接核心技术与经营活动。一个战略技术领域与几种核心技术相联系，其目的是为产品开发活动创造概念。因此，一个战略技术领域不仅代表一个产品领域，还表示一个知识领域。NEC 目前有六个 STD：功能材料／设备、半导体、功能机械、通信系统、知识／信息系统以及软件。如图 3-5 所示，这些 STD 与核心技术项目交织在一个矩阵里。借助于核心技术项目与 STD 的结合，NEC 的知识库在横向和纵向上连接在一起。通过这种努力，NEC 试图在组织的各个层级上，明确其企业知识创造的战略意图。

组织的意图（organizational intention）为判断已知知识的真实性提供最重要的基准。如果没有组织的意图，若想对察觉或创造的信息或知识的价值作出判断，是不太可能的。在组织层级上，组织标准或愿景常常是意图的形式表述。这些标准或愿景可以用来评估和论证所创造的知识，知识必须是价值取向的。

为了创造知识，经营组织应该通过制定组织的意图，并向员工推荐这种意图以便培育员工的献身精神。中高层管理者通过提出最基本的问题："真理是什么"、"人类是什么"或"人生是什么"，将组织的注意力吸引到对基本价值观献身的重要性方面上来。这是组织活动而不是个体活动，组织可以通过集体承诺的方式，对个人进行再教育和提拔，而不仅仅依赖于个人孤立的思考和行为。诚如波拉尼（1958）所云，献身精神乃人类创造知识活动之基础。

## 自主管理

促进知识螺旋的第二种条件是自主管理（autonomy）。在个体层面，只要条件允许，应该让组织的所有成员自主行动。通过自主行动，组织可以提高引入意外机会的可能性。自主管

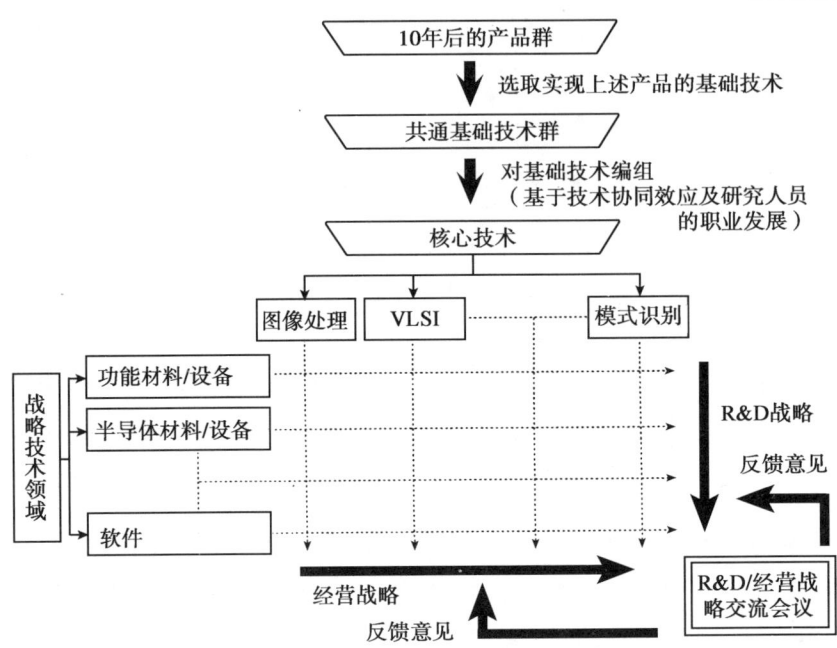

图 3-5　NEC 的知识领域
来源：NEC 公司。

理还可以提高个人自我激励去创造新知识的可能性。再者，有自主精神的个人就好像是作为全息结构（holographic structure）的一部分。在全息结构里，整体与每个部分共享相同的信息。源自自主性个人的独创性想法在团队内传播，然后变成组织的意见。在这个方面，从组织的个体占据的地位来看，有点类似于俄罗斯套娃（nested Russion doll）的最后一个娃娃。从知识创造的观点来看，这种组织很有可能在获取、解读和陈述信息时，保持很大的灵活性。作为自组织（Self-organizing）的先决条件，组织是满足"最少重要规定"（minimal critical specification）原则的系统（Morgan, 1986），因此，应该尽可能保证自主性。❶

我们还可以将确保自主性的知识创造企业描述为"自

❶ 从西蒙学派的"有限理性"观点以及组织目标是有效处理信息的观点来看，自治只不过是"噪音"的一种来源，不是所希望得到的。不错，认知限度是一个基本常识性的概念，难以击破。然而，如果我们从人类具有获得及创造知识的无限潜力观点审视这个问题，人类在体验和积累暗默知识方面很显然并不存在极限。而构成暗默知识积累的基础正是目的和自主性的意义所在。人类经常刻意地制造一些噪音，以便战胜自我。

创生系统"（autopoietic system）(Maturana and Varela,1980)。可以利用下面的类比来解释这个系统。有机生物系统包括许多器官，这些器官是由许多细胞构成的。系统与器官之间的联系以及器官与细胞之间的关系，既不是支配与附属，也不是整体与部分之间的关系。如同独立的细胞一样，每个单元控制着自身内部一直进行的所有变化。不仅如此，每个单元以自我复制的方式确定其边界。这种自我参照（self-referential）性质是自创生系统的精髓。

与自创生系统相仿，在创造知识的企业里，在追求组织更高层次意图所表示的最终目的中，自主性个体和小组将自己划定任务界限。在商业组织里，建立自主组织团队是营造个体可以自主行动氛围的有力工具。❶自组织团队应该是跨职能部门，由具有不同组织活动背景的成员组成。在创新的每个阶段，日本企业经常应用跨职能部门的多元项目团队。如表3-3所示，大多数项目小组由10~30位成员组成。他们具有各种职能背景，如R&D、规划、制造、质量控制、销售与营销及顾客服务，在大多数企业里，这类团组一般有4~5个核心成员；每位具有多种职能经历。如富士施乐公司负责开发FX-3500的核心成员至少有三种职历，但在当时他们只有30多岁（见表3-4）。

自主性团队可以履行许多职能，因此它将个人的视角放大，并提升到较高层次。例如，本田公司为开发Honda City车型组建一个跨部门小组，包括销售、开发和制造部门的人员。这个系统被称为"SED系统"，代表销售（sales）、工程设计（engineering）和开发（development）等职能。最初的目标是通过集结"普通人"的知识和智慧，比较系统地对开发活动进行管理，而不是仰仗几位精英才俊。这个系统的运行方式非常灵活，三种职能领域在名义上有所区别，但

---

❶ 在成立团队时，应该充分考虑若干自组织的原则，如"学会学习"（learning to learn）、必要多样性、最少重要规定及职能的冗余( Morgan,1986 )，关于必要多样性的讨论将在后面进行。

表3-3 产品开发小组成员的职能背景

| 企业（产品） | 职　　能 | | | | | | | 合计 |
|---|---|---|---|---|---|---|---|---|
| | R&D | 生产 | 销售/营销 | 规划 | 服务 | 质检 | 其他 | |
| 富士施乐<br>（FX-3500） | 5 | 4 | 1 | 4 | 1 | 1 | 1 | 17 |
| 本田<br>（本田城市） | 18 | 6 | 4 | — | 1 | 1 | — | 30 |
| NEC<br>（PC-8000） | 5 | — | 2 | 2 | 2 | — | — | 11 |
| 爱普生<br>（EP101） | 10 | 10 | 8 | — | — | — | — | 28 |
| 佳能<br>（AE-1） | 12 | 10 | — | — | — | 2 | 4 | 28 |
| 佳能<br>（微型复印机） | 8 | 3 | 2 | 1 | — | — | 1 | 15 |
| 马自达<br>（新型RX-7） | 13 | 6 | 7 | 1 | 1 | 1 | — | 29 |
| 松下电器<br>（家用自动烤面包机） | 8 | 8 | 1 | 1 | 1 | 1 | — | 20 |

来源：Nonaka,1990a.

表3-4　FX－3500开发团队中核心成员的职历与教育背景

| 姓　　名 | 在富士施乐公司的职历 | 大学专业 |
|---|---|---|
| 吉野博弼 | 技术服务人员→人事→产品规划→产品管理 | 教育学 |
| 藤田研一郎 | 营销人员→产品规划→产品管理 | 商　学 |
| 铃木胜男 | 设计→研究→设计 | 机械工程 |
| 北岛光敏 | 技术服务人员→质量控制→生产制造 | 电气工程 |

来源：富士施乐公司。

该系统本身有鼓励向其他领域"侵入"（invasion）的学习过程，其成员合作完成以下职能：

- 确保工厂得到人员、设施和预算经费；
- 分析汽车市场及竞争形势；
- 设定市场目标；
- 确定价格及产量。

# 第三章  组织的创造知识理论

实际工作流程要求团队成员密切合作，负责人渡边洋男曾经说过：

我总是对团队成员说，我们的工作不是一场接力赛，我将完成的工作传递给下一位成员，每位成员应该从始至终独立完成全程任务。像橄榄球比赛一般，我们必须一起奔跑，将球向左向右传递，最后作为一个整体，破门得分。❶

图3-6的C类型用图解的方式说明了这种"橄榄球"式的方法。A类型表示接力赛的方式，开发过程的每个阶段明显分立，接力棒从一个小组传递给另一个小组。B类型，在富士施乐公司被称为"生鱼片系统"，因为它的形状看上去好像是放在盘子上的生鱼片，彼此间存在重叠部分（Imai，Nonaka and Takeuchi，1985，第351页）。

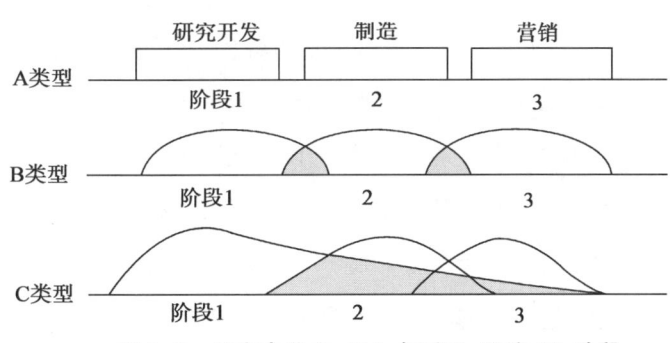

图3-6  开发中分立（A）与重叠（B和C）阶段
来源：Takeuchi and Nonaka,1986.

## 波动与创造性混沌

促进知识螺旋的第三种条件是波动（fluctuation）与创造性混沌。它们能够促进组织与外部环境之间的互动。❷ 波动与完全无秩序不同，其特征为"无重复的有序"。在初始时刻，这

---

❶ 我们在《哈佛商业评论》上发表的"新产品开发新游戏规则"（Takeuchi and Nonaka，1986）中强调指出，在今日快节奏、竞争激烈的世界里，重叠的、橄榄球式的方法，就速度和弹性而言，具有极大的价值。

❷ 吉布斯（Gibson,1979）假设知识存在于环境里。这个假设有悖于传统上知识存在于人类头脑里的认知观念。吉布斯宣称，因为我们与周围环境相互作用，我们其实在感受"供给"（affordance）或环境所提供的东西，例如，关于一把椅子的某种信息只有我们确实坐在椅子上面时，才能体会到。诺曼（Norman,1998）认为知识不只存在于自己头脑之中，还存在于物体、其他人和场景形式出现的外部世界里。

种有序的模式是难于预测的（Gleick,1987）。如果组织对环境各种信号采取开放的态度，就可以利用信息的模糊、冗余和噪音对自身知识体系进行改善。

在组织内导入波动时，它可能"瓦解"（breakdown）成员在既有惯例、习惯或认知上的模式。温诺格雷德和弗罗雷斯（Winograd and Flores,1986）强调在人类认知发展中，这种周期性瓦解过程具有重要意义。瓦解是指我们习惯感到舒服的存在状态出现中断。面对这类瓦解时，我们有机会对基本思考方式和视角重新检讨。换言之，我们开始质疑自己对这个世界的基本态度是否正确。这个过程需要个人对自己部分的深切投入。瓦解要求我们转而重视作为社会互动手段的对话，以此帮助自己创造各种新的概念。❶ 这种由组织成员对当前假设前提进行质疑和重新思考的"连续"过程，培育着组织的知识创造能力。环境方面的波动常常触发组织内部的震荡，由此可以创造出新的知识。某些学者将这种现象称为"从噪音中创造有序"或"从混沌中产生有序"。❷

每当组织面对一场真正的危机时，如因市场需求变化或竞争对手大量涌现造成绩效骤降，自然会出现混沌现象。这也可能是组织领导人通过提出挑战性目标，试图在组织成员中唤起"危机感"而刻意地制造的结果。佳能前总裁贺来龙三郎常说："高层管理者的任务就是向员工提供崇高的理想和危机感"（Nonaka,1985，第142页）。这种刻意造出来的混沌，可称为"创造性混沌"（creative chaos），旨在增强组织内部的张力，将组织成员的注意力集中在分辨问题及解决危机境遇上面。这种方式与信息处理范式形成鲜明对照。在信息处理范式下，问题清晰明了，寻求答案是通过一个基于预

❶ 皮亚杰（Piaget, 1974）发现，在主体与外部环境之间的互动中，矛盾的角色具有重要的意义。他认为矛盾的根源在于对特定知觉或行为的肯定与否定两方面之间的协调，矛盾对于创造概念来说必不可缺。

❷ 按照"从噪音到有序"的原则，冯·佛尔斯特（von Foerster,1984）提出自组织系统可以通过有目的地在组织内引进噪音来增加自身的生存能力。自然界的有序不仅包括熵为零的稳定和结晶形式的有序，还包括"不稳定"的、由物质和能量运动所形成的新结构。后者是普里高津和斯坦厄斯（Prigogine and Stengers,1984）在他们耗散结构理论中所称的"从混沌到有序"。另外，从进化论的规划角度，詹奇（Jantsch,1980）认为："与广泛持有的观念相反，在进化论的观念里，规划并不能使不稳定性及复杂性降低，而恰恰使之增加。不稳定性之所以增加，是因为选项范围被人为地加宽了。想像力开始登场了（第267页）。提出混沌理论的研究人员已经发现混沌的创造性本质。参见如格雷克（Gleick,1987）或沃德罗普（Waldrop,1992）的有关论述，有关将混沌理论在管理领域研究中的应用，参见野中（Nonaka,1988a）和齐默曼（Zimmerman,1993）的文章。

设规则系统结合相关信息的过程,因此该过程忽视了对尚待解决问题进行明确定义的重要性。若想实现明确地表述问题,我们必须在时间和情境的某一点处,利用知识来建构问题。

日本企业常常有意识地利用模糊和"创造性混沌"。高层管理者经常使用含糊的愿景(或所谓的模糊战略),有意图地在组织内创造一种波动。例如,日产汽车前总裁久米丰提出这样一句口号:"一起改变流程吧"。久米丰试图利用这句口号达到通过对既有程序进行积极探索的方式来鼓励创造性的目的。当高层管理者的经营理念或愿景模糊不清时,这种模糊会导致执行人员"解读的歧义性"(interpretative equivocality)。

应当指出,"创造性混沌"的益处只有在组织成员具备对自身行动进行反思的能力时才能具体实现。如果成员不具备反思能力的话,波动就会造成"破坏性"混乱状态。熊恩(Schon, 1983)抓住了这个关键点:"当某人在行动中进行反思时,他便成为在实践背景下的研究者。他不受任何理论及技巧的羁绊,而是在为独特个案建构新的理论"。创造知识的组织需要将这种行动中反思进行制度化,结晶在其使混沌真正具有"创造性"的过程之中。

高层管理者在经营理念和愿景方面的模糊,可以导致对公司决策基础的价值前提或事实前提进行反思和质疑。在本质上,价值前提是主观的,并且很重视个人的偏好,为广泛的选择留下很多余地。而事实前提在本质上是客观的,它关注现实世界是如何运作的。它虽然提供具体的选择,但选择范围程度却很有限。

有时,混沌的出现并不取决于高层管理人员的理念。独立的组织成员可以自设高目标,以提升自身素质或者为其所属团队增光。渡边洋男对"理想"汽车的追求,挑战"底特律常识",就是自设高目标的例子。高目标无论由高层还是个体员工设定都会促进个人的承诺。富士通前社长小林大佑曾经指出,高目标还可以强化个人的智慧:

> 在安逸的环境下,个人几乎不可能进行深刻的思考。智慧是从站立在悬崖绝境、挣扎求生的

人头脑里挤出来的……如果没有这种挣扎奋斗的精神，我们永远也不可能追赶上IBM公司（Kobayashi,1985，第171页）。

总之，组织中的波动可能触发创造性混沌，正是创造性混沌诱发和增强个人的主观承诺。在实际日常工作中，组织成员并不经常面临这种状况，但日产汽车公司的事例说明，高层管理者可以有目的地引导波动，并让"解释的歧义性"在组织的基层浮现出来。这类模糊所起到的作用是组织成员改变基本思考方式的开端。它还有助于将个人的暗默知识明示化。

## 冗余

冗余（redundancy）是促进组织层面知识螺旋活动的第四种条件。对于那些沉溺于高效信息处理或降低不确定性思维之中的西方管理者来说（Galbraith,1973），"冗余"这个词，鉴于其不必要重复、浪费或信息过剩等含意，也许听起来有害无益。而我们这里所说的冗余，是指组织成员在工作中并非马上需要的信息存在。在商业组织里，冗余指有关业务活动、管理职责和整个企业方面的信息有意图的重叠。

为了在组织内进行知识创造，由个体或团组创造的概念有时需要与暂时不需要这些概念的人员分享。事实上个体可以感觉到他人正在试图表述的东西，分享冗余的信息，可以促进暗默知识的共享。在这个意义上看，信息的冗余有加速创造知识过程的作用，尤其在概念开发阶段冗余格外重要。此时，表述出深植于暗默知识中的各种形象对概念创造至关重要。在这一阶段，信息冗余促使个体"侵入"彼此职能领域，而且以不同的观点提供意见或新信息。简而言之，信息的过剩将"在侵入中学习"（learning by intrusion）带入每个人的知觉空间。

信息冗余还是麦库罗奇(McCulloch,1965)所希望完成的"潜在指挥之冗余原则"(principle of redundancy of potential command) 的先决条件,该原则也就是整个系统的各个部分具有同等重要性,且均具有成为系统指挥的可能性。即使在等级森严的组织内,冗余的信息亦有助于创建不寻常的沟通渠道。所以,信息冗余起到层级制度与非层级体制之间交换的促进作用。❶

分享冗余信息还可以帮助个体了解他们在组织中所处的位置,反过来对组织掌握个人思考与行动方向也有帮助。个体之间绝非是孤立的存在,而是松散地彼此连接在一起,每个人在整个组织背景占据一定的位置,因此,信息的冗余为组织提供一种自我控制的机制,使组织朝一定的方向前进。

将冗余运用到组织内部有几种方式可循。一种是重叠的方式,像日本企业"橄榄球"式产品开发那样,不同职能部门在一种"模糊"的劳动分工下合作(Takeuchi and Nonaka,1986)。一些企业将产品开发团队分成若干竞争的小组,每个小组针对同一问题寻找不同的解决之道,然后这些小组对各自提案的优缺点进行讨论。这种内部竞争机制鼓励整个团队从不同角度对一个项目进行评估。在团队负责人的指导下,团队最终对"最佳"方式形成共识理解。

组织导入冗余的另一种方式是策略性人事轮调,尤其在技术或职能不同的部门之间的轮调,如R&D与营销部门之间。这种轮岗制度从多种角度帮助组织成员加深对业务活动的理解,因此,组织的知识更具"流动性",更易于付诸实践,这种轮调也是每个员工拥有多种能力和

---

❶ 赫德伦德 (Hedlund,1986) 使用"Heterarchy"这个词〔意思是指"非层级"(non-hierarchy) 组织〕,其解释是:根据各种程序,作为问题表述及知识创造手段的冗余与组织正式规定的程序的不同之处。

信息的来源。个体所持的跨不同职能部门的冗余信息有助于组织扩大创造知识的能力。

　　日本企业与西方企业相比，最突出的特征是对冗余信息的价值观。为了开发新产品，为了让服务敏捷应对快速变化的市场及技术，日本顶尖企业在内部使冗余制度化。日本企业还开发许多其他增强和维持冗余的组织机制。其中一种是频繁举行定期或不定期会议（例如本田公司的头脑风暴营）及正式或非正式的交流网络（例如下班后饮酒小聚）。这些手段的目的是促进对暗默知识和形式知识的分享。

　　信息的冗余加大所需处理信息的数量，也可能引起信息过剩的问题。至少在短期内（如降低运营效率方面），它也增加知识创造的成本。因此，信息创造与处理之间的平衡是另一个重要的课题。解决冗余可能带来负面效应的一种方法是搞清楚组织内信息存放在哪里，以及知识储存在哪里。

**必要多样性法则**

　　帮助提高知识螺旋的第五种条件是必要多样性（requisite variety）。根据艾什比（Ashby, 1956）的建议，如果组织想要迎接环境所带来的各种挑战，其内部多样性必须与环境的多样性及复杂性相匹配。倘若组织成员具有必要的多样性，他们便可以处理许多不测事件，提高必要多样性，需要用不同的信息联结方式，敏捷地对信息进行综合，并在整个组织内部提高撷取信息的平等能力。为了让多样性达到最大化，组织应该确保各个成员以最快的方式，通过最便捷的途径，获取最广泛的必要信息（Numagami, Ohta and Nonaka, 1989）。

当组织内部存在信息差异时，组织成员便不可能同等地进行互动，这会阻碍对新信息作出不同解读的尝试。日本家用消费品顶尖企业花王公司认为，所有员工应该具有获得企业信息的同等权利。为此，花王公司开发了一个计算机信息网络系统。这个网络系统已经成为具有不同观点的各个组织单元交换意见的平台。

花王公司还设计了如图3-7所示的组织结构。这个结构使不同组织单元和计算机信息网络有机地交织在一起。花王公司将这种结构命名为"生物功能型"组织。在此结构中，各组织单元彼此协调工作，像有机生物一样，共同应对各种环境因素和事件。例如，人体对身体某部位的发痒本能地作出反应，来自皮肤的信息经由大脑对手的动作发出指令，如果必要的

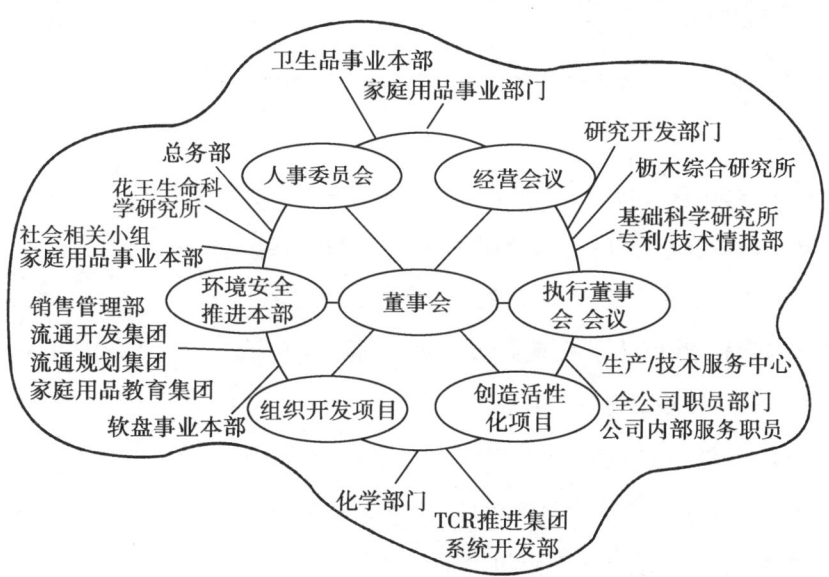

图3-7　花王公司的生物功能型组织结构
来源：花王公司

话，淋巴腺也会开始动作。花王公司认为这类协调的连锁反应是一种应对外部环境的理想方式。它相信这种"生物功能型"结构有助于消除层级体制，并对培育组织的知识创造有帮助。

开发扁平和灵活的组织结构，不同单元通过信息网络彼此联系在一起，是应对环境复杂性的一种方式。另一种方式是经常地改变组织结构，以便对无法预测的环境波动迅速作出反应，并且维持内部多样性。例如，在过去10年里，松下电器公司对其事业部系统进行了三次重组。此外，经常对人员进行轮调，使员工获得多种职能知识，有助于他们应付多方面的问题和意外环境波动。在日本通产省也可以看到人员轮调。通产省职员每隔两年需要进行一次部门调动。

## 组织创造过程的五个阶段

此前，我们已经探讨了组织创造的四个模式及组织知识的五种促进条件。在本节里，我们提出一个统合的、组织知识创造的五阶段模型。我们利用了在理论框架之内开发的基本构件并且将时间维度补充在我们的知识创造理论之内。这个模型，应该解释为该过程的一个理想特例。它由五个阶段组成：(1) 分享暗默知识；(2) 创造概念；(3) 验证概念；(4) 建造原型；(5) 转移知识（参见图3-8）。

组织的知识创造过程起始于对暗默知识的分享，这个步骤大体上与共同化相对应，因为丰富且未加利用的知识蕴藏在个体的头脑里，必须首先在组织内将其放大。例如，在第二阶段，自组织团队所共享的暗默知识是以一种新概念的方式被变换为形式知识，这个阶段类似于表出化过程。

# 第三章 组织的创造知识理论

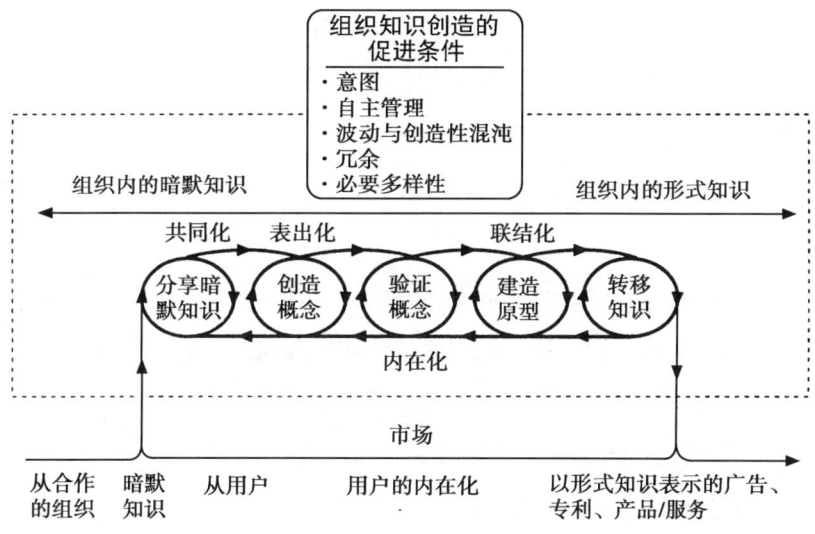

图 3-8 组织知识创造过程的五阶段模型

所创造的概念必须在第三阶段得以验证。在这个阶段,组织决定新概念是否真正值得通力坚持下去。如果得以放行,概念在第四个阶段被转换为原型(prototype)。它原则上可以是"硬性"产品开发的原型或"软性"创新形式,如企业新价值观、新型管理体系,或有创新的组织构架出现的运营机制。在最后阶段,将所创造的知识扩展,例如将在某个部门创造的知识传递给部门内的同事,传递给其他部门的人员,甚至传播到组织的外部,我们称之为"知识转移"(cross-leveling of knowledge)。外部包括客户、关系企业、大学和分销商。创造知识的企业不是在封闭系统内闭门造车,而是在一个与外部环境不断进行交换的开放系统中进行运营。

## 小结

在本章里，自我们提出理论框架伊始，便指出组织上知识创造的两个维度：认识论和存在论维度（见图3-1）。认识论维度，即图中的纵向轴，是暗默知识与形式知识之间产生知识转换的维度。我们讨论了知识转换的四种模式：共同化、表出化、联结化和内在化。这些模式并非彼此孤立地进行，在引进时间作为第三个维度时，它们彼此相互作用产生一种螺旋。我们指出五种组织条件：组织的意图、波动与创造性混沌、自主管理、信息的冗余和必要多样性。这些促进条件使上述四种模式转换为一种知识的螺旋。

存在论维度，如图中横向轴所示，是将个体创造的知识转换为小组和组织层次的组织维度。这些层次彼此并非隔离，而是持续不断地、重复地互相作用。我们又导入时间维度并提出组织知识创造的五个阶段：分享暗默知识、创造概念、验证概念、建造原型及转移知识。在存在论维度，产生另外一种螺旋，例如，当项目小组所创造的知识转移为部门层次的知识，最后又转移为企业或组织间的知识。五种条件对整个过程起促进作用，并且使螺旋不断扩展。

两种知识螺旋内发生的转换过程，是理解我们理论的关键。如果我们可以画出三维图形的话，我们就可以展现在认识论维度上的知识理想向上旋进，而在存在论维度上的知识螺旋由左向右，再由右向左循环运动。当然，我们理论中真正的动态本质可以被阐述为，这两种知识螺旋彼此随时间相互作用，创新便伴随这些螺旋过程源源不断地涌现出来。

# 第三章 组织的创造知识理论

## 参考文献

Anderson, J.R.1983.*The Architecture of Cognition*.Cambridge, MA:Harvard University Press.

Ashby, W.R.1956.*An Introduction to Cybernetics*.London:Chapman & Hall.

Austin, J.L.1962.*How to Do Things with Words*.Oxford:Oxford University Press.

Bateson, G.1973.*Steps to an Ecology of Mind*.London:Paladin.

Bateson, G.1979.*Mind and Nature:A Necessary Unity*.New York:Bantam Books.

Berger, P.L.and T.Luckmann.1966.*The Social Construction of Reality*.Garden City, NY:Doubleday.

Boulding, K.E.1983.System Theory, Mathematics, and Quantification.In *The Study of Information*, ed.F.Machlup and U.Mansfield,pp.547-550.New York:John Wiley & Sons.

Brown,J.S.1992.*Reflections on the Document*.Mimeograph,Xerox Palo Alto (CA) Research Center.

Brown,J.S.and P.Duguid.1991.Organizational Learning and Communities-of-Practice:Toward a Unified View of Working, Learning, and Innovation.*Organization Science*, 2 no.1:40-57.

Cannon-Bowers, J.A., E.Salas, and S.Converse.1993.Shared Mental Models in Expert Team Decision Making.In *Individual and Group Decision Making*, ed.N.J.Castellan, Jr., pp.221-246.Hillsdale, NJ:Lawrence Erlbaum Assoicates.

Condon,W.S.1976.An Analysis of Behavioral Organization.*Sign Language Studies*,13.

Donnellon, A., B.Gray, and M.G.Bougon.1986.Communication, Meaning, and Organized Action. *Administrative Science Quarterly*, 31:43-55.

Dretske,F.1981.*Knowledge and the Flow of Information*.Cambridge,MA:MIT Press.

Emig,J.1983.*The Web of Meaning*.Upper Montclair,NJ:Boynton/Cook.

Gadamer,H.1989.*Truth and Method*.2nd ed.,trans.J.Weinsheimer and D.G.Marshall.New York:Crossroad.

Galbraith,J.1973.*Designing Complex Organizations*.Reading,MA:Addison-Wesley.

Gelwick,R.1977.*The Way of Discovery:An Introduction to the Thought of Michael Polanyi*.Oxford:Oxford University Press.

Gibson, J.J.1979.*The Ecological Approach to Visual Perception*.Boston, MA:Houghton Mifflin.

Gill, J.H.1974.Saying and Showing:Radical Themes in Wittgenstein's *On Certainty*.*Religious Studies*, 10.

Gleick,J.1987.*Chaos*.New York:Viking Press.

Graumann, C.F.1990.Perspectival Structure and Dynamics in Dialogues.In *The Dynamics of Dialogue*, ed.I.Markova and K.Foppa, pp.105-126.New York:Harvester Wheatsheaf.

Gruber, T.R.1989.*The Acquisition of Strategic Knowledge*.San Diego, CA:Academic Press.

Hedlund, G.1986.The Hypermodern MNC-A Heterarchy?*Human Resource Management*, 25, no.1:9-35.

Hogg, M.A.and D.Abrams, eds.1993.*Group Motivation:Social Psychological Perspectives*.New York:Harvester Wheatsheaf.

Imai,K.,I.Nonaka and H.Takeuchi.1985.Managing the New Product Development Process:How Japanese Companies Learn and Unlearn.In *The Uneasy Alliance:Managing the Productivity-Technology Dilemma*, ed. K.B.Clark,R.H.Hayes and C.Lorenz,pp.337-381.Boston,MA:Harvard Business School Press.

Jantsch,E.1980.*The Self-Organizing Universe*.Oxford:Pergamom Press.

Johnson-Laird, P.N.1983.*Mental Models*.Cambridge:Cambridge University Press.

Kobayashi, T.1985.*Tomokaku Yattemiro* (*In Any Case, Try It*). Tokyo:Toyo Keizai Shimposha (in Japanese).

Lakoff, G., and M.Johnson.1980.*Metaphors We Live By*. Chicago,IL:University of Chicago Press.

Machlup,F.1983.Semantic Quirks in Studies of Information.In *The Study of Information*.ed.F.Machlup and U.Mansfield, pp.641-671.New York:John Wiley & Sons.

Maturana,H.R.and F.J.Varela.1980.*Autopoiesis and Cognition:The Realization of the Living*.Dordreacht,Holland:Reidel.

McCulloch, W.1965.*Embodiments of Mind*.Cambridge, MA:The MIT Press.

Morgan,G.1986.*Images of Organization*.Beverly Hills,CA:Sage.

Neisser, U.1976.*Cognition and Reality*.San Francisco, CA:W.H. Freeman.

Nisbet,R.A.1969.*Social Change and History:Aspects of the Western Theory of Development*.London:Oxford University Press.

Nonaka,I.1985.*Kigyo Shinka-ron* (*Corporate Evolution:Managing*

*Organizational Information Creation*).Tokyo:Nihon Keizai Shimbunsha (in Japanese).

  Nonaka,I.1987.Managing the Firms as Information Creation Process.Working paper,Institute of Business Research, Hitotsubashi University.In *Advances in Information Processing in Organizations*, ed.J.Meindl, R.L.Cardy, and S.M.Puffer, Vol.4, pp.239-275.Greenwich, CT:JAI Press, 1991.

  Nonaka,I.1988a.Creating Organizational Order Out of Chaos:Self-Renewal of Japanese Firms.*California Management Review*, 30, no.3:57-73.

  Nonaka,I.1990a.Redundant,Overlapping Organizations:A Japanese Approach to Managing the Innovation Process.*California Management Review*, 32, no.3:27-38.

  Nonaka, I.1990b.*Chishiki-souzou no Keiei*(A Theory of Organizational Knowledge Creation).Tokyo: Nihon-Keizai-Shimbunsha (in Japanese).

  Nonaka, I., P.Byosiere, C.C.Borucki, and N.Konno.1994.Organizational Knowledge Creation Theory:A First Comprehensive Test.*International Business Review*,special issue.

  Norman,D.A.1988.*The Psychology of Everyday Things*.New York:Basic Books.

  Numagami, T., T.Ohta and I.Nonaka.1989.Self-renewal of Corporate Organizations:Equilibrium, Self-sustaining,and Self-renewing Models.Working Paper,University of California at Berkeley.No.OBIR-43.

  Orr, J.E.1990.Sharing Knowledge, Celebrating Identity:Community Memory in a Service Culture.In *Collective Remembering*, ed.D.Middleton and D.Edwards, pp.169-189.Newbury Park, CA:Sage.

  Piaget,J.1974.*Recherches sur la Contradiction*.Paris:Presses Universitaires de France.

  Polanyi,M.1958.*Personal Knowledge*.Chicago:University of Chicago Press.

  Polanyi,M.1966.*The Tacit Dimension*.London:Routledge & Kegan Paul.

  Prigogine,I.and I.Stengers.1984.*Order out of Chaos:Man's New Dialogue with Nature*.New York:Bantam Books.

  Richards,I.A.1936.*The Philosophy of Rhetoric*.Oxford:Oxford University Press.

  Rosch, E.H.1973.Natural Categories.*Cognitive Psychology*, 4:328-350.

  Roszak,T.1986.*The Cult of Information*.New York:Pantheon Books.

  Ryle,G.1949.*The Concept of Mind*.London:Hutchinson.

  Scheflen, A.E.1982.Comments on the Significance of Interaction Rhythm.*In Interaction Rhythms*, ed.M.Davis.New York:Human Sciences Press, pp.13-21.

Schon, D.A.1983.*The Reflective Practitioner*.New York:Basic Books.

Searle.J.R.1969.*Speech Acts:An Essay in the Philosophy of Languagë*.Cambridge:Cambridge University Press.

Shannon, C.E.and W.Weaver.1949.*The Mathematical Theory of Communication.Urbana*,IL:University of Illinois Press.

Singley,M.K.and I.R. Anderson.1989.*The Transfer fo Cognitive Skill. Cambridge*, MA:Harvard University Press.

Squire, L.R.1987.*Memory and Brain*.New York:Oxford University Press.Takeuchi, H.and I.Nonaka, 1986.The New New Product Development Game.*Harvard Business Review*, Jan.-Feb.:137-146.

von Foerster, H.1984.Principles of Self-Organization in a Socio-Managerial Context.In *Self-Organization and Management of Social Systems*, ed.H.Ulrich and G.J.B.Probst, pp.2-24.Berlin:Springer-Verlag.

Waldrop, M.M.1992.*Complexity:Life at the Edge of Chaos*.New York:Simon & Schuster.

Weick, K.E.1979.*The Social Psychology of Organizing*.2nd ed. Reading, MA:Addison-Wesley.

Winograd, T.and F.Flores.1986.*Understanding Computers and Cognition:A New Foundation for Design*.Reading,MA:Addison-Wesley.

Zimmerman,B.J.1993.The Inherent Drive to Chaos.In *Implementing Strategic Processes:Change,Learning and Cooperation*,Lorange P.et al. eds., pp.373-93.Oxford:Basil Blackwell.

第四章

# 创造知识作为一个综合的过程

如今，知识以及创造和利用知识的能力被认为是企业可持续竞争力的最重要来源(Nonaka,1990；1991；1994；Drucker,1993；Nonaka and Takeuchi,1995；Grant,1996)。然而,我们似乎仍然对组织究竟是怎样创造及利用知识的过程所知甚少。我们需要一种以知识为基础的新理论，这种理论与现有经济学及组织理论在某些基本层面有所不同。

建立一种新理论的困难之处在某种程度上来自于管理学学者与实践者对创造知识过程的本质缺乏了解。我们将知识创造定义为通过个体、组织及环境之间的相互作用对各种矛盾进行综合的辩证过程 (Nonaka and Toyama,2002)。知识是一种以螺旋的形式将表面看似对立的概念，如秩序与混沌、微观与宏观、部分与整体、精神与身体、暗默知识与形式知识、自我与他人、演绎与归纳、创造性与效率联系在一起。我们认为，理解创造知识过程的关键在于熟悉超越及综合这些矛盾体的辩证思维与行为。综合 (synthesis) 不是妥协，相反，它是通过动态的对话与实践过程对对立特性的培养。

企业现在面临各种各样的矛盾，企业必须在全球市场上参与竞争，但需要适应局部的市场环境。它必须用不同的产品满足顾客形形色色的需求，但也必须在价格竞争方面取得优势。虽然在建立被认为可以成为企业长期竞争力基础的暗默知识方面耗时费力，但是企业毕竟是在全球范围内进行竞争，竞争制胜的关键是速度和效率。海格尔和辛格 (Hagel and Singer,

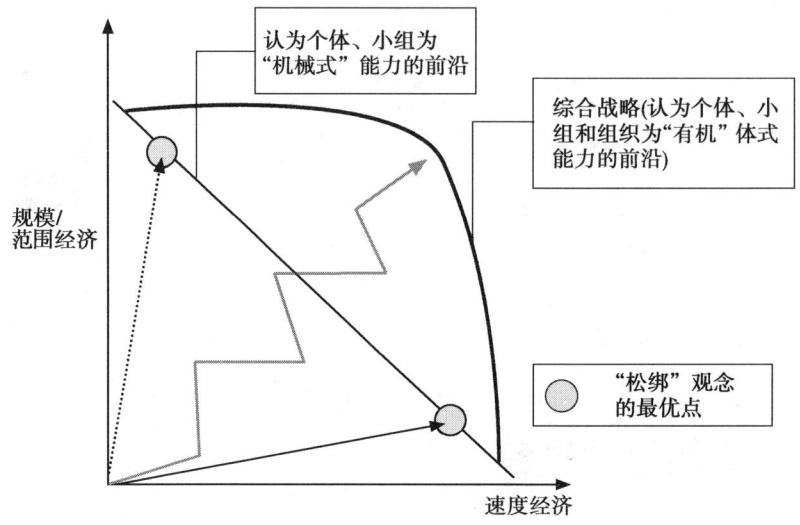

图 4-1 进行综合，不是优化

1999）指出，应该对企业"松绑"，因为它们不能同时既追求规模与范围经济，又指望速度经济这样彼此矛盾的原则。这种论调本身是基于这样的假设：企业和个体的能力是不能改变的，而且战略的作用是发现在矛盾特性之间的最佳点。

不过，如果我们换个角度，将企业和个体视为创造知识的实体，我们其实是将它们视为可以通过发现新解决方案来综合矛盾特性的成长实体。例如，我们常常认为产品的高质量、多品种及低成本是不能够同时兼顾的，然而，基于完全不同的思维方式，丰田公司开发了独特的丰田制造体系并获得了成功。我们相信企业可以通过知识创造过程来追求综合经济（economies of synthesis），不断地提高自身极限，而不仅仅在既有制约条件下寻找最佳点（图4-1）。

我们还必须理解，知识创造是一个超越的过程。在这个过程当中，创造知识的实体（个体、团组及组织等）通过获取新知识对旧的边界进行超越，从而进入新的自我。在此过程中，新的概念和有利于互动的结构被创造出来，为创造知

# 第四章 创造知识作为一个综合的过程

识的实体进行新的创造知识循环过程提供可能性及限制条件。因此，这些实体因受到环境的牵制必须与环境休戚与共，同时环境也为创造知识的实体所影响。有关创造知识的实体与结构之间依存关系的概念化与结构化理论(structuration theory)很相似。那些旨在处理组织在某一时间静态关系的现有理论无法解释这种动态的过程。

在本章里，我们试图建立一种以知识为基础的企业与组织的新理论，并且解释创造知识和利用知识的动态过程。为此，我们首先回顾以 SECI 过程为核心的知识创造理论（Nonaka, 1991; Nonaka and Takeuchi, 1995）及"场"的概念（Nonaka, Toyama and Konno, 2000），尝试将黑格尔、东方哲学的辩证思维与西方的结构化理论结合起来。我们的基本论点是：知识创造是一个组织与组织内部的个体和组织周围环境产生相互作用从而对不断涌现的矛盾进行超越的综合过程。

## 组织即"处理信息的机器"与组织即"创造知识的实体"

传统的组织理论是建立在"组织即处理信息的机器"观念基础之上。组织利用和处理来自环境的各种信息来解决问题，是基于既定目标对环境的适应。由于人类的理性毕竟有限，应对复杂的现实必须由组织来完成。现实被分解为若干较小且简单到足以为个体所处理的片断信息，然后，组织成员分别对这些子信息进行处理，再将它们重新结合在一起。这样，整个组织最终便可以应对复杂的现实。汽车制造的例子有助于我们了解这一过程。我们将汽车制造过程分解成许多简单的任务，这样即使缺乏技能的工人也能够轻松地完成分派的任务。工人无需了解同事在做什么，也不必理解自己的工作在汽车整个制造过程中有何种意义。因此，对于组织来说，主要的课题是怎样将整个过程分解成较小的任务或模块，以及如何协调工人最终完成一部汽车的生产。

这种静止和被动的组织观没有捕捉到组织与组织成员及其环境间的相互作用的动态过程。除了解决问题之外，组织还要创造和明确表述问题，开发和运用知识来解决问题，进而在解决问题的行动中创造新的知识，组织和个人也在此过程中成长、壮大。组织不仅是处理信息的机器，而且还是一个通过行动和相互作用创造知识的实体（Nonaka, Toyama and Nagata, 2000）。在此过程中，当行动者与环境共舞以及在与他人和环境互动过程中对暗默知识与形式知识进行综合之时，辩证的知识创造过程便随之出现了。

如果我们把组织看作一个创造知识的实体，只是让个体面对现实的一部分的观点是片面的。知识不只是现实的一部分，它本身就是一种现实，而且是从某一个角度所获得的现实。一个人所处的角度（情境）不同，对这一现实就可能有不同的看法。在知识创造过程中，人们不可能游离于所处的情境之外。对个体来说，社会、文化和历史情境是十分重要的（Vygotsky, 1986），原因是这些情境为观察者提供了解读信息、创造含意的基础。这就是有限的环境互动和对个人知识的表出化限制可能导致认识论上的缺陷和谬论的原因，因为已知现象的全部复杂性可能仍然没有被发现。因此，在知识创造过程中，人们试图与具有不同角度的人进行交流（即共享他们的情境）来理解现实的全貌。例如，丰田公司要求员工将对各自的任务的观察和交流当作整个汽车制造过程的一部分，并且还要求他们分享各自的工作知识以便对整个过程进行完善。这里，重要的是了解各个部分（个体、工作小组等）之间是怎样被动态地联系在一起产生互动，从而作为一个整体进行不断的变化，而这样的进化过程又反过来又对汽车制造所处的环境产生影响。

## 第四章  创造知识作为一个综合的过程

由于个体目标不同、情境有别，个体之间及他们所处组织内部的摩擦是不可避免的。传统的组织理论企图用组织结构设计、激励体系、例行程序和(或)组织文化的形式来解决这些摩擦。然而，如果我们将组织视为创造知识的实体，我们可以将这些矛盾看成为创造知识的必备之物而不是障碍。知识是通过对矛盾的综合创造出来的，而不是在矛盾之间发现某种最佳平衡。

### 知识创造和战略的作用

利用组织作为持续创造知识实体的组织观，我们也有必要重新审视解决组织与环境矛盾的战略的作用。战略的作用通常以安德鲁斯（Andrews，1971）提出的SWOT[1]框架为代表，它是组织将自身优势和劣势与所处环境下的威胁和机会进行调适。SWOT框架后来演化成战略研究的两个主流学派——定位学派和以资源为基础的观点。定位（positioning）学派专注组织运营环境的（Porter，1980），组织必须选择可以建立和维持其竞争优势的适当环境（产业或战略集团）。我们可以视环境为移动的靶标，企业尽量针对这个靶标改善其业务的运营。因此，定位学派倾向于强调对环境的分析，但却忽略了组织的内部过程。

另一方面，以资源为基础的企业观（resourced—based view of firm）侧重审视企业内部所拥有的资源。这种观点认为，企业是各种资源的集合，拥有优质资源的企业才会获得"收益"（Penrose，1959；Wernerfelt，1984；Barney，1986）。不过，迄今为止，以资源为基础的企业观，实证和理论研究一直集中在企业如何通过模仿的不完备性、替代的不完备性及资源的

---

[1] 即Strength（强项）、Weakeness（弱点）、Opportunity（机会）和Threat（威协），译者注。

有限流动性等条件来保持独特资源及其所带来的竞争优势。尽管它研究企业的动态能力（Teece，Pisano and Shuen，1990），但以资源为基础的企业观尚无法解释企业如何通过与环境的不断相互作用来建立资源的动力。除了近来动态能力作为一套特殊及可以识别的过程（如产品开发、战略决策和战略联盟）概念化之外，企业究竟是怎样积累优质资源的理论研究非常匮乏。

我们认为，知识是通过综合组织内部的资源与环境之间的矛盾创造出来的，因此，在辩证的企业里，战略可以被描述为内部资源与环境调整相结合的概念。因此我们需要一种新理论：注意"两者兼顾"（both—and），而不是"非此即彼"（either—or）。在后续的章节里，我们将解释知识是如何通过暗默知识与形式知识之间、组织与环境之间互动创造出来的。

## 知识创造是一个综合的过程

我们如何对环境和内部资源进行综合呢？为回答这一问题，我们利用吉登斯所提出的结构化理论（Giddens，1984）。结构化理论将人类视为角色就位（role—taking）和规范履行（norm—fulfilling）个体，他们根据自己在现实中的形象而行动，并将所有制度和社会实践看作结构。一方面，环境对人类产生影响，另一方面，人类也不断地通过社会的相互作用对环境进行重新创造。社会结构不是独立于人类的外部存在。相反，各种社会结构和人类是思考社会行动的两种方式。后两者在定义和复制双方的过程中产生互相影响。

知识创造是通过人类与环境的互动来实现的。吉登斯指出，环境会对人类的观念和行动产生影响。反过来，人类的观念和行动也会对环境进行塑造。换言之，我们是环

# 第四章 创造知识作为一个综合的过程

境的一部分,环境也是我们的一部分;周围的资源和机遇塑造了我们的日常行动,而我们的行动最终也会创造新的社会现实。

吉登斯认为,在日常生活中人们是通过"实践意识"(practical consciousness)和"推证意识"(discursive consciousness)来指导各项行动的。"推证意识"使人们行动合理化,它可以被认为是认知的意识阶段。"实践意识"是指人们并没有进行真正思考的认知层面,这也意味着,实际上,人们知道的比可以表达出来的东西要多。在这个意义上看,我们可以讲,暗默知识与实践意识有相似之处,形式知识则类似于推证意识。与暗默知识类似,实践知识在整合人与环境两分法方面起着关键作用。

通过暗默知识与形式知识之间的变换过程,我们转换对环境采取行动以及在与环境之间的互动中创造并扩大知识,具体过程如图4—2所示(Nonaka, 1990; 1991; 1994; Nonaka and Takeuchi, 1995)。

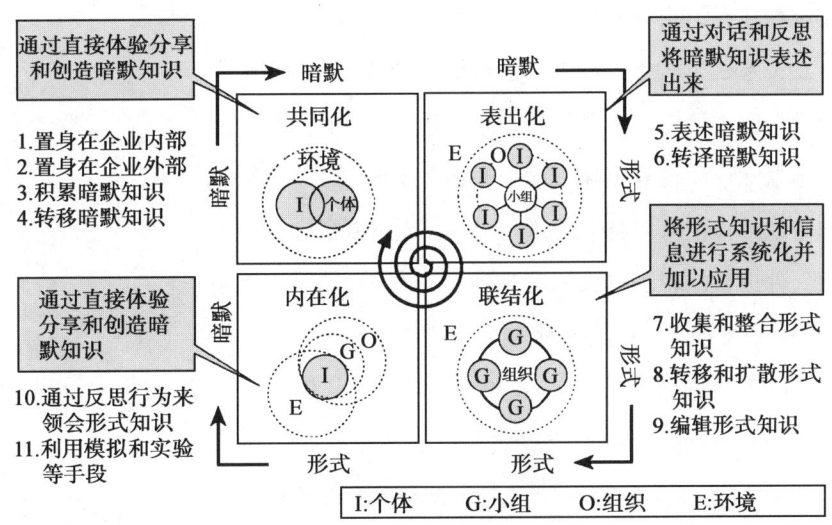

图4—2 知识创造的SECI模型

知识创造始于共同化过程。在这个过程中，通过在日常社会互动中对各种经验的共享，新的暗默知识得以转换。由于暗默知识难以被形式化，并且往往具有时间和空间特殊性，暗默知识只有通过共享直接经验（如各路行家济济一堂，或在同一环境下朝夕相处）的方式才能获得。典型的例子是传统的学徒制，学徒工是通过切身体验获得一门手艺所需的暗默知识。人们可以通过对体验共感（empathize）的方式来分享顾客、供应商乃至竞争对手的暗默知识。因此，惯例（routines）是由一部分暗默知识构成的，因为它们是在密切的相互作用中随着时间而形成的。

在共同化过程中，就事论事的现象学方法是一种有效的方法。通过"生活在"或"寓居"于这个世界里，个体积累和分享他们在所处周围世界里的暗默知识。例如人们可以通过自身作为顾客的体验，感受和积累顾客的暗默知识。此时，个体是在拥抱矛盾，而不是与之对抗，这就促使行动者通过行动及感知来吸收他们所处社会环境中的知识。因此，当组织成员通过实践意识积累和分享环境的暗默知识时，环境与组织的对立关系在共同化过程中可以得到综合。实践意识在这里是指我们在生活中没有进行真正思考理论化的层面。

这些暗默知识通过表出化过程被表述为形式知识。得以明示化的暗默知识便可以与他人进行分享，成为以概念、形象和书面文件形式出现的新知识的基础。在表出化阶段，个体利用他们的"推证意识"试图对周围世界进行合理化解释和表述。因此，对话是表述个人暗默知识和与他人分享表述出来的知识的有效途径。借助对话的方式，个人暗默知识与结构之间的矛盾，或者不同暗默知识之间的矛盾逐渐变得明朗清晰起来，并且得以综合。为了使暗默知识中所积累的隐

## 第四章 创造知识作为一个综合的过程

含概念或机制更加明晰,与演绎(induction)或归纳(deduction)相比之下,假设推理(abduction)或溯因推理(retroduction)更为有效。依次运用比喻、类比及模型是在假设推理过程中所使用的基本方式(Lawson,1985)。

从组织内部或外部收集到的形式知识,通过联结化过程中的结合、编辑或加工程序,形成一套更加复杂和有条理的形式知识。然后,新的形式知识传递给组织的每个成员。创造性地运用计算机化通信网络及大规模数据库对这种模式的知识转换有促进作用。联结化模式可能还包括对概念的"细分"。对概念的细分,比如将企业愿景分解成可操作的业务或产品概念,可以创造更系统的形式知识。在这一阶段,人们是通过逻辑来解决矛盾而不是对矛盾进行综合。唯理论(rationalism,也可译为理论主义)是联结、编辑及细分形式知识的有效方法。

组织所创造和分享的形式知识又可通过内在化过程被转换为暗默知识。这个阶段可以被理解为实践(praxis),在这个过程里,知识在实际过程中被应用并变成新惯例的基础。因此,形式知识(例如产品概念或制造程序)必须通过行动、实践和反思才能得以活用,并真正成为个人知识的一部分。如培训项目可以帮助接受培训的人员了解自己是周围环境的一部分。通过阅读有关工作和组织的文件和手册,通过对这些资料的反思,受训人员将记录在这些文件上的形式知识铭记于心,丰富他们的暗默知识基础。我们还可以通过模拟或实践来体现形式知识。"做中学"的实用主义是检验、修正形式知识,并将其包含在个人暗默知识之内的有效方法。因为内在化的知识可以改变行动者(human agency)的行动以及他们对结构的看法,所以它对行动者和结构均会产生影响。对个体和环境的综合也发生在这个层面。

重要的是,我们要注意,让这四种知识转换模式的运动、形成一种螺旋而不是循环。在知识创造的螺旋中,暗默知识与形式知识之间的互动通过知识转换的四种模式被放大、增强。当知识螺旋沿存在论方向向前发展时,它的规模在增大。通过SECI过程创造出来的知识可能激发新一轮知识创造的螺旋,当这种螺旋在超越科室、部门、事业部乃至组织边界的互动社群中不断发展时,它在横向和纵向上均得以扩展。知识可以转移到组织边界以外的地方,而且来自不同组织的知识在创造知识的过程中发生相互作用(Badaracco, 1991; Nonaka and Takeuchi, 1995; Inkpen, 1996)。如通过个体之间的动态相互作用,由组织创造出的知识可能触发对外部成员——顾客、关系企业、大学或分销商所持知识的总动员。例如,制造流程的创新可能引起外部供应商的制造流程的某些变动,反过来,这些变动又会激起新一轮组织内部的产品和工艺创新。另一个例子是将顾客具有的但一直未能表达出来的暗默知识表述出来。当顾客在购买、适应、使用或决定不购买为某种产品赋予含意时,这种产品形同引爆暗默知识的导火索,很可能引发反映顾客世界观的行为转变,并且可能最终对环境进行重构。然后顾客的行为在掀起新一轮知识创造螺旋的创造性组织过程中得以反思。组织的知识创造是永无止境的、不断自我提升的过程。

如前所述,知识创造是一个自我超越的过程,即在这个过程中人们可以超越自身存在的界限(Jantsch, 1980)。共同化过程的基础就是自我超越,这是由于暗默知识只能通过要求个体超越自我存在及与他人发生共感的直接体验才能得以共享。例如,在共同化过程中,一个人与同事和顾客产生共感,个体之间的边界逐渐淡化。基本上,经常性的实际相互作用和感受有助于当事人创造共享的心智表示(mental presentation)和惯例。在表出化阶段,个体超越自我的内心及身体界限,投身于团组活动,并与团组融为一体。因此,众多个体的意图和想法彼此交融,并与团组的心智世界浑然一体。这一阶段是构成整体的必要阶段,因为知识的表出化经常会帮助人

## 第四章 创造知识作为一个综合的过程

们以许多不同,甚至对立的角度来观察相同的现象。在联结化阶段,经由表出化所产生的新知识超越团组的边界,被联结在一起。最后,在内在化阶段,个体进行自我反思,使自我置身于所获得的新知识的情境和新知识应该被应用的环境之中,这个过程依然需要进行自我超越。

## "场":创造知识的地方

知识创造需要实际的情境。如上所述,知识因取决于具体的时间和空间而以情境为转移(Hayek,1945)。知识并非只存在于人的认知层面。相反,它是有目的行动的结果(Suchman,1987)。因此,就时空及与他人的关系而言,创造知识的过程也一定是以情境为转移的。知识不可能在真空中创造出来,它需要一个场所,在这个场所里信息通过解读被赋予含意,然后转变成知识。

在人类认知及行动方面,许多哲学家曾经讨论过场所的重要意义。柏拉图将存在(existence)的起源地点称为Chora(场所),亚里士多德称事物实际存在的地方为Topos(处所),海德格尔将人类存在的场所叫做Ort(地点)。为了将所有这些场所的概念概括起来,为知识创造所特有,我们引进"场"的概念。在日本哲学家西田几多郎(Nishida,1921;1970)最初提出的这个概念基础之上,我们将"场"定义为分享、创造及运用知识的动态的共有情境。"场"为进行个别知识转换过程及知识螺旋运动提供能量、质量及场所。换句话来说,"场"是知识以"含意流"(stream of meaning)形式不断涌现的,现象学上的时空(Bohm,1996)。新知识是通过既存知识的含意和情境的改变创造出来的。在本章里,我们将"场"的概念加以延伸,将代理人(agent)和结构之间的相互依存的互动关系包括在内。

人们很容易将"场"想像为像会议室这样的物理空间,但也应该将"场"理解为在特定时空里发生的各种相互作用。"场"可以存在于个体、工作小组、项目团队、非正式团体、临

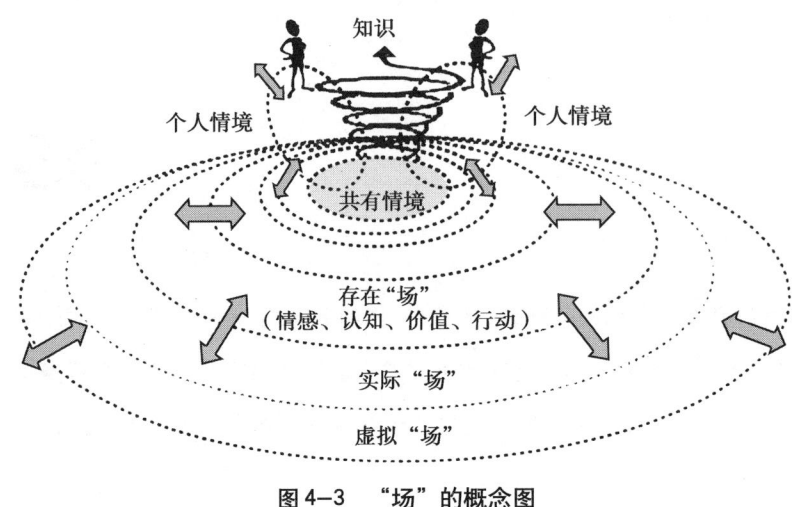

图4-3 "场"的概念图

时会议、虚拟空间（如电邮群组）之中以及与客户面对面接触之时。"场"是参与者共享情境，并通过互动创造新的含意的存在场所。"场"的参与者将自己的情境带进来，并通过与他人及环境的互动，"场"的情境、参与者及环境会发生变化（见图4-3）。

"场"与其说是一种组织形式（如层级制度或网络），不如说是对含意创造进行组织的方式。企业可以被视为各种"场"的有机配置(organic configuration)，在"场"里，人们基于所具备的知识彼此互动，同时与环境发生相互作用。当企业不是被视为一种组织结构而是"场"的有机配置时，我们便有可能了解：企业应该和能够创造哪种类型的知识、哪些人是具备真正知识的"正确人选"、在不受现有组织架构的约束情况下，创造知识的人员之间需要怎样的互动过程。

我们还需要对企业的边界进行重新界定。"场"并不局限于一个组织的内部，它可以跨越组织的边界。组织可以与供应商以合作的方式、与竞争对手以联盟的形式，或与客户、

# 第四章 创造知识作为一个综合的过程

大学、当地社区或政府以互动关系的方式创建各类的"场"(见图4-4)。组织成员通过参与"场"对其组织边界进行超越,进而在一个"场"与另外一个"场"相连接时,即可超越该"场"的边界。

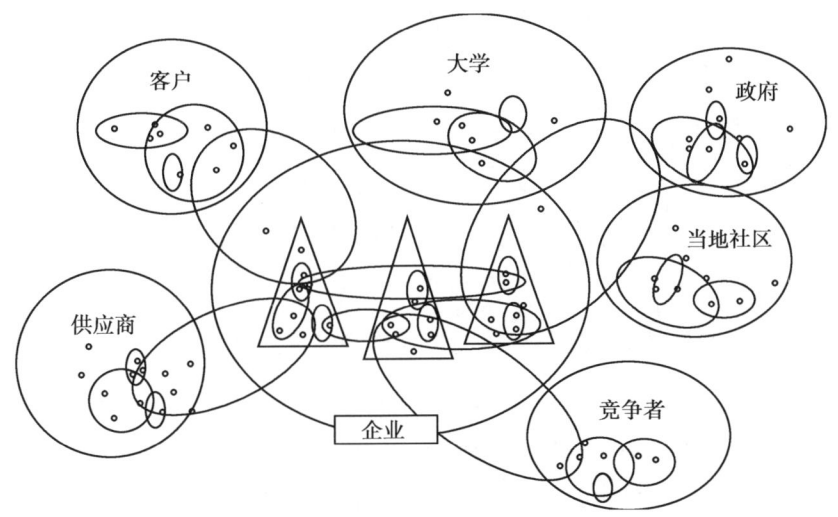

图4-4 组织:"场"的有机配置

让我们用"7-11"(Seven-Eleven)日本公司的例子来说明企业是怎样通过各种"场"进行知识创造的。在日本便利连锁店行业里,"7-11"公司是最赚钱的公司。由于"7-11"各个店铺的店面狭小,向顾客出售他们真正想要购买的东西,以及不向顾客兜售他们不想买的东西就变得非常重要。对单一产品的库存管理是"7-11"日本公司成功的奥秘所在。在日本,"7-11"各店铺里销售的商品一般为3 000件左右,其中70%的商品在一年内便从货架上消失。为了发现"滞销商品"并用热销商品进行替代,"7-11"公司强调由店员建立和检验假设的重要性。这种创造知识的过程使"7-11"公司成为日本最成功的零售企业。

"7-11"日本公司利用它在日本7 000家店铺的店面作为创造新知识的"场"。在这个"场"里，店员通过与顾客面对面的接触积累关于顾客需求的暗默知识。在与顾客长期打交道过程中，店员获得对当地行情以及客户的独特知识和认识。他们常说：他们尽管不能解释原因，但可以透过"看"和"感觉"知道哪些商品在他们的店铺卖得好。

为了适应顾客日益变化的需求，"7-11"日本公司特别强调，店铺作为持续创造新知的"场"，有着非常重要的作用。"7-11"日本公司为店员提供大量店面方面的在职培训机会，在大约两年时间里，每位新员工必须在"7-11"商店各个职能部门工作，以便积累顾客服务的直接经验，并了解如何管理"7-11"的店铺。另外一种积累店面暗默知识的机制是"走动员工"制，这类员工的工作是在各个店铺走动，与顾客进行交流，目的是获取新的信息和知识。

然后，关于顾客的暗默知识被转换为以对市场需求的"假设"形式表现的形式知识。由于当地员工拥有对当地行情的暗默知识，"7-11"日本公司就让他们自己建立关于销售具体商品的假设，并负责订购和贮存在他们店铺销售的商品。例如，当地雇员可以基于当地社区举办节日活动的了解而订购更多的啤酒。

为了促进建立假设的过程，"7-11"日本公司积极地创建并充分利用各种"场"，旨在通过与他人对话的方式将当地店员的暗默知识表述为以假设形式存在的形式知识。不仅仅是店长，一些店员也负责订购商品事宜。每位店员对一些一定的商品负责，通过与负责其他种类同事之间对话的方式，他们可以建立适合该市场需求变化的假设。

## 第四章 创造知识作为一个综合的过程

另外一种促进建立假设的工具是利用现场顾问。他们定期性地造访当地商店，与店长和店员进行对话，并为后者提供订单建议及店铺管理方面的建议。其目的是将店长和店员的暗默知识表述出来。如果现场顾问了解到某个别具一格的做法，例如在某家店铺布置商品的新样式，他会与其他店铺分享这种经验。

"7–11"日本公司利用各种"场"对建立在店铺基础上的假设进行共享。现场顾问将向他们所属地区的经理报告在各个商店形成的知识，地区经理再将这些知识传播给其他现场顾问。在东京总部每天一次的碰面会上，全日本的地区经理们与公司高级主管分享在各分店发生的成功故事和各种问题。现场顾问每周也要开一次会，彼此之间及与来自总部的人员，包括高层管理者一起分享知识。

维持这类"场"的费用并不小。仅每周在东京举行一次会议这项，"7–11"日本公司每年花在交通、住宿上的费用及相关的费用估计为1 800万美元。然而，该公司的总裁及这个体系的主要设计师铃木敏文特别强调面对面互动的重要性。

提出来的各种假设要经得起检验，而检验的指标就是从最先进的信息系统中收集、分析及使用的实际销售数据。公司总部和当地商店对以销售数据形式出现的形式知识进行编辑、分析和利用，然后再通过该信息系统立即反馈给各个分店，这样它们可以建立更加适应当地市场现实情况的新假设。利用销售点的数据及分析，店员将他们在自己店铺对每日行情的假设进行检验。以这种方式创造并编辑的新知识，通过与现实的对照得以验证。倘若新获取的知识与现实存在差距，差距便激发新一轮的知识创造过程。这种循环逐日进行，正是这种永无止境的建立假设和检验假设的过程，是"7–11"日本公司获得不只是适应市场变化，还创造各种变化的能力。

## 案例：丰田Prius的开发过程

企业怎样才可能通过对矛盾的综合来创造知识呢？在本节里，我们通过回顾丰田Prius（先驱）案例，集中讨论在组织创造知识方面领导所扮演的角色。在下一节，我们将检查NTT DoCoMo的案例。知识不可能以传统的管理方式进行"管理"，企业也无法对知识创造过程进行真正的"管理"。管理者惟一能够做的，只是通过创造知识愿景、创立"场"、为其添砖加瓦、联结各种"场"以及引导SECI过程来领导组织。

Prius是世界上首次投入大批量生产的混合动力汽车。Prius于1997年12月面世，以其创新性产品概念及技术已获得无数的奖项，包括日本汽车年度大奖、RJC[1]年度新车大奖。丰田公司宣称以汽油发动机和电动发动机为动力的Prius已经做到燃料经济性提高一倍，发动机效率提升80%。Prius排放的二氧化碳只是传统汽油动力汽车的一半，一氧化碳、碳氢化合物及氧化氮为传统汽车的1/10。

对于丰田公司来说，Prius在三个方面具有革命性意义。知识是在三个层面上创造出来的：产品、技术及产品开发过程。首先，它不属于既有任何产品线的创新产品。丰田有几个产品线，每种产品被设计用来彼此互补，所以丰田的全部产品线具有统一的形象。然而，这种模式对Prius来说并不适合。因此，从一开始丰田公司便准备将Prius设计为赋予公司新观念的产品。

第二，Prius运用许多创新的技术，如发动机、马达、电池、刹车系统等，以及将这些技术集合成一个混合系统的技术。这些技术不仅对丰田的发展很重要，而且对丰田的未来也至关重要。丰田公司强调"横展"的重要性，其意思是各

[1] RJC全名为Automobile Researchers & Journalists' Conference of Japan，即日本汽车研究者及新闻工作者学会，译者注。

# 第四章 创造知识作为一个综合的过程

种技术的横向展开。

第三，Prius的开发在时间上创下纪录。通常，丰田公司为开发既有产品的新品种需要四年的时间，在汽车界，这仍然是最短的开发时间。而Prius则是例外，由于使用全新的设计和新技术，从设计成型到制造开始仅用了15个月的时间。为了达到该项目所需的速度和创新，丰田公司的工程师们不得不采用许多非传统的方式。在Prius尚处于开发之中的时候，混合动力系统仍然处于研究阶段，研究和开发工作则双管齐下。

对于实现这类创新而言，"场"的有效利用极为重要。在Prius的整个开发过程里，高层和中层负责人建立、利用和激励各种"场"，下一节分析了丰田公司如何建立和利用不同"场"来实现他们的创新的。

## Prius项目团队对"场"的管理

"场"可以有目的地或自发地进行创建。领导者可以"发现"和利用的自发形成的"场"，常常是变化或很快消失的"场"。故此，为了及时捕捉到自然涌现出来的"场"以及形成高效的"场"，领导者必须及时引导组织成员彼此间及与外部环境进行互动。

通过提供时间、空间及联系条件，领导者可以建立"场"。他们可以提供实际空间（比如会议室）、网络空间（比如计算机网络）或精神空间（比如共同目标）来促进互动过程。重要的是通过培育组织成员之间友爱、关怀、信赖和献身精神来创造精神空间，因为精神空间是知识创造的基础 (Krogh, 1998; Kroug, Ichijoand Nonaka, 2000)。

创建任务团队是有目的地建立"场"的典型例子。Prius项目于1993年9月成立，当时是一个被称为G21（意思是21世纪时代）的小型学习小组，但得到了高层管理部门的鼎力支持。起初，G21是研究"21世纪汽车"的工作小组。在完成本职工作以外，成员每周聚会一次，围绕开发 21 世纪汽车概念对各种问题进行切磋。

为了建立"场",领导者还必须对参与人员的最佳组合进行挑选,并且鼓励成员间的相互作用。挑选具有不同背景和观点的参与者非常重要,这种组合让他们将基于自己经验的情境带进"场"里,这样就丰富了共有的"场"。为此,领导者重要的是要了解在哪里可能发现必要的知识、哪些人具备这些知识。对于大企业来说,要想知道组织究竟了解什么东西常常比较困难。高层领导必须培育和充分利用能够发现和利用所需人才和知识的知识制作者(knowledge producer)。

G21 的第二阶段始于 1994 年 1 月,内山田竹志被推举为项目负责人。控制噪声和振动方面的专家内山田是首次领导新型汽车的开发工作。不过,在被挑选作为 Prius 项目负责人之前两年里,内山田曾经负责过对丰田公司研发实验室进行重组的工作,他的任务是重新思考"我们如何为了研究目的分解这种汽车"。这个项目让内山田广泛接触到了丰田公司正在研究的技术知识,以及在哪里他能够发现所需的人才和技能。内山田入主 Prius 项目后,还访问丰田公司的几个部门,尤其是研究先进技术的东富士研究所,以便了解丰田公司所拥有的技术种类。他决定创建一个独立的团队,它的成员必须具备开发一部汽车的所有必要能力。

在一般产品开发中,产品开发团队从一开始便有了一个产品概念。例如,有了花冠(corolla)的概念后为开发一款花冠系列的新车型,开发团队只需要进行一些改善,挑选必要的组件。开发团队向相关部门,如向发动机部门提出开发必要组件的"订单",然后发动机部门挑选出适合该开发团队计划的发动机。虽然该部门将在新发动机上提出许多自己的想法,但大多数情况下,发动机仍然是开发团

## 第四章 创造知识作为一个综合的过程

队想要的那一种,而不是最适合这款汽车的发动机,而且在这种开发方式下开发团队与其他部门进行沟通和协调一般耗费大量时间。

G21 项目在项目团队成立之时没有任何产品概念。为了用最适合这种汽车的技术和迅速开发成功,内山田竹志决定将代表所有丰田技术的成员招募进来。最终,从八个部门,如车身、底盘、发动机、驱动系统及制造技术等挑选出 10 位成员,这样,该团队可以独立地进行新车的开发工作。这些成员均 30 岁出头,既在必要经验方面可谓老到,又在灵活性方面游刃有余。

该团队做的第一件事是争取属于自己的实际空间。他们"获得"一个作为项目基地的房间,安装了两套 CAD(计算机辅助设计)系统和个人计算机。这是丰田的项目团队首次在一间房里对一种产品进行开发工作。

团队还利用虚拟空间作为"场"的形式。电邮名单对于及时散发信息极其有效。成员就通过电邮名单交换必要的信息,最后,电邮名单成员扩展到 300 人。

在 G21 项目中,需要团队成员超越自己的界限。内山田竹志制定了项目的原则,他将原则写在自己日记本的首页,参加会议时总是带上。原则包括这样的内容:"每位成员,无论专业如何,均应该对技术进行评估","对这种产品,我们应该思考的是,最佳的方式是什么,而不是只考虑自己所代表的部门的利益",以及"在讨论技术的时候,我们不应该在乎年龄和职位高低"。在这种条件下,项目成员在密切合作中互相学习。

## 案例:NTT DoCoMo 公司 i-mode 模式的开发过程

对于 NTT(日本电报电话)DoCoMo 公司的开发 i-mode 公司的(i-模式)服务过程来说,高效利用"场"的作用同样是重要的。NTT DoCoMo(意思是"无论何处")是 NTT 的剥离公司。由于DoCoMo公司承袭NTT公司的官僚文化，i-mode的开发对于DoCoMo来说是独特的经历，因为该开发过程并不符合传统的做事方式。

i-mode服务，让订户可以通过手机进入因特网，使DoCoMo一举成为日本最大的因特网提供商，也是世界上单一国家最大，且市值最高的移动电话公司。订户利用手机可以享受许多服务，如查询股票价格、进行银行交易、阅读新闻和星座运势及玩游戏。

在DoCoMo的i-mode案例里，"场"的建立过程是从DoCoMo时任总裁大星公二在1997年元月告诉当时该公司枥木分部经理榎启一进行一个新的移动电话项目开始的。大星公二之所以挑选榎启一作为项目负责人，是因为榎启一具备领导的必要品质。榎启一一向直抒己见，并且对市场需求具有敏锐的感觉。这些品质使榎启一在官僚和保守的NTT公司中鹤立鸡群。另外，榎启一对无线技术没有任何专门知识。不过，大星公二对榎启一非常信任，认为他是NTT DoCoMo公司里有与众不同想法，并且能够开创新事业局面的合适人选。

一家咨询公司向榎启一提供一份报告，建议通过移动电话提供因特网服务。可是，该报告没有提供任何实现这一想法的具体方案。此外，此时榎启一还没有任何同事，他必须创建自己的团队。

榎启一公开邀请DoCoMo员工参与该项目，这是DoCoMo首次进行的公开招募。申请者大约有20人。榎启一基于他们对迎接新挑战的意愿及承受压力的能力，从中挑选了5位年轻雇员。

他还从公司外部招募一些团队成员。川端正树是由NEC派遣参与i-mode服务器研发工作的。松永真理，某女性杂志分类广告主编，招募进来负责i-mode服务所提供的

## 第四章　创造知识作为一个综合的过程

内容编排。招募因特网创业者夏野刚是因其因特网方面的一技之长。

这些成员将不同的情境带进项目之中，而且他们一道工作，共享这些情境。榎启一评论说："因为我们的员工背景不同，所有我们可以做在NTT文化中无法做到的事情，我们也免不了会发生许多冲突"。❶ 松永的加盟将她作为杂志编辑的经历，同时作为在技术上一窍不通的顾客对年轻客户的知识及感觉带进团队。夏野刚将他对因特网的技术专长及利用因特网特点建立的商业模式带了进来。松永把从外部员工招募的过程比作电影《七武士》。榎启一招揽了一群"另类"（misfit），其中每位都拥有不同的才华和本领，而这些才华和本领对达成共有目标是必不可少的。

根据在因特网方面的经营经验，夏野刚对网络的外部性（externality）可以说是了如指掌，所以创建了以i-mode作为门户网站的商业模式。一些"正式网站"交付一定的服务费即可通过DoCoMo的菜单链接他们的网站。DoCoMo代表内容提供商按月租的形式收取这笔费用，并赚取9%的佣金。订户由于内容提供商提供的内容而被吸引到i-mode上来，而内容提供者之所以被i-mode所吸引，是因为他们通过i-mode可以拥有大量的订户。在这个过程中，DoCoMo和内容提供者都可能有利可图。夏野刚称这个过程为"双赢"。可是在创建伊始，想要达到双赢是困难的，因为企业对投资这种新型服务形式犹豫不决。夏野刚觉得e-business（电子商务）领域的公司由于较为了解这种业务的本质，可能会更愿意投资于i-mode服务。夏野刚充分运用自己的经验，培植有意建立"正式网站"的内容提供商，于是他拜访日本正想要开展因特网理财服务的各家银行，因为银行系统的参与为潜在内容提供商发出一个信号：即i-mode业务的风险不是很高，否则银行是不会参加进来的。所以在一些银行同意作为内容提供商之后，

---

❶ 《日经Trendy》，1999年12月1日。

说服其他企业加入就变得容易了一些。

除了选择"场"的参与者之外,榎启一还规定了"场"的边界。"场"需要边界,因为一个人自身的情境有无数的可能性,所以为了使有意义的共有情境涌现出来,需要一定的界限。应该保护"场"使之免于外部情境的干扰,这样"场"可以以自己的情境成长壮大。"作茧自护"(cocooning)是建立别具一格世界的务实方式。领导人应该规定界限,在必要时对"场"进行保护。榎启一便是作为i-mode项目与DoCoMo内部其他部门之间的对接点,使项目成员免于与外界发生摩擦。他所招募的"另类"带进来与DoCoMo迥异的情境,而DoCoMo的文化则是自NTT那里承袭的官僚文化,因此,发生一些冲突是注定的。夏野刚说:"如果没有榎启一的保护,我们可能一事无成"。

尽管如此,"场"依然是一个开放的场所。在此,具有独自情境的参与者可以来去自由,共有情境可以不断地演化。"场"可以让参与者共享并且超越时空,"场"也可以让参与者进行自我超越,加入"场"就意味着进行参与,并且对自己有限视野或边界进行超越,参与者既是局内人同时又是旁观者。"场"通过提供一个动态的共有情境来为参与者规定有约束力的条件,因为共有情境限制参与者作为世界的局内人来审视世界的方式。它也为参与者提供一个与自己从外部观察一个事物的相对更高的视野。为维持"场"的开放性,领导者也必须保持"场"的边界具有可渗透性。

## 为"场"赋予力量

仅仅创建"场"还不足以使企业对动态的创造知识过程进行管理。企业还应该为"场"增添力量:为创造知识的过

## 第四章 创造知识作为一个综合的过程

程赋予能量和质量。"场"必须是一个具备自有意图、旨趣或使命的自组织场所。如果缺乏意图（无论是规定的或可以最终涌现而出的），便不可能有效地引导"场"内的能量，而且只能让"场"陷入混沌状态。

Prius项目从一开始目标便十分明确：开发21世纪的汽车，并将其推向市场。该项目另外一个目标是探索新型产品开发方式。这一使命的重要意义众所周知，当时副社长金原淑郎提出这个项目时，在整个丰田公司内张榜公布，同时，该项目也得到当时社长丰田章一郎的鼎力支持。当时丰田公司的会长丰田英二用这样的话来支持项目："如果我再年轻一点，这就是我想做的项目。"

丰田公司高层管理者决定，希望在应对环境问题的领导型汽车制造商。Prius，世界上第一种大批量生产的混合动力汽车，被看作是将决定丰田未来的项目。丰田公司开始迎接开发混合动力汽车挑战起始于1991年前后，当时丰田电动车辆开发部开始研究使用发动机和马达的混合动力系统。可是，在提出几个原型之后，丰田公司认识到缺乏制造混合系统主要部件的多种技术，如电池、马达、转换器、换流器。就混合动力系统而言，丰田公司只能是一家由外部企业提供部件进行组装的公司。以汽车**制造商**而引以为荣的丰田公司认为，缺乏此项技术是一个严重的威胁。公司高层领导认识到，缺乏可能会决定企业未来的知识资产，因此便在内部开展积极的研究、开发及生产混合系统的工作。

在DoCoMo的事例中，大星公二提出了"从量到质"的知识愿景，因为他感觉到需要将DoCoMo的声音通信业务扩展到数据通信。声音通信市场在可以预计的未来将趋于饱和，DoCoMo公司必须发现其他可以维持其高速增长的业务领域。榎启一则根据这一愿景创建了一个开发i-mode服务的"场"。

"场"的能量是由其自组织本质决定的。要想使"场"成为自组织的场所，领导者需要提供必要的条件，如自主性、创造性混沌、冗余、必要多样性、爱、关怀、信赖和献身。领导者通过提供这些条件可以生成一个良好的"场"。内山田竹志在Prius项目内部设立几个任务小组，专门从事具体问题的研究，他们同时给予负责人以完全的自主权。

Prius项目有效地利用了创造性混沌。丰田公司高层领导通过设定极具挑战性的目标，将创造性混沌导入Prius项目。项目其中一个目标是寻找开发汽车的新方法，为此，内山田竹志要求他的团队成员就有关如何开发新车的各种规范提出质疑。

开发21世纪汽车的目标本身就足具挑战性。在当团队终于提出进行50%改善的可行方案时，副社长和田设定一个改善燃料效率的新目标。此举实际上置团队于混乱的境地。他们最终舍弃原有利用直燃型发动机的方案，决定走混合系统的路线。

此外，高层领导者让项目团队承受巨大的时间压力。Prius原计划在1998年12月推出。如果考虑到在既有产品线基础上开发一款新车一般尚需四年的时间，这已经是非常苛刻的时限了。然而，公司社长奥田硕指示项目团队将原定时间提前一年，即在1997年12月完成。奥田硕强调了尽早推出Prius的重要意义，他说这种汽车可能是汽车工业的未来，对丰田公司的未来就更不用说了。团队面对新的完成时限，感觉到了更大的时间压力。结果，他们采用了许多非传统的方式来降低开发周期，例如最大限度地利用并行设计便是其中一种方式。

"平等获取信息"是内山田竹志为G21项目制定的一个行动原则。如前所述，电邮名单被有效地用来加速信息交换。

# 第四章　创造知识作为一个综合的过程

在丰田公司，产品开发项目中，当一个人发现问题时，通常先向他的领导汇报，如果没有找出解决方案的话，然后再报告到总工程师那里。总工程师再通知与该问题相关的其他工程师，这样，信息的传递及问题最终的解决需要艰难漫长的过程。在Prius项目里，工程师们在发现问题后立即通过电邮发送给电邮群组。电邮群组中任何人在方便的时候都可以了解到这个问题，再通过同样的方式将解决方案传递过来。

在良好的"场"里，"场"的参与者都不可能是旁观者。相反，他们必须积极地为"场"的目标而奋斗，主动地参与"场"的各项活动。参与者的投入为"场"内的行动和互动提供了能量，同时，也决定了"场"内创造知识的质量。波折尼曾指出，投入是人类所有创造知识活动的基础（Polanyi，1958）。

在"场"内实现综合的一种方式是根据多元背景，在具有不同观点的参与者之间进行辩证的对话。正如布博（Buber，1923）所言，对话是一种存在方式。在"场"里，参与者为获得跨主体性（trans—subjectivity），反思自己的观点并分享彼此的观点。像"这件事的本质是什么"或者"我们为何做这件事"之类的问题，在鼓励辩证对话方面非常有效。这些质问常常也发生在某些企业创造知识的过程里，尽管质问看上去与他们当前的问题关系不大，但是这些企业认为，提出这些问题本身对创造知识的过程绝绝对重要。这类质问让"场"的参与者从深植于他们内心的信念和价值观的角度，以及同时从他人的视角来观察事物及他们自身。

## "场"的联结

在创造知识的过程中，单凭一个"场"还不够。知识创造需要许多以多层次形式存在的"场"，而且有必要将这些"场"有机地联系在一起。不同存在论层面存在的各种"场"彼此互动，联结成一个更大的"场"。组织是"场"的有机组合，而每个"场"是其中的一个部分。

如何将不同的"场"彼此联结在一起，决定着所创造出来的知识的质量。

领导人必须促进不同"场"之间的相互作用，对自"场"中创出的知识进行综合。换句话说，联结"场"需要对"场"进行重新归类和重新情境化。在许多事例里，"场"之间的关系并非事先预定的。何种"场"以何种形式进行联结常常不是很清楚，所以在考虑联结"场"的时候领导者必须审时度势，在其关系展开过程当中即兴发挥。

要想联结各种"场"，领导者应当了解重要的是在哪里可以找到所需的知识和具备这种知识的人才。在大型组织里，了解它究竟知道什么常常很困难。就发现需要的人才和知识蕴藏在何处而言，高层管理者必须培养和充分利用那些能够看清形势的知识制作者。在Prius事例中，内山田竹志由于其在以前对丰田研发部门进行重组时的经历，具备这方面的知识。他能够将具备解决他们手头问题必要知识的人聚集麾下，为Prius项目创造并联结不同的"场"。

G12团队用六个月的时间开发出了21世纪汽车的概念。鉴于对未来能源危机的预测以及与日俱增的环保意识，团队认为燃料效率的高低是至关重要的因素。当G12团队提出一项开发小型轿车计划时，其中与可比车型将燃料耗费降低一半，高层领导否决了这项计划。燃料耗费降低50%并不足够。为了将这个数值再提高一倍，另外一个一直研究混合技术的"场"被联结进来，对该项目进行重新归类和重构情境。

将燃料效率提高一倍的新目标使内山田竹志别无选择，只能使用混合动力系统，可是这个系统尚处研究阶段。在G12项目团队研究21世纪汽车的时候，"电动车辆开发部"为混合系统创立了自己的研究小组。同时，丰田公司还创建了

# 第四章　创造知识作为一个综合的过程

一个"单元制造技术部"的部门，旨在开发新型混合系统及其部件的生产技术。这些举措是因为丰田公司痛苦地认识到，公司在领导混合动力汽车的制造方面没有足够的专有知识资产。内山田竹志无法确定这种混合技术是否可以在1995年"东京汽车大展"之前开发出来，因为届时G12汽车预定以概念车型参展。内山田给丰田混合系统开发项目负责人八重樫武久打了电话，解释实情。从那时起，八重樫和由15名工程师组成的团队共同分担迅速拿出成果的压力。

与此同时，内山田竹志和其他三位领导开始协调整个项目的工作。其中一位领导协调混合系统，另外一位负责车身、成本问题及车重方面的问题，第三个人负责监管条规问题、生产规划及营销事宜。目标就是早一点设定各种参数，尽快作出关键决策。内山田解释说："如果你想要快速地开发新汽车，你就必须控制参数的数目"。

一旦基本准则确立之后，内山田竹志便前往各个部门——制动器、电气系统等，招募所需的工程师。高层领导再一次对Prius项目给予大力支持，使内山田在没有与保护自己领地的经理发生冲突的情况下获得所需的人员。内山田说："奥田硕十分关注可能出现的部门主义，他鼓励项目中的每个人进行充分的合作"。最终，大约1 000位丰田公司员工参与这款汽车的研制，而大多数是兼职工作的。

因为这款汽车（在"东京汽车大展"时被命名为Prius）是在时间压力较大的情形下开发出来的，为了高效执行自己的任务，每位成员必须理解彼此的工作。丰田公司以其"并行设计"方法而著称，但Prius将并行过程推向了极限。例如，丰田通常利用"驻场工程师"，他们在制造车间工作，解决所有与新开发车型有关的问题。在Prius场合下，来自制造车间的"逆向驻场工程师"加入Prius开发工作，以确保Prius在进入制造阶段时少遇到问题。

因为混合系统的部件（如发动机、马达和电池）有必要天衣无缝地运行，所以工程师们也必须亲密无间地一道工作。比如，负责发动机的工程师还必须了解马达、发电机和电池方面的技术，必须与负责这些技术的工程师协调工作。对发电机的改善可能使油耗提高，因为它给其他部件带来负面的影响，而且由于混合系统尚处研究阶段，工程师必须从零做起，找出引起问题的部件。工程师们为了Prius项目的成功，必须对自身的界限和技术专长进行超越。

联结"场"对DoCoMo的情形同样重要，而且将跨组织边界的各种"场"维系在一起尤其重要。起初，咨询人员建议DoCoMo从外部提供商那里购买内容。NTT DoCoMo的德广清志回忆说："内容就是知识。如果我们从内容供应商那里购买内容，那么相互作用过程便从此结束。由于我们建立的双赢局面内容提供商加入到过程之中，并且让他们有利可图，因此（在DoCoMo与内容提供者之间的）相互作用将不会停止。"

i-mode使用HTML（超文本链接标识语言）的隐文本被称为压缩型HTML。使用压缩型HTML使内容提供者方便地将既存网页转换成适于i-mode的网页。虽然已经存在WAP（无线应用协议）的国际标准，但是榎启一决定不使用WAP。在强调外部内容提供者的重要性时，他说："在'无线'世界里，不使用WAP意味着DoCoMo是个孤儿。不过，在因特网世界里，WAP才是孤儿；DoCoMo可以动用资金和技术对无线部分进行管理。可是对于内容部分，我们却无能为力。内容存在于因特网上，所以我们必须顺应因特网世界。"

通过使用压缩型HTML，i-mode能够利用因特网上的大量内容。除了正式的内容提供者之外，现在在i-mode上可以接入的网址差不多有4 000个。内容提供商与DoCoMo互动

## 第四章 创造知识作为一个综合的过程

非常频繁，收取费用并且改善服务，知识从互动中创造出来。DoCoMo 与内容提供商不是在自己内部执行全部的知识创造，而是通过互动建造共同的"场"，也将各自的"场"联结起来。榎启一说："我的任务是看准时机"。当该项目需要 DoCoMo 内外合作时，榎启一和德广清志所扮演的角色是协调和斡旋互动关系。

### 鼓励创造知识的过程

为了鼓励在"场"内创造知识，"如实知见"（seeing things as it is，即客观地看待事物，不带任何主观臆断）或"让现实自然涌现"的现象学方法可能会很有用。第一步，"场"的参与者可以搁置对事物的"客观"含意的判断（epoche，搁置法），这种方式被称为现象学还原方法。通过"如实知见"，我们可以在没有受到任何先入为主想法妨碍的情况下分享并表述自己的高质量暗默知识。第二步，"场"的参与者对某件事对自己的生活"意味着"什么进行反思，然后将其"含意"用语言表述出来。第三步，参与者反思这种"含意（实质）"是否可能被普遍地应用到其他事物方面（富有想像力的发挥）。

在 DoCoMo 的案例里，每个具有不同情境的参与者用不同的方式感觉着新型移动电话业务不断涌现出来的现实。榎启一感觉，这种现实为 DoCoMo 电信业务的一种演进，以前在因特网创业公司工作的夏野刚则体会到移动电话将会进化为用户进入因特网的工具，而不是电脑。松永真理感到这很有意思。尽管由咨询人员原来提出的概念是为像商业精英人士提供独家内容的服务，但松永坚持这种服务应该面向大众，因此，这种服务应该很方便，甚至那些像她自己一样对技术一窍不通的消费者来说都可以轻松使用。内容则应当是"闲暇时可以享受"的东西，而不只是像新闻和银行业务那样的"实用"内容。

为了达到跨主体性的境界，"场"的参与者需要对他们自己的世界观进行反思，并且与他人分享。为此，第一种人、第二种人、第三种人的角色变得非常重要。第一种人扮演的是"创新者"的角色，他们是最先感觉到新现实的人。第二种人是"教练"，他们通过与第一种人交往获得中间主体性并提出自己的观点。第三种人起着"活动家"的作用，从更高的角度来领会第一种人和第二种人的意图。他们达到跨主体性的境界，并且让新现实为他人所理解和体察得到。另外，活动家还起到联结各种"场"的引爆点（tipping point）的作用，使组织成为各种"场"的有机配置〔正如瓦茨（Watts，2003）在网络理论中所描述的一般〕。第三种人另外一个角色是"作茧自护"，保护团队免于外部影响，使第一种人和第二种人可以继续坚持自己的观点。在DoCoMo，夏野刚和松永真理是第一种人和第二种人，而榎启一扮演着第三种人的角色。他们一道创建了新的现实，即i-mode服务。这个共感和共创的过程也发生在DoCoMo与内容提供商之间。

　　DoCoMo的事例说明：在集体现象学（collective phenomenology）中存在三种角色，而不是说在团队里只有三种人。例如，在丰田公司的例子里，为创造出混合系统的新现实，汽油发动机团队和电动车辆团队扮演第一种人和第二种人的角色，内三田竹志则扮演第三种人的角色。

　　领导者必须能够创造自己的新概念，用自己的语言把这些概念表述出来，因此他们应该具备有效使用有创意的和象征性语言的能力。语言包括修辞（如比喻、转喻、提喻）、"语法"和知识的"情境"，以及如设计和原型之类的非言语类视觉语言及人造物（artifacts）。在从大量的暗默知识中创造概念方面，像比喻、转喻、提喻这些修辞方法非常有效。因此，领导者应当根据知识创造过程的具体情况谨慎地精选和使用

第四章 创造知识作为一个综合的过程

自己的语言。

在 DoCoMo 的事例里，松永真理在项目中就有效地运用了象征性语言。她对语言的敏锐感觉是在作为杂志编辑的经历中日积月累得来的。松永真理对语言敏锐感觉对 i-mode 服务项目有非常高的价值。松永真理使用"我的服务生"(concierge)，这一比喻来诠释 i-mode 服务作为帮助用户迅速搜索到急需的东西的协助人。在描述 i-mode 服务对普通消费者印象方面，"服务生"显然比"秘书"或"经纪人"这样的比喻要略胜一筹。

## 小结

在本章里，我们对知识创造理论进行了回顾，并且把它概括为辩证的过程。在这个过程里，通过个体、组织及环境之间动态相互作用，各种矛盾关系得以综合。正如我们在前面所指出的，人类在与环境的互动过程中创造了知识。因此，辩证过程为人类与环境、暗默知识与形式知识两者之间的二元论本质所驱动。在人的内心深处，暗默知识与形式知识是一个连续体（continuum），同时这两类知识作为连续体的两极具有对立及相互作用的本质。两类知识的分立为暗默知识与形式知识的持续互动提供了基础。在本章里，我们的基本思路是：企业是通过 SECI 模型和"场"将各种矛盾进行综合的辩证存在（dialectic being）。

SECI 过程有助于我们了解暗默知识与形式知识的辩证行为。这是因为在不同情境下所经历的表出化过程，使内部知识与外部知识之间形成鲜明的对比。由于存在相互作用，新的边界承受着一系列矛盾的冲击，我可以将创造知识的过程概括为一个永无止境的螺旋过程。将企业视为一种辩证存在，就意味着我们需要检验企业创造知识的活动过程本身，而不只是过程的结果。在创造知识的过程中，辩证法是一种思考及行为的方式。它是一种接近现实从而发现其中的真理的方式和过程。我们可能永远不会发现绝对真理，也根本就不存在所谓"绝对真理"的东西，然而，尝试利用辩证法，通过检验及否定一系列"相对真理"的过程，我们一步一步地逼近"绝对真理"。重要的是这个过程，而不是人们能否获得绝对的真理。

"场"是辩证的知识创造的情境。它可以概括为动态的共享情境。知识创造的空间随行动者彼此相互作用而演变，他们通过时空来塑造各种互动模式的趋势。由于存在疏松和有渗透性的边界，"场"也受环境的影响。鉴于这些特点，我们可以将企业看作是各种"场"的有机配置，在"场"内，人们基于他们的知识以及所创造的含意进行相互作用，同时还与环境产生互动。因为"场"不只是局限于组织内部，所以它还可以与外部的方方面面（如供应商、大学等）共存。

将知识创造概括为辩证的过程，是与将企业视为"处理信息的机器"的静态理论决裂的一种尝试。我们所提出的框架有助于对战略的两大流派（定位学派和以资源为基础的理论学派）重新进行检验。人类之间及企业与环境之间的相互作用，使我们可以基于整合的观点对战略概念进行重新检讨。辩证企业的战略可以被概括为对内部资源与外部环境的调整。在结束本章内容之前，我们希望指出，我们的研究是将辩证的观点结合到知识创造理论的尝试。开发知识创造的辩证模型及其对企业战略的影响尚有大量的工作要做。

## 参考文献

Andrews, K.R.1971.*The Concept of Corporate Strategy* (Homewood, Ill.:Dow Jones).

Badaracco,J.L.,Jr.1991.*The Knowledge Link:How Firms Compete Through Strategic Alliances* (Boston:Harvard Business School Press).

Barney, J.B.1986."Strategic Factor Markets:Expectations, Luck, and Business Strategy," *Management Science*, 42, pp.1231-41.

## 第四章 创造知识作为一个综合的过程

Bohm, D.1996.*On Dialogue*(London:Routledge).

Buber,M.1923.*I and Thou*(New York:Charles Scribner's Sons).

Drucker,P.1993.*Post-Capitalist Society*(London:Butterworth Heinemann).

Giddens,A.1984.*The Constitution of Society*(Berkeley,CA:University of California Press).

Grant,R.M.1996."Toward a Knowledge-based Theory of the Firm,"*Strategic Management Journal*,17. Winter Special, pp.109-22.

Hagel III,J.and M.Singer.1999."Unbundling the Corporation,"*Harvard Business Review*,March-April, pp.133-41.

Hayek, F.A.1945."The Use of Knowledge in Society,"*The American Economic Review*, 35, pp.519-30.

Inkpen, A.C.1996 "Creating Knowledge Through Collaboration," *California Management Review*, 39(1), pp.123-40.

Jantsch,E.1980.*The Self-Organizing Universe*(Oxford:Pergamon Press).

von Krogh, G.1998."Care in Knowledge Creation,"*California Management Review*, 40(3), pp.133-53.

von Krogh,G.,K.Ichijo and I.Nonaka.2000.*Enabling Knowledge Creation:How t o Unlock the Mystery of Tacit Knowledge and Release the Power of Innovation*(New York:Oxford University Press).

Lawson,T.1998."Clarifying and Developing the Economics and Reality Project: Closed and Open Systems, Deductivism, Prediction, and Teaching," *Review of Social Economy*, 51, pp.356-75.

Nishida, K.1921〔1990〕.*An Inquiry into the Good*, translated by M.Abe and C .Ives (New Haven, CT: Yale University Press)

Nishida,K.1970.*Fundamental Problems of Philosophy:The World of Action and th e Dialectical World*(Tokyo: Sophia University).

Nonaka, I.1990.*Chishiki-Souzou no Keiei*(A Theory of Organizational Knowledge Creation) 〔Tokyo: Nihon Keizai Shimbun-sha (in Japanese)〕.

Nonaka,I.1991."The Knowledge-Creating Company,"*Harvard Business Review*,November-December, pp.96-104.

Nonaka,I.1994."A Dynamic Theory of Organizational Knowledge Creation Knowled ge-Creating Company," *Organization Science*, 5(1), pp.14-37.

Nonaka, I. and H. Takeuchi. 1995. *The Knowledge-Creating Company: How Japanese Companies Create the Dynamics of Innovation* (New York: Oxford University Press).

Nonaka, I. and R. Toyama. 2002. "A Firm as a Dialectic Being: Toward the Dynamic Theory of the Firm," *Industrial and Corporate Change*, 11, pp.995-1109.

Nonaka, I., R. Toyama, and N. Konno. 2000. "SECI, Ba and Leadership: A Unified Model of Dynamic Knowledge Creation," *Long Range Planning*, 33, pp.1-31.

Nonaka, I., R. Toyama and A. Nagata. 2000. "A Firm as a Knowledge Creating Entity: A New Perspective on the Theory of the Firm," *Industrial and Corporate Change*, 9(1), pp.1-20.

Penrose, E. T. 1959. *The Theory of the Growth of the Firm* (New York: Wiley). Polanyi, M. 1958. *Personal Knowledge* (Chicago: University of Chicago Press).

Porter, M. E. 1980. *Competitive Strategy: Techniques for Analyzing Industries and Competitors* (New York: The Free Press).

Suchman, L. 1987. *Plans and Situated Actions: The Problem of Human-Machine Communication* (New York: Cambridge University Press).

Teece, D. J., G. Pisano, and A. Shuen. 1990. Firm *Capabilities, Resources, and the Concept of Strategy: Four Paradigms of Strategic Management* (CCC Working Paper No.90-8).

Vygotsky, L. 1986. *Thought and Language* (Cambridge, MA: MIT Press).

Watts, D. J. 2003. *Six Degrees: The Science of a Connected Age* (New York: W. W. Norton).

Wernerfelt, B. 1984. "A Resource-based View of the Firm," *Strategic Management Journal*, 5, pp.171-80.

第五章

# 从管理知识到促进知识*

## 引言

　　自20世纪90年代以来，知识管理已经成为一个热门话题。管理研究者、咨询专家及媒体评论家纷纷出动，建议今日的企业将知识创造作为竞争优势的源泉，将精力集中在对知识工作者的需求上面，也就是不断壮大的职业队伍，包括工程师、科学工作者、医生、作家、软件设计人员及其他有创造性的思考者，建立一个满足后工业信息经济时代需求的学习环境。

　　反驳这些推动计划是很困难的。像斯堪的亚（Skandia）、通用电器、联合利华、西门子及诺基亚等开拓型公司的成功，不仅激发人们对知识管理的浓厚兴趣，而且这些公司也确实明显改变了它们的运营方式。虽然高喊"创造重视学习的文化"或者用概括的口气讨论以知识为基础的企业很容易，但知识管理所涉及的人类过程，也就是创造性、交谈、判断、教学与学习过程，是难以进行量化的。基于我对被这类问题所困扰的企业的了解，我相信知识管理的概念本身是有局限的。在许多组织里，知识创造的真正兴趣已经降至过度强调信息技术或其他衡量工具的层次。事实上，"管理"一词的本意是对具有内在不可控制的过程的控制，或

---

\* 本章内容基于Georg von Krogh,Kazuo Ichijo,and Ikujiro Nonaka合著的 *Enabling Knowledge Creation:How to Unlock the Mystery of Tacit Knowledge and Release the Power of Innovation*(New York:and London:Oxford Universtiy Press,2000).

至少被严厉的监管所窒息。

今天,许多管理者承认,知识创造对企业非常重要,尤其是对创新特别依赖的高科技公司工作,情况更是如此。他们或许会说,他们的企业透过专门的研讨会、新程序、知识主管的配置,以及信息技术的广泛利用等形式,将知识创造列在一切工作的首位。可是,支援和维持知识创造过程远比它听起来困难得多,而且经常会导致组织内部紧张关系。无论高级管理人员为知识管理的努力心灰意冷,还是对这样的努力露出不屑的神情,都会使他们陷入进退两难的境地。鉴于知识自身的特点,知识创造是一个脆弱的过程,它并不能弥补传统管理方法的缺陷。知识是暗默的和形式的,它是由密切互动的人群所生产的社会产物。因此,知识一定是在大家关照独特体验的真正"神入"环境里创造出来的东西。不过对于组织的知识创造过程来说,个体和组织的壁垒均是现实存在。因为存在着知识创造的个体壁垒,个体可能不情愿,甚至不能够接受新的教训、见解、想法或观察。此外,由于存在知识创造的组织壁垒,组织可能是创造新知识的角斗场。组织成员或许不得不克服与他人共享知识的隔阂,包括如果他们表达与众不同的意见,就可能遭到直接主管或其他高级主管的非难。这两种组织知识创造的壁垒(个体壁垒和组织壁垒)虽有所不同,但却相互关联,因此企业需要打破这两种壁垒的完整机制。形形色色的知识创造壁垒的出现都是难免的,这与管理风格无关,仅仅是因为知识创造过程更多是取决于变幻莫测的人际关系,以及智力水平上的差异。

在本章里,鉴于知识的脆弱性和知识创造的种种壁垒,我想提出知识创造必须伴随知识促进的观点。认识到有促进知识必要性的管理者都会赞同,基本的人性因素是组织知识

第五章 从管理知识到促进知识

创造的壁垒,但不要装作没看到这些壁垒,而是要将这些社会互动的挑战变为新的优势。为此,我将深入描述知识创造的组织和个体壁垒,阐述知识促进的必要性。随后,我将给出知识促进的详细定义和解释。

## 知识创造的壁垒

### 个体壁垒:抵制改变自我认同

我们可以看到,知识创造过程存在各种个人的和组织的壁垒。首先,我们从个体壁垒说起,个体层面的知识创造与应对新情况、新事件、新信息及新情境的能力有关。我们希望将知识管理与业务重建全盘规划整合在一起,高级主管经常会对员工处理新的体验持乐观态度。下面是一位管理人员说过的一段话,是有关将企业变成学习型组织的计划:

（我们的项目）通过一个再造过程将整个组织旧的做事方式转换到新的方式上面,之所以能够成功,在于组织让全体员工振奋起来,不是只为自己而是为了整个组织的未来创造新的能力。它是在没有增加任何成本的情况下,将个体尚待发掘的能力释放出来,以维持组织的成长。❶

我们在其他企业也可以听到类似的说法。这些乐观的管理者都认定,组织是非常积极主动的,而且在这些乐观的设想里,员工会完全欣然面对新形势,因此这些有关"尚待发掘的能力"的豪言壮语将不会带来"附加成本"。不过,依我个人之见,许多公司却遇到难以克服个体知识的壁垒。通常,他们所提出的计划只能加剧个人的不安全感。那么,让个体接受或融合新知识为何这么难呢？我认为,至少有两方面个体壁垒可能给管理层的良好意愿带来灾难性的后果,那就是有限调适和自我形象威胁。

---

❶ 源自 Matthews (1997),p.130.

首先，知识被定义为对真实信念的验证（Nonaka and Takeuchi,1995）。人类不断依据切身体验对什么是真实的信念进行验证（Varela,Thompson,and Rosch,1992）。在人的一生中，个体的信念是在以下情况中获得的：家庭的教养与同化、教育和培训、社会期望、情绪状态及转折点、与工作有关的任务以及基于许多尝试和经历形成的品味及偏好。❶ 每当某人面对新的感官刺激时，无论是同僚的表述、下车间的体验、电子邮件中的信息，还是音乐的曲调，他们都会根据自己的各种体验和对这个世界的信念去审视（Maturana and Varela,1992）。

用著名的发展心理学家皮杰亚（Jean Piaget,1960）的话来说，人类是通过同化（assimilation）和调适（accommodation）过程，以双管齐下的方式来处理感官刺激的。人类的大脑渴望获得来自环境的刺激，并且同化是个体将数据与他们当前经验进行结合的过程。❷ 换句话说，个体是通过同化过程来体会并了解这个世界的。例如，在一家自动化工厂里，当控制盘显示一部机器过热时，有经验的工程师可以理解这个信号，他的反应源自多年的训练，并且已经形成了习惯性动作。

在其他情况下，个体也会遇到他们尚未形成明确反应或例行程序的新情况。调适是人们对新的输入信号赋予含意，将它们作为人们当前知识以外的东西来区别的过程。倘若需要作出某种反应，他们必须在新情况之下尝试新的行动。如学习经营战略的学生可能会利用过去的案例分析对新案例中的诸多因素进一步解读。如果新案例与他们的经验不相符，他们就必须对像产业要素、技术或日益变化的顾客基础这样的新因素进行解释，然后做出适当的管理决策，也就是说，他们必须将这些新因素与他们学习经营战略的体验进行调适。

如果调适的挑战性过大，就会产生对新知识的个体壁

❶ 有关认知科学及其体验的概念化方面的回顾，参见Flanagan(1991)的出色研究。

❷ Piaget(1960)特别谈及"心理图式"是通过体验而形成的结构，感觉输入（sensory input）被整理为认知心理图式。心理图式是一种特殊认知活动的通用模式。

# 第五章　从管理知识到促进知识

垒。某些员工的经验也许跟不上新环境（比如非常复杂的新任务、新技术术语或同事的情绪渲泄）的变化，或许面对一大堆新要求，而这些要求对他们来讲不啻一场噩梦，或在缺乏预兆和没有培训的情况下突然出现在他面前的技术挑战。在这些情形之下，个体可能感到身陷囹圄，这是一种强烈的、可能对新知识产生心理障碍的情绪化反应。虽然个体信念的验证正当化过程通常是通过一系列事件建立起来的，但是验证过程在完全不同情况下可能会失效（Goldman，1992）。调适愈难，人们就会感到压力愈大，并愈加焦虑不安（Harvey and Brown，1992）。在某些情况下，他们对新情形会完全失去兴趣，或者转投比较容易接受的任务和观念。

新知识还可能对自我形象形成威胁。为了适应新知识，人们必须改变自己，即存在的改变❶（existential change）（Polanyi，1958）。在声控文字处理技术的时代，速记员不得不非常严肃地重新考虑自己的职业。他可能不得不对那些与另外一套工作方式相关的新惯例及技术要求进行调适。对大多数人来说，这些在工作和职业方面的变化牵涉到"我们是谁"的重要转变。的确，我们所知道的东西，以及这些东西影响我们行为方式的途径，常常根植于个人认同之中。因为知识与自我形象的联系非常密切，人们往往对所有新生事物都会有所排斥，与长期的习惯告别可能令人感到危机四伏。例如，当CEO期望每位员工有效地使用Lotus Notes（莲花软件）时，许多人的反应是唤起自我形象："你知道，我可不是计算机行家"，或者"我宁愿与其他人讲话，也不愿使用那些高科技东西"。虽然这些话可能只是一种托辞，但是支撑这些托辞的自我信念可能是强有力的阻碍因素。

当企业主管提出一个新的知识创造愿景时，可能会出现类似的隔阂。一些人能够体会到

---

❶ 另外参见Camman(1988)。这篇文章讨论的内容是，为了有效地进行组织转型，外部咨询人员或变革代理人的需求理解自己。组织的转型需要咨询人员经历"知识的自我转型"。这意味着咨询人员必须改变他对变革任务的视角，以及改进他协助组织进行变革的能力。

需要适应新知识，因此带来深刻的存在变化，而其他人却只认为这是一种威胁。新的组织结构可能使个体直接从事知识创造的工作（通常是以团队的形式），许多经营大师认为这是未来的变革浪潮，新的结构也可能将人们置于不得不适应不同体验和知识的境地。营销人员可能必须与制造部门的人员合作；销售人员可能必须与科学家配合。尽管管理者确信这种知识转移是知识创造必要条件的理由很充分，但是他们不要认为它会一帆风顺、畅通无阻。

在所有这些社会接触中，人们通常以讲故事或个人叙述的方式展现自己。他们用故事的形式讲述自己的人生、事业、梦想、愿望、希望和转折点偶尔试图通过强调某些时刻的方式，给听者留下深刻印象。❶ 他们讲述这些故事也是要安慰自己，使自己的行为获得正当化，与他人沟通其价值观和信念，让同事认为自己精明能干，不是无能之辈，❷ 而且还为自己的专业知识包装成了精美的故事。如果合作者了解你所具备的专业知识，这会有助于他们在需要之时利用你的知识；如果人们了解你的业绩表现，他们会让管理者给你分派合适的任务。不过，这些故事也暴露个体对新知识的壁垒。人们不会喜欢那些破坏或违反自己精彩故事的新知识，更不愿去适应它。尤其是，如果新知识是由其他团队具有不同背景的成员所传递的，当受过训练的工程师承认他对年轻销售代表津津乐道的新科技一无所知时，他们的日子不会很好过。这样，团队成员的知识类型、创造性的来源及成功地完成任务可能成为团队高效工作的重要壁垒。❸

当个体参与到组织的知识活动中，同时极大地改变了个人故事的基础时，维持一个严肃的自我形象和必要的自尊可能是很艰巨的。例如我们会听到有人说："在我加入这个团

❶ Daniel Dennet 提出了以自我（self）作为一系列叙述的观点。参见 Dennet (1988)以及 Dennet and Humphrey (1989)。

❷ 如 Cave (1995, p.112)所述，在以下两者之间存在密切的关系。我们作为人类从社会的角度提出我们认同方式与我们所讲述的故事："我们在日常叙述中根本无法构筑任何认同，但是对相同的生活片段和包括在其中的人物认同有多种解释是有可能的，而且是正常的。不仅不同的人对我的行为及我属于哪种类型的人作出不同的解释，而且我还能够完美地以不同的方式讲述自己的故事。"

❸ 这是通常团队生活的一种悖论。参见 Smith and Berg (1987)。有关团队冲突方面的其他信息，还可以参阅 Deutsch (1973)。

第五章 从管理知识到促进知识

队之前,大家都认为我是一个能干的人"。这类员工可能会从合作中退出或尽量降低合作程度。在这里,我正在讨论的是从参与研讨会、团队或微型社群(micro-community)活动中的心智退却,而不是实际的退出。然而,这种心智形式的"离开"(check-out)却是团队进行知识创造的严重壁垒。"身在曹营心在汉"的人会妨碍共享知识的过程。他的缄默本身就表明,"事情好像有点不妙"。

## 组织壁垒:企业范式的问题

一个社群的每位成员都具有独一无二的个人知识。至少其中的一部分属于暗默知识,并且很难解释给他人。当管理者为某个项目将员工召集在一起时,对每个人的挑战就是如何利用和发挥这种潜在的知识,使之大于每位员工的个人知识之和。小组里的个体无论什么时候想要共享他们的知识,他们都必须公开验证自己信念的正当性。我们已经谈到,验证的过程可能是艰巨的,充满自我怀疑、担心可能违反社群的规范,或者会摧毁已确立的关系,或者需要从头到尾捍卫己见。实际上,在知识创造中,验证过程所扮演的重要角色正是该过程脆弱性的原因。

在任何一个组织里,组织背景下的正当化过程都存在四个壁垒[1]:(1)需要一种合法的语言;(2)组织故事;(3)程序;(4)企业范式。与个体的知识壁垒类似,组织壁垒通常是因人类的天性产生的。不过,这些壁垒可能因错误的知识管理态度,特别是当它事关具体程序以及是否接受有限的企业范式时,而得以强化。

---

[1] 有几位作者指出了知识创造的壁垒。在此所列出的壁垒可以在 Berger and Luckmann (1967)的研究找到源头。

首先，语言是个体学习和反思的关键。然而，为了对个人知识进行共享，人们必须通过一个为社群成员及整个企业所接受的共通语言，将暗默知识变成形式知识。问题的关键是有些人的个人知识只能通过其他组织成员感到陌生的语言来表达。要想识别某些新的商机，就可能确实需要一些有创意的词汇，如"neutraceuticals"（类药营养品）、"infotainment"（信娱）、"edutainment"（教娱）或"cybershopping"（网上购物）。

一旦这些有创意的词汇被大家认可，它们就会很快成为企业的工作语汇。不过，将适当的语言合法化在其他方面也十分重要。知识与创造区别（distinction-making）是紧密相连的，并且新知识的表述需要一个从宽泛的区分到不断细分的过程（von Krogh and Roos, 1995）。如果缺失细分过程，我们可能会与新知识失之交臂。如在医药产业（取决于找到可以提取能产生新产品的物质的植物），许多南美洲的土著语言的迅速消失是很大的问题。这些传统的、由生活在雨林或其他物种丰富的环境里的部落所使用的语言在命名具有不同遗传结构的植物"科目"方面，其区分非常精细。对于没有受过训练的人来说，这些植物可能好像只是同一科植物间的细微差别。医学研究人员可能没有时间和耐心来作这样细微的区分，可是如果这些土著的信息提供者不再操用这些古老语言的话，这些宝贵的知识资源便会销声匿迹。

另一方面，如果区分过于精细，我们会忽略掉更大的问题，即当事人可能"只见树木不见森林"。在一个社群里，合法地推动理性思考可能是新知识创造及宽泛区分的主要障碍（Weick and Westley, 1996）。让我们想一想一家打字机企业

## 第五章　从管理知识到促进知识

里的工程师们,现在要做的事情是从技术角度发现一些竞争优势。在可能多地了解整个产业及技术的情况之后,团队的负责人主张从精确性及合理化方面入手。该团队作出详细的区分,将本企业的弹头式(ball-head)打字机与竞争者的臂锤式(arm-hammer)打字机区别开来。可是这种高精度细分却忽略了竞争环境的现实:整个打字机产业即将消逝。当业内人士在具体字眼上吹毛求疵的时候,个体想要验证他们个人对所发生的一切的认识,可能十分困难,谁希望告诉这些热心肠的工程师们,他们将在几年里会面临失业呢?

关于第二个壁垒,所有组织都有许许多多的故事,它们构成了组织的记忆,或者个体如何规范自身行为的常识性理解。这些故事帮助人们按照与他人密切合作(与谁合作及何时合作)及理解组织的价值系统的方式进行自我调整。❶可是,故事却是新的知识创造过程的一个壁垒,因为故事使个体难以表达对立的看法。有时,流行的故事大体上是负面的;它们描述了不成功的创业者、失败的营销活动以及在实施技术时的错误尝试。想一想有这样一位工程师,他想要说服他的团队开发一种控制生产线的新型软件。他可能被告知:"你是否还记得那个叫芬奇的家伙,他曾经试图在这方面露一手,很可惜,他已经不会再回我们公司了。"

组织故事及企业神话可能使新知识产生两极化,并将注意力投向其他领域。故事可能突出新知识与现有知识之间的区别,因此使新知识看上去不太具有正当性。例如,在20世纪70年代里,在一些欧洲制药公司里对生物技术感兴趣的化学工程师一定会感到度日如年。当时流传的故事是关于其他公司(比如美国的孟山都公司)在没有任何具体成果的情况下,在生

---

❶ 在这个方面,一个有趣的想法是:一个组织知识存量的故事将影响进行组织例证的方式。换言之,如果有好的"企业奋斗史"做后盾的话,可能强化某些诉求并使之合法化。关于这方面更多的内容,参见 Weick and Browning (1986)以及 von Krogh and Roos (1995)。

物技术开发方面投入了大量的资金。实际上，这种组织"常识"(common sense)将生物技术知识与其他有关荷尔蒙的自然萃取、化学合成、天然物质纯化等研究截然分离，令年轻的工程师感到沮丧，并将他们的注意力重新投向传统医药过程。

  第三个知识壁垒与程序有关。程序（procedure）是知识管理的双刃剑，一方面，程序代表着根深蒂固的经验，代表着对复杂任务的成功解决方案以及在组织内各种任务之间的综合解决方案。它使组织在当前的情况下有效且高效地运行。另一方面，通过指导交流、定义各规划步骤及为控制过程制定绩效考核标准，程序可能阻碍对信念公开验证。❶ 知识创造和创新过程还要求超越每个微型社群（为执行创造知识的项目而共享暗默知识以及形式知识的特定人群）控制以外的预算。可是，在大多数企业里，规定的程序并不允许以这种方式出现的跨学科或职能部门活动。它们也不允许个体在新知识创造项目上花费太多的时间或资源。因为员工了解到，他们越任劳任怨地遵守程序，他们越没有可能体验如何反抗这个系统的负面结果，比如，坏名声、微薄的财务奖励以及对职业生涯预期的弱化，所以他们不太会有与无效程序进行抗争的动机（Barnes，1988）。

  另外，对组织程序提出质疑的个人知识是难以共享的，这是因为它与被认为是有效机制（往往是以技术"圣经"或整套的明示指导原则形式出现的程序）背道而驰。如在施乐公司，布朗和杜奎（Brown and Duguid，1991）曾发现：为了成功地完成复印机维修任务，技术人员往往不能光凭技术指南，他们必须通过非正式微型社群彼此共享知识，这便成为解决高度复杂问题的重要途径。使这些方法合法化，并让员工将

---

❶ 正式程序可以捕捉到学习过程，但随着时间的推移，它可能变成阻碍该企业新的创新活动的"核心僵化"（core rigidities）。有关这方面更多的内容，参见 Leonard（1995）。

## 第五章　从管理知识到促进知识

指南放在一旁是使公开的验证过程更简便的组成部分。

知识创造过程的最后一个主要的组织壁垒是最根本的，也是包罗万象的——企业范式（company paradigm）。企业的战略意图、愿景或使命宣言及核心价值观构成了一个企业的范式或世界观。各种范式根植于每个组织，它们界定管理会议上的谈论主题、所使用的言词、所讲述的主要故事以及需要遵循的惯例。范式甚至影响着员工寻找数据和信息（比如，关于竞争者信息、顾客意见调查或供应商研究），以及解读这些数据的方法（Schwandt,1997;Prahalad and Bettis,1986）。

一般而言，范式使新的组织成员适应组织生活，让他们与企业的当前思维看齐。为了保持和谐一致，任何组织都会需要共享的目标、价值观及规范。就是说，大多数这些内容是共同化的自然部分和人类在团组里共生的方式。然而，当主管和咨询人员日益强调企业的总愿景、互联的经营战略及公司价值观时，我们也应该明白这些范式既有促成知识创造的威力，也有瓦解知识创造的潜能。我自己对知识战略和愿景的解读（将在本章以下部分进行）表明，范式可能起着正面的作用。但是，范式还决定组织内部个人知识的合法性。与企业范式相符的个人知识会被同事迅速接受；而与企业范式不一致的个人知识在试图验证个人信念时往往会遭遇怀疑。

当四个组织壁垒部分出现或全部出现时，个体的洞察力可能都不会在知识创造的全部过程中一展身手。好主意、绝妙的论点及漂亮的概念均会招致扼杀，从而无法转变为成功的产品及服务。因为别人不会接受有创意的新语言，共享暗默知识就会成为天方夜谭，还有一种情况，其他组织成员可能被组织以往的失败故事击倒在地。在现实中已经撞得头破血流的个体往往决定鸣金收兵，不会再出什么新主意。他们开始加入到当今众多组织中被动参与者的行列。或者最优秀的员工顿感厌倦，拂袖而去，反而从外部开始与该组织进行竞争。

## 促进知识的视角

### 新范式：从管理知识到促进知识创造的过程

在研究许多存在于各类组织内的知识创造壁垒之后，我们必须思考企业如何持续且有效地开发以知识为基础的能力。为了这个目的，我提出管理者必须支持知识创造而不是对其进行控制。这种观点被称为知识促进（knowledge enabling），即积极地影响知识创造的整套组织活动，我在下面将阐述其五个子过程。

组织的知识创造涉及五个主要的过程。如果知识创造作为一个大概念没有被分解成不同的子过程的话，管理者及员工都有可能发现知识创造整个努力实在令人气馁。在最坏的情况下，管理层对知识创造或组织学习的讨论似乎毫无意义。我在这里所强调的知识创造的五个子过程 ❶ 是：（1）共享暗默知识；（2）创造概念；（3）验证概念；（4）建造原型；（5）知识转移。大体上，知识促进应该是以循环形式出现的思考方式，它总是将目标放在如何在五个子过程中强化企业创造知识的潜力上面。当然，将这些不同组织过程有意或无意地分解为独立的类别是很有用的。

当团队成员聚集在一起分享他们在某一产品领域的知识时，其中大部分知识是暗默知识，而且可能包括各种顾客需求的洞见、有关新技术的信息及执行复杂任务所需的个人技能，知识促进过程便在此启动了。基于共享这类暗默知识的能力，该团队创造出新的产品概念。在这个阶段，产品概念可能是一份功能的规格说明书、一种算法、一个制造工艺的描述、图纸等。在接下来的阶段里，团队（往往会涉及外部参与者）要对概念进行验证。团队成员会使用许多方式，比

❶ 这五个"阶段"最初是由 Nonaka and Takeuchi (1995)定义的，参见该著作 83~89 页。

## 第五章 从管理知识到促进知识

如市场调研、基准分析、顾客聚焦小组、趋势调查、企业的愿景及战略以及建立论点（赞成或反对）所需的任何东西。在详细研讨之后，团队挑选作为下一步开发的概念被转换成一个原型。在这个例子里，原型是指产品原型，尽管其他知识创造的努力可能催生一个新型营销活动的草案、一项新金融服务或其他无形东西的介绍，总的目标是要创造团队知识的具体表现形式。最后，团队承担起与整个组织共享暗默知识的重任，这包括可能为新产品提供反馈意见的制造和营销部门。

在整个五个子过程里，知识创造既是一个社会过程又是个体过程。共享暗默知识随个体而定，也就是这些个体与其他团队成员分享他们对某一情形的个人信念。在这一点上，验证过程变得十分公开。个体均需要面对来自其他团队成员对其真实信念的巨大挑战，而且正是对验证、解释、说服及人际交往的需要使知识创造成为(像前面提到的一样)高度脆弱的过程。❶

鉴于知识创造的脆弱性，我认为，有效的知识创造取决于促进情境。关于促进情境(enabling context)，我指的是**一个可以在组织成员中培育不断涌现的关系的共有空间**。按照日本"场"（或"场所"）的概念，这种组织情境可以是实际的、虚拟的、精神的、或最可能三者兼备。知识是动态的、互相关联的、并且是基于人类行动的，它随所涉及的情形及人员，而不是绝对真理或确凿事实而定。管理者需要牢记的基本事情是：与信息和数据不同，所有的知识均视具体情境而定。我们可以说知识扎根在"场"里，并且支持知识创造的全过程需要必要的情境或"知识空间"。

---

❶ 根据这位认知学者的意见，共享暗默知识是把握共有和完整表示（representation）的事情，而且这些对现实表示的反映应该没有什么疑问。在一个团队里，如果一个成员在进行表示时稍有迟钝的话，可以使用"漏斗模型"，即团队的其他成员提供充分的信息，这样，有点迟钝的成员最终可以与其他成员共享相同的现实。当然，建构主义者对此持有不同的观点。团队的每个成员均拥有独特的个人知识，其中大部分属于暗默知识。为了在团队共享知识，每个人必须公开地验证这些个人知识。

知识促进包括对各种关系和交谈的协助，以及对跨组织或超越地域及文化边界的局部知识的共享。然而，在更深层次上，它取决于组织内情感知识（emotional knowledge）和关爱等新意识，凸显人们如何对待他人并且怎样鼓励创造性，乃至于幽默。知识创造最终成功与否要看知识创造的不同过程，组织成员之间是不是彼此联系在一起。尽管这可能听起来很容易，但迄今为止将人际关系置于首要地位的企业却很稀少。企业虽然可能在使命宣言中讨论过对"关爱"工作环境的承诺，但是大多数企业并没有恪守承诺，其原因常常是关爱、关联及促进的语言在商业情境里听起来有点格格不入。任何人都不会否认，当今全球角斗场上的竞争比任何时候都要激烈。但具有讽刺意味的是，为了保持长期的竞争力，企业或许需要抛弃残酷无情的态度。知识工作者不可能在威逼利诱之下进行有创意的工作或共享信息，而且传统的薪酬形式及组织的层级制度并不足以激励员工去开发知识创造所需的强有力的持久关系。换言之，这正是管理者需要将关爱列在议事日程之上的时机。在经历了裁员及组织重构的艰难时期之后，大多数公司必须重新恢复企业人性化的一面。它们需要让知识创造的脆弱过程得以改善。它们可以通过培育组织关系中的关爱从头做起，因为关爱是知识促进的精髓。

## 五个知识促进要素

从过去的研究以及实际参与组织知识创造计划的经验来看，我相信下列五个知识促进要素最为重要：（1）**灌输知识愿景**；（2）**管理交谈**；（3）**调动知识行动者**；（4）**创造适当的情境**；（5）**将本地知识全球化**。在提到知识促进的概念假定之后，我们便有可能超越目前知识管理理论的局限，对理解飘忽不定的、且日益演化的人类知识的实用方法进行讨论。在以下的一节里，我将就这五个知识促进要素进行详细探讨。

### 1. 灌输知识愿景

灌输知识愿景强调组织从机械地制定经营战略向创造整体知识愿景方面过渡的重要性。对组织愿景进行沟通，直至每位成员开始为实施愿景而行动，这是灌输愿景的意图所在。当管理者灌输一项有效的知识愿景时，他们是在鼓励建立微型社群，对概念进行验证及在整个组织内部开展知识转移等活动。知识愿景还可能有助于创造概念并建立原型。尽管对微型社群内共享暗默知识的影响不大，但最终，灌输知识愿景的过程的确依赖于创新推动过程中暗默知识的释放。至少，知识愿景必须解释：组织的知识并非都是以形式知识出现的。

从战略的观点来看，企业的知识愿景为其经营战略赋予了灵魂，它是形成发展战略（advancement strategy）的原因，即通过战略性地利用组织的核心能力造就业务成长的战略。从另外一个角度来观察这一定义，发展战略可以从竞争的观点确立企业对知识创造的需求，它勾画了未来竞争战略及表现的基础。然而，发展战略需要与知识愿景紧密地联系在一起，而知识愿景为战略赋予更多的实质性内容。知识愿景支持所创造的知识类型及内容，因此为组织内的微型社群成员提供了明确的方向。好的知识愿景将激励企业探索某些领域的知识，并积累可以被企业用来迎接未来业务挑战的知识。更重要的是，它会强调知识创造作为被列在高层管理者的议事日程的活动。实际上，知识愿景必须表达企业管理最高层的承诺。

### 2. 管理交谈

第二个促进要素管理交谈，是协助组织成员之间的交流。组织活动的本质在于交流：组织成员之间的交流以及与组织外部的人员之间的交流，如供应商、利益相关者及顾客。因此，发现如何协助与组织活动有关的交流都是知识创造的关键促进因素，例如，使用共通语言、澄清和避免任何误解及误读、鼓励组织成员之间的积极沟通，最后创造交流的"场"或情境。

在当今商业背景下，交谈依然是创造社会知识的舞台（或当今的集会辩论场所）。首先，交谈有助于协调个体的行动及见识。勾勒新的战略、精心策划知识愿景，以及验证有关新产品的商业成功的信念，均需要与他人进行交谈。其次，交谈对参与者来说就像一面镜子，当一个小组发现某个个体的行为不可接受时，他们将通过身体语言、纠正性言词来表现他们的反应。所谈及的想法在演化，规范交谈的规则也在演变。惬意的交谈需要适当的节奏和规矩，以便获得上述共识。尽管如此，在目前管理界里会话技巧依然像是一种失去的艺术。在商业背景下的交谈经常暗藏玄机，要么便是兜售各类问题、鼓吹未受质疑的论点，表现蛮横的态度以及威逼恐吓。不管它们对长期成功的意义有多大，但会话技巧在经营教育中却不是管理培训的一部分。在描述竞争方面，利用各种军事比喻以及过时的假设依然流行：谈话就是打仗，没什么可说的。传统的智慧告诉我们，使用"强力"(brute force)方式的管理者进入战场就是为了取胜，他们将自己的同事置于尴尬、迷惑及饱受折磨的境地，希望他们永远不要再与胜者较量。

然而，交谈作为人类最自然、最普通的活动，在管理人员关于知识的讨论中经常得不到重视。尽管用于分享及创造知识的最佳手段实际上已经存在于企业的内部，高级主管和知识执行官却坚持购置昂贵信息技术来协调、定量化数据库及衡量工具，这实在是非常滑稽的现象。我们无论怎样强调

## 第五章 从管理知识到促进知识

交谈所起到的重要作用都不为过，愉快的交谈在任何组织里都是社会知识的摇篮。通过广泛的交谈（包括对个人海阔天空的畅想及对想法的精细阐述），个体的知识可以变成他人可以利用的话题。每个参与者均可能发掘新的想法并对他人的观点进行反思，而且对交谈所激发的想法、观点及信念的相互交换便让知识创造的过程迈出了第一步：即在一个微型社群内，开始共享暗默知识。

让我们思考一下交谈的威力。我们可以将自己的想法与其他成员的想法联系在一起，体验想法究竟是如何获得生命的。例如，一个人对利用因特网的繁琐发表看法可能引出许多人的热烈讨论，结果可能创造一个用户友善界面的新概念。不要去想谁是这个想法的原创者或它从何而来，社群成员为进化的过程提供能量，而正是在这个过程里，粗略构思的想法被转换成概念，概念又得以验证并转换为原型，这些原型最后可能变成有创意的产品及服务。换句话说，第二个知识促进因素，管理交谈，不仅影响暗默知识的共享，而且对知识创造过程的所有其他过程均能产生影响。因此，它在实现知识创造方面有着举足轻重的作用。

### 3. 调动知识行动者

试想你是正在为当地顾客群开发某项新型服务的团队的一员。随着时间的推移，你开始感觉到这个项目前景不妙。你的上司说，他早就听说另外一个对不同的顾客群进行类似项目的小组运气不佳，你与这个小组的一位成员通过电话，她告诉你情况的确如此，类似的尝试在两年前已经做过，但毫无结果。她还挖苦地说可以告诉你失败的确切原因，但是为何要操这份心呢？这是一个毫无价值的想法。你很气馁，回到小组并宣布了这个消息。于是你的队友有的唉声叹气、有的皱起眉头，为浪费大量的时间发泄愤怒。一个队友甚至嘀咕地说："在这个世纪不再会有什么知识创造！"无论你怎么讲，他们都失去了目标感。你所有的感觉是，这个企业干脆没有为整体知识创造制定过任何方向,更不要提在你的项目里有什么方向感了。创新的协调工作是如此的随机且无效,你感到有点心灰意冷。

这个小组最迫切需要的是知识行动者(knowledge activist)。第三个知识促进因素,调动知识行动者,讨论的是,为了激发知识创造的火花,积极的组织变革代理人可以做的事情。知识行动主义(knowledge activism)有六个目的:(1)启动并聚焦知识创造过程;(2)减少知识创造所需的时间和成本;(3)在整个企业里充分调动知识创造的积极性;(4)将知识创造活动与企业的宏大愿景联系在一起,以此改善知识创造活动的条件;(5)为知识创造过程的参与者准备他们在新的任务中所需的知识;(6)将微型社群的视角包括在关于组织转型的辩论之内。知识行动者至少在知识创造的四个子过程中充当主角。在过程伊始,他们往往组成各种知识微型社群,为创造和验证概念以及建造原型铺平道路。知识行动者对知识转移来说是至关重要的,因为他们的责任就是在整个企业内为知识创造的努力欢呼加油,并在它们之间建立联系。虽然他们很少直接参与在微型社群和小组内的暗默知识共享活动,但是知识行动者帮助建立适当的促进情境——使暗默知识得以释放出来的必要场所和关系。

换言之,知识行动者是企业内将知识信息传播给每个人的"传教士"(proselytizer)。知识行动主义可以寄托在某个部门里或在某个人的身上,它可能已经存在于现有的业务部门或职能部门里,或者已经由某些个体或部门以特殊的安排形式采用。尽管有远见的高级主管确实在承担此任,但这不只是高层管理者的工作。

中层管理者也可以成为知识行动者。他们实际上在建立

第五章 从管理知识到促进知识

共享暗默知识的微型社群过程方面功勋卓著。虽然中层管理者及其所暗示的层级组织的全部概念在当今的知识经济中正在发生改变，但是在调动员工、让他们彼此进行交谈及协调有创意的专业人员的分散活动等方面，处于企业各个层级的中层管理者仍然比虚拟网络或其他形式的计算机化交流要出色得多。然而，在事物的另外一面，创新在竞争方面的重要性日益高涨，这表明鼓励知识创造不只是管理者的职责。在这个意义上，上述例子中的团队成员还必须为自己打气加油，并且需要憧憬更美好的知识愿景。

### 4. 创造正确的情境

第四个促进因素是创造适当的情境。它考察组织结构、战略及知识促进之间的密切联系。钱德勒（Alfred Chandler, Jr.）曾经说过："结构跟随战略"。组织必须具备促进知识创造的组织结构。在此，我以第四个促进因素为出发点，探讨构筑所有知识创造基础的结构性促进情境。创造适当的情境牵涉如何培育扎实的关系及建立有效合作的组织结构。鉴于在"后现代"时代里知识的跨学科特点，作为创造知识促进条件的组织结构应当是促进跨职能及跨业务单元活动的组织结构。为了支持这类跨职能及跨业务单元的活动，高层管理者对知识创造活动的坚定承诺是至关重要的。

由于知识和创新对竞争性成功越来越重要，许多主管对传统的组织结构越来越不满意，这种现象已经司空见惯。自20世纪80年代中期以来，许多公司开始着手进行转型。例如，跨职能产品开发项目（Nonaka and Takeuchi, 1995）；用以过程为基础的结构替代职能组织安排的再造工程（Hammer and Champy, 1993）；追求超越传统企业边界的跨组织活动的虚拟公司（Goldman, Nagel, and Preiss, 1995）；夏普公司的"紧急项目团队"——一种跨小型业务单元的"超文本"式组织（Nonaka and Takeuchi, 1995）。组织行为学者丹尼森（Dan Denison, 1997）

将这些结构的近期进展概括为,设计能够提供前所未有的灵活性和适应性的新型组织形式的一个努力。换言之,具有硬性层级体制和垂直整合的传统组织图,在一个组织边界模糊不清、关系日益复杂及竞争环境持续动荡的世界里,已经无法完成对经营活动进行协调的重任。

每个企业必须与独特的业务、文化和人际状况进行抗争。例如,即使一个跨部门单元可以帮助企业将资源投放在创造新知识方面,这种组织安排对其他业务或使用不同战略方面未必奏效。重要的是建立一种尽可能消除个体和组织的壁垒,使整个知识创造过程进行得更有效且高效的组织结构。事实上,整个知识创造的过程依赖于敏锐管理者,他们能够营造让知识得以持续发展的社会背景。因为企业战略和业务的促进情境可以为知识创造提供一个必要的基础,所以第四个促进因素可以对微型社群内部的暗默知识共享、概念创造以及建立原型的方式产生影响。可是,对于怎样有组织地验证概念来讲,影响要素是创造一个适当的环境——即广泛的视角是否被用于使新的概念与企业的战略目的产生最大的配合——以及如何将新知识进行全面的转移。此外,正如最近发展起来的虚拟公司及战略联盟概念所阐明的那样,创造新知识也可以通过跨组织的方式进行。因此,就知识创造而言,组织结构应该强化许多不同边界之间的暗默知识与形式知识的相互作用。

**5. 将本地知识全球化**

最后,第五促进因素,本地知识的全球化,考虑在全球范围内复杂的知识传播问题。在全球化时代里,值得一提的是,企业最重要的竞争优势在于,某个业务单元里所创造的

## 第五章　从管理知识到促进知识

知识能够迅速且高效地传播到其他地域的单元。鉴于必须满足本地的独特需求，在没有考虑本地独特性和调适情况下，不应该马上使用引进的知识。然而，企业通过将局部知识全球化的方式便有可能缩短创造知识所需的时间，并且可以降低创造知识的成本。

毋庸置疑，许多大中型企业不再局限在国家边界之内。企业不断将其运营进行全球化有几个特别的原因：将制造运营本地化，利用其工厂成本低廉之优势，企业可以获得相对于对手的竞争优势。在某些国家里，与先进且苛求的顾客密切合作，企业能够获得宝贵的产品开发信息，因而取得差异化优势。通过在海外建立业务运营实践，企业能够专注不断壮大的外国市场。同时通过在具有发达的教育和科学传统的国度建立R&D机构，企业便可以接触到新的专业知识、技术及产品概念。有时，企业主管还选择某个外国地区来探索与当地伙伴进行业务合作的机会。此外，将业务运营设在国外也可能是缘于吸引最佳管理人才所驱动。[1]

无论动机如何，企业不断地将任务分散在广阔的地域、社会政治、人口分布及文化领域上面。这些任务是以两种方式被分散的。第一，它们均匀地分布在大的地域，导致在不同地点平行地建立局部知识。当目的是获得会计和销售知识时，建立这种平衡可能是必需的，当地创新和最佳实践还提供在某些合作情况下转移知识的最佳方式。在个别学科里，高度专业化的知识（比如，微生物技术或流体力学）的开发成本依然居高不下。一些跨国公司建立"专业知识中心"，专家们为解决本地问题而开发专门知识并将其分散到设在全球各地的地点。不过实际上，特别在当地管理者拒绝施加给他们的变革时，这并非总是最佳的解决方案。

第二，企业可以将任务在整个业务运营系统内分散。企业可能通过创造知识及开发具有本地竞争力的产品来建立竞争优势。所创造的产品可能非常成功，因而有潜力在其他国家同

---

[1] 有关全球化趋势更多的信息，参见 Dunning (1993)。

样获得成功，但是，企业将需要在其整个全球业务运营系统内分散这些竞争优势的来源（Bartlett and Ghoshal,1986, 1990）。许多跨国公司的高层管理者不仅要留意本地知识，而且还建立获得本地知识以及便于其积累的机制。一些研究人员已经认识到，当地的业务运营需要获得在该国家其他区域可能获得本地竞争优势方面的知识（Gupta and Govindarajan, 1994,1991）。当越来越多的单元陆续地使用这些知识，并将这些知识与自己的实际情况相结合的时候，整个组织的竞争优势就会壮大起来。

这似乎像是一个不错的主意，但在全球知识转移中，进行平等的交换说来容易做起来难。跨国公司不断对其组织结构进行更新，随着商业情况的变化，他们在公司控制与当地灵活性之间寻找平衡。的确，将本地知识全球化是一项重要的挑战，是公司总部管理者及当地管理者的最重要责任之一，为了全球化成功，他们必须进行合作。同样，企业主管还需要解决许多问题。应该如何使知识全球化？知识可否像大宗商品一样进行转移？知识是否可以套装化？谁会在新的地点对知识进行控制？将本地知识全球化是我在本章所讨论的最后一个促进因素，它与知识转移紧密相连，是知识创造过程的最后一步。这个促进因素对微型社群的形成有正面的影响，尤其在创造知识的目标地点。然而，将本地知识全球化并不直接影响在微型社群内进行的暗默知识共享、概念创造、概念验证或原型建造，因为这些部分一般属于独立自主的过程。

## 知识促进与知识创造的连接

的确，知识创造的脆弱性意味着，无论存在多少壁垒，

# 第五章　从管理知识到促进知识

我们都需要通过协助知识创造的许多活动来小心翼翼地支持这个过程。像我曾经谈到的那样，知识促进就包括这些组织活动。我所说的知识促进主要是指在组织背景内进行的活动，但顾客、供应商或其他业务伙伴也可以成为这个过程的一部分。例如，当一家企业正在建立它所需的知识愿景时，管理者征求外部专家（比如，供应商、大学或研究机构）的意见可能是非常重要的。我还希望强调知识促进涉及两类活动：精心设计的活动——可以通过管理进行计划和指导的活动，以及突现的活动（在促进知识创造进行的具体活动之后有意图的行动或发现的意外结果）。表5-1表示的是，在以前描述的知识创造过程中，每个促进因素何时对知识创造产生影响，以及这些因素对知识创造影响的程度。

表5-1　促进知识：5×5方格

| 知识促进因素 | 知识创造的步骤 | | | | |
| --- | --- | --- | --- | --- | --- |
| | 共享暗默知识 | 创造概念 | 验证概念 | 建造原型 | 知识转移 |
| 灌输知识愿景 | | √ | √√ | √ | √√ |
| 管理交谈 | √√ | √√ | √√ | √√ | √√ |
| 调动知识行动者 | | √ | √ | √ | √√ |
| 创造适当的情境 | √ | √ | √ | | √√ |
| 将本地知识全球化 | | | | | √√ |

表5-1中的5×5方格揭示了知识创造与知识促进之间两个明显的连接。首先，所有五个促进因素对知识转移都产生了强烈的影响：它们有助于增进在整个组织内部的信息散布及打破交流壁垒。其次，组织内与有密切关系和关爱相关的促进因素（管理交谈），对知识创造的所有五个步骤均产生强烈的影响。

我认为，管理交谈是一种很重要的洞察力。对于任何项目，知识创造必须在关爱的氛围中进行，组织成员要对其他成员所提供的见解产生浓厚的兴趣。不管知识创造处于哪个阶段，良好的人际关系可以一扫不信任和恐惧的阴霾，并且能够打破个体和组织的壁垒。有效的交谈可以为更大的创造性留出空间。它激励对暗默知识的共享、概念的创造及验证，对开发一个有影响的原型至关重要，可以促进跨组织的知识流动。例如，生产消费品的跨国企业联合利华公司已经认识到，创新需要运转完善的多职能团队。当团队成员彼此之间采取温和且助人为乐的态度时，新想法很容易传递出去，并且可以创造出完全不同的新知识，这个做法已经为联合利华公司的厨具业务带来许多的成功。该公司通过一些激励产品开发团队上乘表现的项目及悉心安排的社会活动来支持这类关爱关系。❶ 该公司的目标中有这样的话："我们的长期成功需要全面的投入，高效的集体工作，并且我们愿意拥抱新的想法及孜孜不倦地学习。"❷

至于其他促进因素，灌输知识愿景可以使整个组织的知识创造项目具有合法性。这一促进因素对暗默知识的共享影响相对较小，这是因为在这个情境里，社群成员之间的社会互动更加重要。然而，一项明确表述的愿景或许会帮助该社群将他们所创造的概念更有效地表述出来。在概念验证阶段，知识愿景的重要性非常大，这是因为概念筛选的依据必须是它最终能否帮助企业达到其知识愿景。灌输知识愿景也将鼓励更好地利用知识，而且有助于使知识转移过程本身获得合法性。

第三个促进因素，调动知识行动者，强调激发和协调参与知识创造过程的人。调动过程有助于促成更广泛的参与概

❶ 参见 von Krogh (1998)。

❷ 由 D.H.Smith 引自在知识创造比较研究第二次会议（1998年6月在瑞士圣加仑举行）上的一个题为"用知识进行竞争"的讲演。

念验证及原型建造的活动，其中微型社群的知识是由各种专业知识（制造、营销、法律等）的综合。这个促进因素还可以影响概念的创造，因为知识行动者可能给所涉及的微型社群带来灵感，而且他们可以对在几个社群或团队里发生的知识创造过程进行协调。这些行动者可以发现，他们所创造的形式知识形成了潜在的冗余（potential redundancy）和协效作用，因此有助于每个社群将它们的工作与企业的总体愿景配合得更好。

第四个促进因素，创造适当的情境，与企业的组织结构密切关联，其原因在于，项目团队的形成过程以及它们与跨国组织内部其他部分的互动方式决定着他们珍视知识的程度。一个促进情境，或"场"，必须建立在组织的关爱基础之上。实际上，建立适当的情境是知识促进的全部内容，尤其当它建立在辅助性组织结构之上以及与战略相一致的时候。同样地，创造适当的情境会对知识创造的所有五个步骤产生影响，其中对概念验证和知识转移的影响尤为强烈。

最后，本地知识的全球化强调组织不同层级上传播知识的重要性。尽管团队或微型社群的成员必须共享暗默知识并从事概念创造、验证及原型建造，这些步骤对于将现有知识传递给适当的人或团组并不是那么重要。当知识创造及知识利用在时空上分离的时候，这个促进因素最重要，并且在充分发挥组织知识的作用方面是非常实用的。

## 小结

对知识的促进活动需要将经过深思熟虑的决策与过程中涌现的应变对策结合在一起。管理者固然能够对这个过程起到举足轻重的影响，但他们也许需要对自己的管理风格及社会互动进行重新评估。这样的努力终将获得回报：可以确保企业未来的长远成长、形成可持续的竞争优势及创新文化。我们还提出或许可以解决棘手、复杂的任务的特殊方式。

在像西门子、3M这类公司和组织里，对利用知识潜能需求的理解是，个体参与到知识创造的项目中来，关注他们的个人知识的发展。在3M公司，工程师能够将30%的时间用在他们自选的有创意和创新性项目上面。在有些员工没有充分利用"闲散时间"时，这家公司的管理层会表现出容许乃至欢迎的态度，为的是他们可以从事超越传统题材的课题研究。❶

上述内容的要点是：虽然我们可以对社群创建和知识交换之类的相关组织过程进行管理，却无法对知识本身进行管理。那些试图控制知识创造过程的人是冒着同样危险的，他们往往是在为自己树立壁垒，或落入陷阱。

## 参考文献

Barnes, B.1988.*The Nature of Power* (Cambridge:Polity Press).

Bartlett, C.A.and S.Ghoshal.1986."Tap Your Subsidiaries for Global Reach," *Harvard Business Review*, 64 (6), pp.87–94.

Bartlett, C.A.and S.Ghoshal.1990."Managing Innovation in the Transnational Corporation," in C.A.Bartlett, Y.Doz, and G.Hedlund (eds.), *Managing the Global Firm*(London:Routledge), pp.215–55.

Berger, P.and T.Luckmann.1967.*The Social Construction of Reality* (New York:Penguin).

Brand,A.1998."Knowledge Management and Innovation at 3M," *Journal of Knowledge Management*, 2 (1), pp.1–22.

Brown, J.S.and P.Duguid.1991."Organizational Learning and Communities of Practice:Towards a Unified View of Working, Learning, and Innovating," *Organization Science*, February, pp.40–57.

Camman, C.1988."Action Usable Knowledge," in D.N.Berg and K.K.Smith (eds.), *The Self in Social Inquiry* (London:Sage), pp.109–22.

Cave, T.1995."Fictional Identities," in H.Harris (ed.), *Identity*

❶ 关于这个方面更多的内容，参见 Brand (1998)。

第五章 从管理知识到促进知识

# 145

(Oxford:Oxford University Press), pp.99–128.

Denison, D.R.1997."Toward a Process-Based Theory of Organizational Design:Can Organizations Be Designed around Value Chains and Networks," *Advances in Strategic Management*, 14, pp.1–44.

Dennet, D.1988."Why Everyone is a Novelist," *Times Literacy Supplement*, 4, September, pp.16–22.

Dennet, Dm, and N.Hum phrey.1989."Speaking forourselves," Raritians A Quarterly Review, 7(9), pp.69–98.

Deutsch, M.1973.*The Resolution of Conflict* (New Haven, CT:Yale University Press).

Dunning, J.1993.The *Globalization of Business* (London:Routledge).

Flanagan, O.1991.*The Science of the Mind* (Cambridge:MIT Press).

Goldman, A.1992.*Liaisons:Philosophy Meets Cognitive Science* (Cambridge:MIT Press).

Goldman, S.L., R.N.Nagel, and K.Press.1995.*Agile Competitors and Virtual Organizations:Strategies for Enriching the Customer* (New York:Van Nostrand Reinhold).

Gupta, A.and V.Govidarajan.1991."Knowledge Flows and the Structure of Control within Multinational Corporations," *Academy of Management Review*, 16 (4), pp.768–92.

Gupta, A.and V.Govidarajan.1994."Organizing for Knowledge Flows within MNCs," *International Business Review*, 3 (4), pp.443–57.

Hammer, M.and J.Champy.1993. *Reengineering the Corporation: A Manifesto for Business Revolution* (New York:HarperBusiness).

Harvey, D.F.and D.R.Brown.1992. *An Experimental Approach to Organizational Development* (Englewood Cliffs, NJ:Prentice-Hall).

Leonard, D.1995.*Wellsprings of Knowledge* (Boston:Harvard Business School Press).

Matthews.P.1997."Aqua Univerisitas," *Journal of Knowledge Management*, 1(2), pp.105–13.

Maturana, H.and F.Varela.1987.*The Three of Knowledge* (Boston:New Science Library).

Nonaka, I.And H.Takeuchi.1995.*The Knowledge-Creating Company: How Japanese Companies Create the Dynamics of Innovation* (New York:Oxford University Press).

Piaget, J.1960.*The Psychology of Intelligence* (Totowa, NJ:Littlefield, Adams, & Co.).

Polanyi,M.1958. *Personal Knowledge:Towards a Post-critical Philosophy* (Chicago:University of Chicago Press).

Prahalad, C.K.and R.Bettis.1986."The Dominant Logic:A New Linkage between Diversity and Performance," *Strategic Management Journal*, 7(6), pp.485–501.

Schwandt, D.1997."Integrating Strategy and Organizational Learning," in A.Huff and J.Walsh (eds.), *Advances in Strategic Management*, 14 (Greenwich, Conn.:AI Press), pp.337–60.

Smith, K.and D.N.Berg.1987.*Paradoxes of Group Life* (San Francisco:Jossey-Bass).

Varela,F.,E.Thompson,and E.Rosch.1992.*The Embodied Mind: Cognitive Science and Human Experience* (Cambridge, MA:MIT Press).

von Krogh G.1998, "care in knduledge Greation," Californiamanagment Review, 40(3), pp.133–54.

von Krogh, G.and J.Roos.1995.*Organizational Epistemology* (London:Macmillan).

Weick, K.and L.Browning.1986."Arguments and Narration in Organizational Communication," *Journal of Management*, 12, pp. 243–59.

Weick, K.and F.Westley.1996."Organizational Learning: Affirming an Oxymoron," in S.R.Clegg, C.Hardy, and W.R.Nord (eds.), *Handbook of Organizational Studies* (London:Sage), pp. 440–58.

第六章

# 价值差异化
## ——产品概念创新与如何组织"Know-What"

## 产品概念创新

索尼"Walkman"（随身听）是产品概念创新的经典例子。在 Walkman 被导入市场之前，盒式磁带播放机的概念是"播放录制在磁带上的音乐的设备"，用户的主要兴趣在音质方面。毫无疑问，Walkman 是"给予用户享受音乐的全新环境的装置"，因而对用户来说，便携性和电池寿命成为比音质更重要的评价指标。

具有"高个小子"概念的"Honda City"也属于一种产品概念的创新❶。在本田公司的"Civic"和"Accord"车型为消费者所熟悉时，本田公司的高层管理者启动了一个新概念车型的开发项目。"短而高"的 Honda City 车型，比传统汽车更轻、更便宜，而且更舒适、更结实。这个思路与当时强调"长且低"式的传统汽车设计观念大相径庭。Honda City 的革命性风格及设计改变了人们对小型汽车的传统评估维度。它终于掀起"人最大化、机器最小化"概念之新风，这一概念在今日汽车业界也相当流行。佳能公司的微型复印机是另外一个经典例

---

❶ 参见本书第二章。

子,该产品不仅让佳能公司成功地实现了由照相机业务向利润丰厚的办公室电器产品领域的跃迁,而且还创造了一个庞大的个人复印机市场[1]。

产品概念可以抓住顾客对某种产品的基本价值。它是对"对于顾客来讲,这个产品到底是什么"问题的回答。在某一评估维度上,产品概念创新是一个与功能性创新(innovation of functionality)(不论是渐进型创新,还是根本性创新)的不同的现象。在导入市场之前"Walkman"在音质方面比不上当时的磁带播放机。然而,产品概念创新的精髓涉及用户对一个产品的评估维度的变化。从"Walkman"所创造的新概念的角度来看,它在音质方面的相对劣势根本不是主要的问题。同样,佳能公司的微型复印机在原有功能性的维度上(如质量、印速等方面)并没有多大进步。不过,它却改变了复印机的使用情境。Honda City 在底特律汽车城所共享的传统观念方面没有作出怎样的改善,可是即便如此,它却成功地展示出一个新理念:一部好车究竟应该是什么样子。

Walkman、Honda City 及微型复印机这些经典例子捕捉到战略管理中非常现实的问题:对于创造及维持竞争优势而言,产品概念创新正在变得越来越重要。大量创新研究隐含或清楚地集中在"产品规格的创新"方面。要回答的问题是:"怎样才能够在某一个评估维度上提高产品的功能性?"然而,在许多产品领域里,产品规格的创新已经达到实际的极限。这类创新可能会展示出制造厂商之间的"差距",不过,对于顾客来说,这些差距不可能提供产品之间任何实质性的差异化。因为产品在一个给定维度上的竞争就好像百米冲刺一样,所有赛跑者迟早都会达到自然的极限。即使企业开发

[1] 参见本书第二章。

## 第六章  价值差异化——产品概念创新与如何组织"Know—What"

出一种功能性更加优异的产品,但用户也可能察觉不到其与众不同之处。另外,它被竞争者所超越的风险总是存在的。在消费电子产品领域,企业在"业界最小最轻"的产品方面的竞争是沿某种功能性维度进行角逐的典型例子。

对顾客来说,就现有的评价维度而言,许多产品均已经达到令人满意的程度。例如,个人计算机(PC)工业的发展一直是围绕英特尔和微软两家公司在传统维度上的创新循环所驱动,PC的处理速度更快通常就等同于PC的销售更快。可是到了现在,PC的运行速度已经足够快。对于许多PC用户来讲,显示器更为清晰绚丽,或硬盘驱动器可以存储更多的信息,这些好处也许没有太大的必要。如果顾客购买PC并非基于对速度或其他传统层面标准来考虑的话,我们会发现这类产品可能马上陷入价格大战。在给定的评估维度情况下,竞争者对产品功能性投入努力越大,它们给自己套上的枷锁就会越紧。这类创新之战的特征是最终导向通用品化的自我毁灭。所以,我们必须将产品创新的靶标从功能性规格转移到产品概念上面来。

可是我们又如何才能对产品概念创新进行组织和管理呢?本章提供一个有组织地进行产品概念创新的框架。该框架的核心是**价值差异化**(value differentiation)。价值差异化是构建组织系统的原则之一,与明确或模糊地构成现有的许多组织之前提的功能差异化(functional differentiation)存在明显的区别。[1] 为了突出价值差异化对创造新产品概念的作用,本章对功能差异化与价值差异化进行了对比研究。

本章的主要观点可以概括如下。创新管理的大部分文献一般集中在功能差异化组织上面,

---

[1] 参见Ken Kusunoki,"The Phase Varity of Product Systems and Systems-based Differentiation:An Alternative View on Organizational Capabilities of Japanese Firm for Product Innovation." In D.Dirks et al.(eds.), *Japanese Management in the Low Growth Era:Between External Shocks and International Evolution* (Berlin:Springer,1999).

这样研究严重限制了人们在获得对概念创新进行管理方面的洞察力。主要原因是：一直认为新产品概念的创造过程不是"管理"的对象。在传统的功能差异化观念里，产品概念的创新是少数"个人"的事，即只是创造新概念人员的工作，这种工作与组织中的"普通"人员无关。换言之，对于组织的成员来讲，概念只不过是给定的条件而已。相反，价值差异化模型明确地将概念的创造及其演化结合到组织和组织管理之内。价值差异化为组织产品概念的创新开辟了一片新天地。

## 创新和知识的三个维度

所有产品都是由多种部件组成的系统。我们将构成系统的元素称之为"功能"。以传真机为例，它需要有许多功能，包括扫描、数据压缩、记录、传送、控制、包装、控制软件、原型化和测试等，此外，为了实现整个创新，不仅需要研究与开发工作，而且还需要制造和营销过程。

我们可以将功能理解为被称作"Know-Why"（原理知识）的知识集合。Know-Why是有关由某些变量所组成的、描述组成部件工作原理以及影响因素等因果关系的知识系统。在传真机的例子里，Know-Why是利用某种算法语言将数据压缩的效率改善到某种程度之类的知识。Know-Why是通过对控制不同的影响因素进行重复的实验及模拟(simulation)、在"研中学"(learning-by-studying)中形成的。因此，Know-Why属于与特定领域有关的知识，而且便于系统地整理。Know-Why是创新的一个来源。它的演化经常是以构成某个产品系统的个别元素的创新为结果，被称为"模块创新"(modular innovation)。导致模块创新的Know-

## 第六章 价值差异化——产品概念创新与如何组织"Know-What"

Why演化的例子是：微型处理器（提高PC运行速度）以及新型燃烧机理的引擎（催生了低油耗型汽车）。

创新不仅发生在部件层面，还可能涉及部件之间组合及其之间连接的变化。[1]在汽车例子里，在没有任何部件方面的实质性改变的情形下，一些创新确实对汽车的"舒适"（例如，低噪声、低振动）程度进行了改善。这种创新叫作"构架创新"（architectural innovation）。仅仅利用部件的Know-Why不可能导致构架创新，构架创新需要将部件与系统进行整合的知识。

第二类知识，即上面提到的整合知识"Know-How"（技能知识，诀窍）。它是关于创造部件之间组合及连接，使系统作为整体进行运作的过程和程序的学问。Know-How是通过"做中学"来获得的。换言之，Know-How是依赖于"试与误"方面的经验知识。与Know-Why相比，它是与特定内容有关的知识，而且经常是难以被编码的。作为组织惯例，Know-How通常植根于组织结构、交流渠道、解决问题方法及规划和管理体系之中。Know-How具有很强的路径依赖性和特殊的固有惯例，因此，难以在组织之间进行转移。

第三类知识是"Know-What"（事实知识）。Know-What是为了满足消费者的价值需要，一种产品系统应该具有何种配置的知识。Know-What是关于产品对消费者的价值是什么及应该朝什么方向发展的知识。产品概念则是企业对某种产品Know-What的简洁表述。产品概念隐含地包括许多变量和评价维度及这些维度的优先次序。

创新管理的研究一般集中在表征创新的两个维度上面。第一个维度是创新的强度，根本性创新与渐进型创新；第二个维度是"模块创新与构架（或整体）创新"，这与产品系统内部

---

[1] 参见 Rebecca Henderson and Kim B.Clark,"Architectural Innovation:The Reconfiguration of Existing Product Technologies and the Failure of Established Firms," *Administrative Science Quarterly* ,35(1),1990.

结构的变化有关。这个维度着重强调变化究竟是发生在系统的部件本身还是发生在部件之间的结合处,应当强调产品概念的创新不属于这两个维度。当然,属于根本性创新或渐进型创新的概念创新是有差别的,如果概念产生变化,产品系统内部结构可能也随之而变。然而,对产品系统内部结构的研究并没有直接讨论到系统以外的顾客立场所观察到的价值上的变化。

在上述三类知识里,Know-What 是产品概念创新的核心。在当前消费者价值的已知定义下,不断积累的 Know-Why 和 Know-How,尤其是 Know-How 以路径依赖的形成既可以对既存的产品概念起到强化作用,但也可能对概念创新起到瓦解的作用。基于这种逻辑,现有的研究解释了概念创新为什么经常难以展开。例如,克里斯汀森(Clayton Christensen)有关在面对颠覆性科技变化时"创新者的两难困境"的思想❶、利维特和马奇提出的"能力陷阱"❷、及利奥纳德-巴顿的"核心僵化"❸(core rigidities)均表明,在已知消费者价值(consumer value)上知识能力的积累具有负面影响。

管理者究竟做什么工作才可能促进概念创新呢?克里斯汀森的主张是:组织是价值网络的一个组成部分,并且经常受到既有产品概念的约束。因此,为了避免"创新者的两难困境",要想创造具有新的消费者价值的产品,组织必须在不同价值网络中确定新的位置,并且做到独立自主、自给自足。然而,非常有趣的是,除了克里斯汀森所提出的创建一个独立单元建议之外,概念创新方面的管理理论研究甚少。原因是:现有的大多数研究是有意识或无意识地建立在传统的功能差异化概念之上。但是,在产品概念的创新管理及其

❶ 参见 Clayton Christensen, *The Innovator's Dilemma* (Boston: Harvard Business School Press, 1997).

❷ 参见 Barbara Levitt and James March, "Organizational Learning," *Annual Review of Sociology*, 14, 1988, pp.319-40.

❸ 参见 Dorothy Leonard-Barton, "Core Capabilities and Core Rigidities: A Paradox in Managing New Product Development," *Strategic Management Journal*, 13, 1992, pp.111-25.

第六章　价值差异化——产品概念创新与如何组织"Know—What"

组织方面，功能差异化组织的模型有其局限性。

## 功能差异化

现有的创新管理研究基本上都是以传统的组织差异化为前提的。这种前提塑造了一个"几乎可以分解的系统"❶。根据这样的观点，整个组织系统被分解成若干个子系统，以便降低子系统之间的相互依赖性，而每个子系统则具有强烈的内部相互依赖性。这类功能差异化的组织是以这种组织差异化为前提的。

从功能差异化组织的观点来看，系统如何分解成职能部分的问题是组织整合的先决条件。每个职能部分的范围是预先决定的，并且每个职能部分不断地积累Know—Why，依靠集中的机制运行。利用这种形式构成整体系统，其职能单位有点像拼图玩具中的图块。在这种情形之下，最终产品的出现类似于拼图玩具中的图画，一定是根据某一产品概念事先画好的。功能差异化组织的领导人负责绘制拼图中的整体画面，而各个职能部门的任务是将一片片图块拼在一起。换句话说，在功能差异化的组织里，某些"个体"负责创造各种产品概念。他们的下属无权绘制这些产品概念的图画。因此，奉行功能差异化的组织假定：概念创造活动高度集中在一小批精英那里。

这种集中式概念创造的典型例子是好莱坞的电影制作。不仅有导演、剧本作者、摄影、剪辑、演员、特殊效果、服装设计、美术等主要职能分工，而且还有一系列范围广泛的部门，包括专门负责决定服装与场景所使用的颜色的配色师、处理某些动作类型的特技演员（还进一步细分为动作的专门类别）、不说话的临时群众（extras）〔在一部电影即使只说上一句话的人

---

❶ 参见 Herbert Simon, *The Sciences of Artificial* (Boston:MIT Press,1969).

都被称为演员（actor）〕等。即使在摄影方面，摄影师的专职是"电影摄影"，并不知道该电影最终会成什么样子。最后的润色部分是剪辑的"工作"。为了使剪辑将其专长发挥到极致，剧组人员必须对单一场景从每个可能想到的角度摄制许多镜头。然后，剪辑人员挑选他们感觉最好的各种镜头，并用这些镜头制作成电影。

如上所述，功能差异化假设世界上存在像史蒂文·斯皮尔伯格这样威风八面的概念创造者，首先由他提出一个整体概念。然后，通过功能差异化，概念电影（conceptual picture）被分解为若干个单元，然后专职人员被分配到各个单元，负责实施工作。最后，斯皮尔伯格再将这些部分重新组合成一部电影。

如果功能差异化组织考虑利用概念创新的话，就必须有新的领导者承担概念创造的职责。新领导者可能构思出一个开辟功能差异化模式的新概念，新概念又可能导致具有创造性概念的新产品。如前面提到的，克里斯汀森关于"创造独立自主单元"（independent self-sustaining units）的思路也提出对这种概念创新进行商品化的方式，而这种方式应该将在评估维度上变化包含在其中。在此，概念创新与其说是组织能力的问题，不如说是个人能力的问题。

## 价值差异化

从功能差异化的视角来看，一个系统是由"方框"和"直线"构成的。如果与知识联系起来的话，"方框"相当于Know-Why，而"直线"相当于Know-How。不过，制造系统还存在一个不同视角的维度。这个维度则与Know-What相一致。就系统的视角而言，所有的产品系统均具有一定的多样性。

## 第六章 价值差异化——产品概念创新与如何组织"Know-What"

这被称为系统视角多样性（system-perspective variety）。产品系统的视角多样性强调这样的多样性，即"产品究竟是什么"的系统多样性。

功能差异化将系统解释为"方框"（为功能所区分开的单元）和"直线"（这些单元之间的相互依赖性），其中隐含假设是产品系统视角的单一性。不过，将产品概念采取硬性固定的做法实际上也许是一个例外。然而对某些人来说，汽车可能是"方便运输的工具"，而对另外一些人来讲，汽车也许是"承载家庭快乐时光的空间"；驾驶法拉利的人会认为汽车是一种"自我表现的形式"。因此，即使像汽车这类在技术上趋于成熟的产品系统也会具有系统视角的多样性。

如果产品本来具有一定系统视角多样性的话，该系统的不同"面孔"就可能成为产品差异化的重要维度，这意味着根据不同的系统视角，将不同组织和组织活动区分开来。为了创造更好的产品，被区分的各个单元可以充分利用独自的Know-What知识，拥有属于自己的产品概念观点。我将这类差异化称为价值差异化——为实现这类差异化，根据系统可能提供的潜在顾客价值，对某种产品（服务）系统或活动进行划分。

图6-1对价值差异化与功能差异化的比较作出说明。如果系统包含顾客价值的许多视角，差异化的模式就不可能是独一无二的。因此，从功能差异化的视角来看，在价值差异化情况下，劳动分工似乎是处于一种流动的状态。通过价值差异化的有限视角，将作为一个整体的系统进行分层，目的是按照某种顾客价值，发现在每个差异化单元内的统一概念。功能差异化是Know-Why知识的集中机制，而价值差异化则是积聚Know-What知识的一种机制，这有助于促进新产品概念的学习过程。

与假设职能单元具有稳定的可分解性（divisibility）功能差异化的概念截然不同，价值差异化不是各个部分具体有整体的全部信息的"整体系统"（holistic system）。它被视为两者之

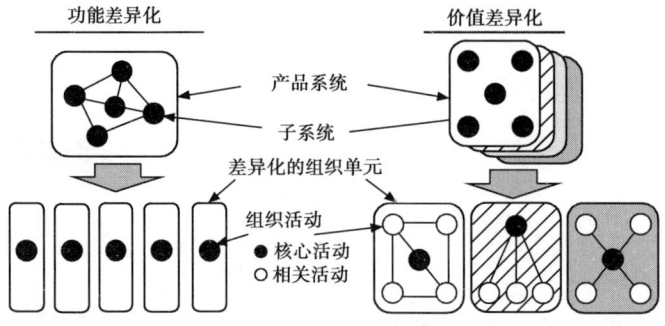

图6-1 "功能差异化"对"价值差异化"

间作为一个"特殊的整体系统"的中间站。在价值差异化的单元里,对各种顾客价值的某个方面的专注降低了系统的复杂性。同时,虽然它只侧重某一个方面,但每个单元还包含与该系统视角相对应的系统层面的知识,这与功能差异化显然有所区别。我们可以视组织单元为:针对该产品某种顾客价值而执行一套相应活动的集体。

## 制约共存

如果产品概念是已知给定的,我们可以认为,功能差异化是一种有系统地创造Know-Why知识,和Know-How知识的有效方式。然而,如果所需要的产品概念尚不清楚或处于尚未固定的状态,功能差异化在为新的产品概念创造Know-What知识方面是有局限性的。

我们借用一个谋杀案调查的例子,可以很容易地理解这一情形。如果案发现场情况或目击者的陈述从一开始便清楚

## 第六章 价值差异化——产品概念创新与如何组织"Know-What"

地显示犯罪是出于抢劫目的的话,调查机关可以用功能差异化的方式组织调查活动。可以将该组织分解成像调查犯罪现场、对现场周围地区进行询问、对血液检验进行科学研究及对惯犯的调查等不同的职能任务。可是,让我们再察看一个例子,犯罪"概念"尚不清晰,而且缺乏任何有关这类谋杀案例的基本Know-What知识。犯罪发生在一个上了锁的办公楼里面,虽然没有挣扎的迹象,但搜查房间过后也没有发现自杀遗书。在这个案子里,具有功能差异化的组织可能会遇到一些困难。根据案子的不同"概念"进行划分的组织,调查工作可能更有效。一个调查小组按自杀案件进行假设,另外一个小组按照在同一栋办公楼的、熟悉被害者的人谋杀进行假设,第三个小组按照入室抢劫犯的犯罪进行假设。在这种情形下,唐突地执行功能差异化是有困难的。利用功能差异化的组织预先假定,开始就必须决定一个"概念"。如果真的有一个判断准确且迅速提出侦查概念的高超侦探的话,这种情况是有可能出现的。如上所述,功能差异化隐含地假定:概念创造者是个超人。

价值差异化最终可能与功能差异化产生重叠。我们还是沿用上述的例子,负责调查"自杀案"情形的小组会按照他们的概念集中检查被害者过去和近来的生活习惯,而侦查"内部人作案"的小组将聚焦于对组织内部的关系的询问及调查接近被害者的人。按照"侵入者犯案"假定进行调查的小组会参考惯犯名单,而且在较大范围里寻找目击者会变得非常重要。不过,尽管可能看上去与功能差异化类似,但这一次不是根据事先设计的功能差异化来分派任务。在价值差异化的组织里,每个单元执行的"活动内容"不可能是事先预定好的。每个部门按照它所构思的概念半独立地决定自己认为重要的活动,即使在价值差异化情形下完成实际工作可能与功能差异化相同,但在逻辑上,它是基于截然不同的原则。

当对于一个新概念来说尚有充分的开发空间时,价值差异化是有效的,因为它可能是在组织上鼓励概念创新的一种机制。还是使用上述的例子,由不同概念所引导的调查小组,通过平行进行独自调查时，可能认为自己的概念更接近于事实。在某些案例中，所有概念和调查过程会陷入僵局，它逐渐地变得清楚："所有的概念都不正确"。然而，即便如此，"所有的概念都不正确"的事实变得清晰，结果，新的概念可能因每个组织单元曾致力于一个具体概念而得到开发。

新概念的创造实际上起始于个人暗默Know—What知识。如果我们假设创造知识的过程中的关键内容包括对暗默知识的共享，也包括将暗默知识转换为形式知识，使暗默知识可以为内部和外部人员所分享，那么价值差异化的组织就可以成为创造Know—What知识的一个载体。首先，在每个价值差异化单元里，由于人们所构思的概念或多或少有些类似，即便这些概念尚处于比较初级的阶段并且具有暗默的性质，他们也可以凭直觉对有关产品应该是什么样子进行分享和切磋。第二，通过探讨他们的Know—What知识与其他价值差异化单元Know—What知识之间的异同，在该单元内的人员便能够提出并且阐明他们自己实际上正在探索的概念，而这个概念又可能促进他们暗默知识向比较明示的知识的转换。

若想通过使不同的Know—What知识彼此之间发生联系的过程来有效地促进概念的创造及演化，价值差异化的组织必须具备三个条件。第一，组织的每个人需要对"更高的目标"进行共享，如上述例子中的"破案"。换句话说，必须确立一个"更高的概念"。当不同小组中的人员从更高的概念中撷取不同的概念时，他们便催生了价值差异化。第二个条件是存在"场"——一个互动的场所使不同单元之间可能进行持续而密切互动成为可能。但是，探求不同概念的人员必须对不同概念之间的区别及所导致的不同方式和过程有所了解。互动过程就是使各种不同的概念之间建立起联系。一

## 第六章　价值差异化——产品概念创新与如何组织"Know—What"

旦许多概念彼此之间的联系达到某一水平，这些概念的比较优势就会变得十分明显，有时可能促成新视角的诞生。第三，互动的"场"必须有一目了然的制约条件。

在前面的例子里，不同的调查小组之间必须必须"竞争"，这种竞争实际上是比较哪一种概念相对更加出色（在这个例子里，是指哪个小组更能够接近于案子的真相）。不过更重要的是，任何小组对破案的最终结果均不会产生异议。例如，如果某个小组的概念是正确的，而且在这个小组的领导下成功破案，那么这也是其他小组成员的"成功"，这是不可回避的事情。这是由于这种引进建设性对抗的微妙紧张关系及将不同概念联系起来可以创造更好的概念。不过，案子只有一个，事实真相也只有一种。组织分成三个小组并不意味着有三个不同的案子，也不意味着有三个凶手。必须注意，价值差异化与创建独立自主的组织单元，比如多事业部组织结构（其中每个事业部负责某个特定产品市场），有所不同。

为了系统地研究最佳的概念，通过价值差异化所涌现出来的不同产品概念必须要置于时间、物质和空间制约条件内来进行考量。让我们再看看上述的案例，调查人员的数量和经费是有限的，此外还有起诉时间的问题。在产品开发的情况下，开发经费、研发人员的数量及产品问世的截止日期均属于制约条件。正是由于存在这些严格的制约条件，围绕有关哪一个价值差异化的组织单元可能捕捉到最佳的概念，紧张的竞争关系便产生了。制约条件能够激发个体对独自概念的献身精神，如果没有强烈的献身精神支持的概念，就不会出现对不同概念的争抢，概念也不可能进行演化。对一个概念的投入来说，"更高的概念"的存在固然是一个拉动（pull）因素，而制约条件则是这种投入的推动（push）要素。为维持共同目标，将各种以价值差异化为基础的组织单元同时置于竞争关系之下，其实际的制约条件被称为"制约共存"（bounded cohabitation）。

## 产品概念的涌现及演进

制约共存使差异化产品概念之间的区别变得一目了然，而且明晰的区别又会进一步促进新概念的创造及演进。一般假设：创造含意、关联、评估及分类的过程是由用户通过"用中学"(learning-by-using)的方式在市场上完成的。可是，在产品正式投放市场之前，在组织内部，价值差异化和制约共存需要参考许多用户的不同视角。价值差异化的组织单元也包含虚拟用户，他们是一批将自己置于特殊种类用户的群体，并且千方百计地使产品最符合自己的价值。与功能差异化理念（将概念创造归结为某个"超人式"人物的所作所为）相反，在价值差异化理念里，概念创造的活动则相对分散，创造活动是以组织的形式通过相关人员之间互动来完成的。

让我们再回到前面谈到的电影的例子。导演马丁·斯克塞斯 (Martin Scorsese)、演员罗伯特·德尼罗 (Robert De Niro) 和编剧保罗·施拉德 (Paul Schrader) 在早期合作拍片（如《出租车司机》和《愤怒的公牛》）时便使用与好莱坞迥然不同的方式。尽管他们的"职能"彼此有别，但每位都悟出他们想要创作的影片概念，然后提出自己的概念。❶ 斯克塞斯就是利用我们所讲的价值差异化方式来组织影片的拍摄过程，价值差异化的组织单元不负责拼图玩具中预先设定的图块。各个单元是基于本身的Know-What知识为产品系统赋予独到的含意，据此，他们策划出一个特殊的产品概念。所以价值差异化的组织过程不是两个泾渭分明的差异化和整合过程。事实上，这两个过程是不可分割地包含在每个单元的活动之中的。换言之，在某种程度上，产品概念的整合"内

❶ 参见 Mary P.Kelly, *Martin Scorsese:A Journey* (Publishing Group West,1991).

## 第六章 价值差异化——产品概念创新与如何组织"Know-What"

置"于每个差异化单元之中。

价值差异化组织的领导者不是要积极地展示产品概念,而是要扮演相对"被动"的角色。领导的角色是对有效"场"的条件进行认真的管理,使价值差异化的各个部分保持在制约共存的关系之中。以产品开发为例,领导的作用与其说是各种职能活动的"整合者"(integrator),不如说是"制约者"(restrictor)和"条件制定者"(condition setter),即提供一个情境和内部竞争规则以及甄别内部竞争中的决胜者。在这里,领导人的角色既不是决策者,也不是发号施令的人,而是仔细地为身着"整体服装"(clothe of the whole)的主角提供互动的场所。在价值差异化的情形下,组织的所有成员身着不同款式和颜色的服装,它不是为每个成员分发标准"服装"(比如像制服那样)。每个人利用自己的概念和Know-What知识为自己的"整体服装"进行设计和着色。不过,在此时,每个人并不知道自己设计的"整体服装"的优缺点。惟有这些人身着五花八门的服装站在一起的时候,才能体会出自己的"服装"是什么样子,以及它们的精髓何在。身着不同服装的个体只有在制约共存之下才会发现其中最有品位的服装,并且这些"服装"始终在更新换代,不断地进行演化。

## 索尼MAV-555型磁盘录像机的开发过程

### 磁盘录像机

这一节中概念创新的实例,讲的是索尼磁盘录像机MAV-555开发的故事,这个实例说明了价值差异化和制约共存的框架。MAV-555于1999年6月问世,是录制和编辑录像的专业设备。MAV-555的主要用户是电视台和节目制作公司,它具有LAN(局部区域网)界面,可以接收同步数字录像并将录像储存在硬盘而不是磁带上面。MAV-555有四个输入和输出频道,这使它可以接收在剪辑过程进行当中接收新的录像资料,同时向电视台服务器发送编辑好的录像资料。所有这些动作在播放进行之中使用同一设备同时进行。以棒球实况播放为例，一项有争议的判定或一个好球自然需要进行重放。如果使用VTR（磁带录像机）的话，为了完成重放动作，必须首先停止录像动作。倘若正逢此时又出现一记好球的话，显然就录不上这个好球的画面。以前，电视台为了避免这个问题，在进行转播工作时通常使用多台VTR。由于MAV-555可以在录像过程中完成重放工作，所以以前3～4台VTR的工作便可以由一部磁盘录像机来完成。

同时，MAV-555还具备"非线性编辑机器"的功能。非线性编辑取代了传统的、使用磁带的线性剪辑方式。线性剪辑一般需要使用两台VTR（播放机和录像机）及一部剪辑设备，而非线性编辑则将录像直接储存在硬盘上面，将录像储存在硬盘上可以进行随机存取、复杂录像编辑（例如，回放某一场面）及在没有使用"倒带"和"快进"情况下有效地变换镜头次序。

然而，以"非线性编辑机器"的观点来看，MAV-555被认为是有点奇特的产品。非线性编辑器被认为是录像最终剪辑过程或"在后期制作"过程中所使用的产品。电影、电视节目及商业广告片的创作者和剪辑师成为主要用户。这些用户将录像数据储存在一个服务器上面，然后利用录像编辑用特殊软件，一边在计算机上监视录像过程，一边使用键盘和鼠标对录像数据进行编辑。正像这些用户操作中看到的那样，大多数剪辑工作看上去都是在计算机上完成的。非线性编辑器基本上就是一个处理录像数据的计算机系统。

创立于1987年的Avid技术公司是非线性编辑机器的顶尖制造商。这家公司于1989年推出了第一部编辑系统，Avid/1。当索尼在1999年发布MAV-555时，Avid技术公司

## 第六章 价值差异化——产品概念创新与如何组织"Know-What"

的主打型号是MC9000，已广泛地使用在影像后期制作领域。除了Avid技术公司之外，美国的Techtronics公司和欧洲的EVS公司也纷纷推出它们的非线性编辑系统。Techtronics公司以前是一家制造计量仪器的公司，并且它步入非线性编辑机器市场的本钱是它在计算机及硬盘驱动器方面的技术实力。据估计，1999年，非线性编辑机器市场规模大约在15亿美元上下。

可是，计算机系统式非线性编辑机器与VTR为基础的线性剪辑机器的不同之处是：它是通过点击及拖移鼠标的方式进行操作。因此，这些非线性编辑机器并没有广泛地应用到新闻和实况体育转播的制作上面。现有的线性剪辑机器的操作动作是在专业的控制面板上进行的。经验丰富的剪辑师，具备一定的操作技巧，对这些控制面板得心应手。相反，需要使用鼠标和场面监视的非线性编辑机器，由于操作时间较长，不适合新闻和体育实况那种熙熙攘攘的制作现场。尤其在新闻创作过程中，习惯于控制面板的剪辑技师在看到自己的手指点击鼠标时会自感笨拙。另外，在完成编辑任务之后，现有的非线性编辑机器在实际播放之前需要将录像发送到通常播放录像的机器。这要求所编辑的资料在播放前留出七分钟的时间间隔。非线性编辑机器只是一个由后期制作剪辑师通过观看计算机屏幕所使用的录像处理"计算机系统"。该产品系统的许多部分包括与计算机相同的通用软件（比如说，操作系统）和硬件（MPU和硬盘驱动器），这一点使进入该市场的壁垒降低，但也使产品进行差异化变得困难。

虽然在结构上MAV-555属于非线性设备，但它拥有的界面与线性VTR界面非常相似。它使用了与VTR类似的控制面板，包括慢速搜索转盘和快速搜索转盘，设备操作很方便，像使用VTR的感觉一样。MAV-555不仅有VTR一样的外形，而且在功能上也相似，由于它可以直接录制和重放输入的录像，因此可以替代VTR。例如，由于它的体积与专业VTR尺寸大小相同，这样便可以把它安装在实况转播车内。就电视台使用的各种编辑设备之间界面而论，MAV-555可以使用其他VTR此前一直使用的相同硬件和资源。与计算机式编辑设备不同的是，

MAV-555可以直接编辑录像，而且编辑后的结果可以在差不多10秒钟内进行播放。

总之，MAV-555是一个具有新概念的产品。它从外形上看很像VTR，但它却具备数字化非线性编辑的功能。然而，它与上面提到的计算机为基础的非线性编辑机器还是存在本质上的不同。它可以将录像储存到硬盘上，但它又是与非线性编辑录像服务器有显著差别的产品。在用户的眼里，MAV-555既不是剪辑设备及VTR，也不是录像服务器。结果，被称为"磁盘录像机"的MAV-555创造了一个没有与之匹敌的新的产品类别。磁盘录像机这一新概念吸引了制作实况体育转播和新闻节目用户的注意力。由于价格昂贵，MAV-555被定位在高端产品市场，但在实况体育转播领域里，它却获得了绝对优势的市场占有率。

**背景**

让我们回顾一下MAV-555开发中所涉及的组织过程。这里出现的主角是以下三位：小岛雄一是处理索尼专业播放设备业务的磁盘系统事业部的负责人；伊藤德一从事并行图像处理方面的研究，他被推举为当时索尼公司内部18位"系统设计师"之一；自进入该事业部以来，神山和男的工作一直是专业数字化VTR的开发与设计。开发新型录像设备的设想在索尼内部过去酝酿多时。可是，因为它属于一个全新的产品类别，项目在1994年曾被否定。

当时，市场上没有相似的设备，这一事实与Walkman的情形很类似。Walkman有点像盒式磁带录音机但却缺少录音的功能，而且收音需要配备耳机。MAV-555看上去像VTR，但是没有设置磁带舱，却配有LAN界面。一般人认为这种奇

# 第六章 价值差异化——产品概念创新与如何组织"Know—What"

怪的产品根本卖不出去，所以当时该项目在进行商品化之前就被否决了。❶（小岛雄一）

在MAV-555进入开发高潮之前，磁盘系统事业部的开发部门被一分为二：开发部门和设计部门。开发部是"事业部层级的实验室"，致力于开发关键技术，比如录像处理装置和数据压缩。通常，在开发部开发出来的技术基础之上建立原型，然后原型被送到设计部作进一步的改进及商品化开发。换句话说，此时磁盘系统事业部有点像传统的功能差异化的部门。

开发部的伊藤德一当时考虑开发一个名为MAV-2000的主机录像服务器。这是开发部第一次有机会开发一个最终产品。在开发MAV-2000过程中，伊藤和他所领导小组的惟一目标是开发一台主机录像服务器，其中数据能力的扩展是最大的挑战。他们还将精力放在开发新RAID技术（一种允许并行接入多个并置硬盘的技术），以便增加主机服务器的可靠性。开发像MAV-555这样的产品在他们的心目中是遥远的目标，他们其实无意制作出一种具有剪辑功能的产品，也无意染指在功能上和实际上取代现有VTR的产品。

另一方面，大约从1997年末开始，设计部的神山和男就在考虑开发具有剪辑功能的VTR替代产品。设计部的人在考虑创造出一部小型化、可以真正替代VTR的设备，而且从事转播节目制作的工作人员可以在不需要大型计算机系统的情况下在现场使用它。

## GCD 项目

1998年3月，小岛雄一将两个独立工作部门集合到一个被称为GCD（greatest common divisor，最大公约数）的项目。小岛将两个正在考虑开发完全不同产品的团队结合在一起，意在共同开发具有新概念的产品。在"GCD项目"的整合过程中，小岛建议伊藤德一与神山和

---

❶ 引述部分源自作者对索尼公司播放及专业系统公司的小岛雄一、神山和男及伊藤德一的个人专访，专访在1999年6月进行。

男合作,将各自的概念完整无缺地带进该项目。开发工作继续进行,伊藤的小组依然朝着"使用磁盘而不是VTR磁带、允许多频道输入和输出、具有剪辑功能的录像机"方向努力,而神山的团队照样为"允许视频和音频实时输入和输出,具有储存功能的专业化计算机"而奋斗。总之,"GCD项目"利用了价值差异化,而不是使用传统劳动分工的功能差异化。

　　当时不仅没有像MAV-555这样的产品,而且对制造商和潜在用户来说,他们也不清楚这个产品是什么样、不知道如何使用这种产品。于是,MAV-555究竟应该属于哪类产品可以说是众说纷纭。我所能够做的事情就是让伊藤和神山继续将他们的观点应用在这个产品上,让他们在开发过程中彼此接触,然后使接触成为有益的事情。神山在使用VTR及磁盘进行剪辑的用户界面方面经验丰富,因此我建议他注意这方面的重要性。我指示他在MAV-555使用便利性方面决不要妥协。另一方面,我指示伊藤充分发挥他在索尼公司这个领域的丰富经验和专业知识。关于主体构架,我指导他要小心谨慎,远离MAV-2000。由于MAV-555配备以太网,我强调要考虑如何从与网络相连的用户的角度来看待MAV-555,这是伊藤小组的主要任务。(小岛雄一)

　　项目组内部很快就发生了严重的冲突。神山小组追求的境界是与VTR相同的用户界面。然而,从建立服务器角度出发的伊藤小组则认为包括的功能过多。伊藤小组意在建立一个在没有给服务器带来高负荷的情况下稳定工作的系统,即使这意味着需要降低功能的数量。虽然神山小组认为反应速度是关键的特性,但伊藤小组则感到,反应速度较快可能导致硬盘负荷增加,系统的稳定性可能因此而大打折扣。

## 第六章　价值差异化——产品概念创新与如何组织"Know–What"

相反，神山和男坚持使帧（frame，电视传送的一个完整图像的全部面积）的数量达到最大。如果系统是基于计算机本身考虑建立的，为了确保系统的稳定性就必须降低帧的数量。当神山在美国冰球节目剪辑现场访问时，他注意到冰球撞击的声响与影像闪动出现轻微的间隔。这是由于使用低数量非线性剪辑帧所带来的问题之一。既然在慢动作重放的画面质量标准是由以前索尼公司的专业 VTR 所确定的，神山坚信索尼公司（在他所研制的新产品方面）有必要达到相同的水准：

无论一个产品使用多少数字化技术，使用该产品的是人，观看画面的也是人。我们可以尽最大的努力将人们在模拟技术中得到的感受转换到数字技术的感受上来。同时，还存在着将模拟信号变换为数字音频的问题。例如，当 VTR "快进"时，会出现"吱吱"的声音，有了这种声音，剪辑师的工作会比较轻松。在计算机式设备情况下，当使用"快进"搜索画面时，剪辑师必须眼盯画面，不可能在某个特殊时刻停顿下来。在新闻节目中，这样的设备实在难以捕捉到被闪光灯曝光的罪犯的瞬间影像。就使用便利性而言，如果我们不认真考虑用户在他们的工作情形下是如何实际使用这类设备的话，MAV–555 就不会具有独特的价值。学计算机的人会说"这不是计算机能做的事"，但我们毕竟不是在与计算机打交道。（神山和男）

坚持用户界面的神山小组与主张系统稳定性的伊藤小组试图以辩证的方式化解彼此间的歧见。他们尝试通过寻求更高水平的解决方案，来发现两种对立概念（及正题和反题）之间的合题，而不是要么正题、要么反题。他们探求"两者兼顾"的方式，而不是"非此即彼"的手法。另外，他们没有寻找"中间路线"或两种对立概念"当中"之类的折衷方案。

在系统稳定性方面，神山所建议的帧数量似乎有很大的风险。我们当时正在开发的 MAV–2000，由于落后于预计进度，很难维持小组的积极性。不过，神山对播放现场的情况比较了解，他曾经威胁说，用户甚至会对这个产品不屑一顾。他坚持为慢速搜索功能增加每秒帧数，但这样做存在一个极限。正因为如此，我们成功地开发了G-Shuttle（快速搜索）技术（一种增加每秒帧数但没有增添硬盘负载的方法），获得了对用户来说更好的模拟结果。这个结果说服了神山。为了满足神山的要求，我们对许多部分进行了改动，但我们并没有觉得这样做是一种妥协。我们开始认识到，如果我们对神山的建议作出反应，我们或许从服务器的角度对机器未来的扩展性有所贡献。另一方面，我们坚持关于构架的基本思路。神山也许会感到他是被迫接受一个先进的构架，但我们说我们也在竭尽全力说服他接受我们的构架设想。（伊藤德一）

1999年问世的MAV-555与伊藤德一和神山和男原来各自构想的产品有很大区别。在综合各种概念的过程中，"磁盘录像机"的概念逐渐浮出水面。如前所述，MAV-555利用前所未闻的崭新产品概念，成功地开辟一个新的市场。

从结构上看，以计算机为基础的剪辑系统及录像服务器与个人计算机距离越来越近。利用通用软件及硬件可以更方便地开发我们所称的非线性机器。然而，作为这种方式的一种延续，不可能产生新的概念。MAV-555既不是线性VTR，也不是业界所称的非线性的东西。MAV-555的优势在于，用户开始将这种机器称为"MAV-555"或"磁盘录像机"，这就像当时人们将新型盒式磁带播放机称为"Walkman"一模一样。（小岛雄一）

## 制约共存的领导能力

MAV-555项目负责人小岛雄一的角色暗示了在创造制约共存方面领导能力的某些要素。小岛并没有亲自定义产品概念，没有分派具体的目标及整合来自各个职能部门的结

## 第六章  价值差异化——产品概念创新与如何组织"Know—What"

果,他将自己的兴趣集中在为了制约共存将两个具有不同系统观点的小组置于一个有效的"场"里。简单地讲,小岛所扮演的角色是"场"的管理者,采用了间接领导项目的方式。

首先,小岛雄一明确地制定了约束条件:为项目设定确切的时间限制,就是将MAV-555投放市场的时间提前。小岛努力地根除工作场所内"只要开发的是全新产品,问世时间推迟多少无所谓"的情绪。一些常常是制作两次的设计原型被降低到一次。他除了督促严格恪守开发的进度,还鼓励制造工厂和质量保证部门了解项目的进展情况。小岛提议MAV-555和MAV-2000应该使用共通构架和软件,这些举措实际上塑造了制约的条件。

> 我特别重视截止日期。我还计划从经营战略的角度适当地解释其原因。只要有机会,我就会使用实际图表来解释,如果利用共通构架和软件的话,MAV-555的迅速推出及成功将会大大地改善我们事业部的利润。(小岛雄一)

第二点是伊藤小组和神山小组拥抱矛盾、培育矛盾并最终以辩证的方式在两种对立概念之间开发一种"合题(综合)"。神山小组从一开始便着力制作像磁盘录像机的产品,而且一切由他们独自完成的愿望非常强烈。他们有一种不满足的感觉,认为伊藤的构架将不会是他们所希望要的东西。与此同时,伊藤小组也不高兴,因为如果他们接受神山的方法的话,即便使用与MAV-2000共通的软件,他们的工作量也会增加,而且MAV-2000作为一部计算机,其功能性会受到影响。在这场纷争中,小岛对于技术上的事情实际上没有进行任何干预。然而关于"反应能力"和"快速搜索能力",他则指示伊藤找出一个办法。小岛还积极参与这一讨论,帮助说服神山小组接受伊藤小组提出的解决方案。为了在两个小组间促进建设性的对抗,小岛有时扮演着积极地处理冲突的角色。

第三,小岛一直在促成两个小组间的相互作用,鼓励他们以不同的方式进行联系。如小岛本人亲自负责两个小组员工的座位安排。一些人对此感到疑惑不解,事业部部长竟然会如此事无巨细。他将以前在不同楼层的两个小组专门安排在同一楼层办公，但座位还是留出一些间隔，这样如果他们就算彼此有些抱怨，也不至于彼此争吵。小岛将自己的座位安排在离两个小组最远的地方，目的是减少对该项目细节的干涉或影响。

伊藤和神山两个人对各自的领域都非常自信，所以从一开始就有一种"势不两立"的劲头。他们不是只要我一脚插进来就听话的那种人。他们对MAV-555应该是什么样子的看法大相径庭，所以这不只是协调的问题。我试图让他们了解彼此的独创想法，还要彼此体谅。我选择不要说"大家做朋友吧"这类的话，而是说"好好相处"。为两个小组营造一种氛围非常重要，让他们在无需作出毫无必要的妥协情况下彼此较劲。在这种对抗中，他们应当开始了解彼此方式的长短。如果这种情形真的发生了，事情自然会渐入佳境。我的角色是裁判员，只是制定规则，如构架的持久性及标准化。我只有在事情由于个别纷争而陷入困境之时才会进行干预。

（小岛雄一）

## 价值差异化的促进条件

价值差异化和功能差异化是组织系统的两个基本"原则"。两者之间无所谓高低。我们在前面曾强调过，价值差异化可以促进产品概念的创造和演进。然而，这两个基本原则若想有效的运作，则需要外部和内部条件的支持。

我们先看一下外部条件。实行价值差异化的组织若想有效运作的话，产品概念的进化，像我们在不断创造顾客价值的磁盘录像机案例中看到的那样，必须具备许多机会。简而言之，系统视角的多样性是一个重要的变量。因为以价值差

# 第六章　价值差异化——产品概念创新与如何组织"Know—What"

异化为基础的组织不可避免地会包含许多"冗余",这样可能会以牺牲资源的有效分配和充分利用为代价。一个产品系统的潜在视角多样性越低,企业就越容易将精力集中在一个明确定义的单一概念上面。在这种情形下,价值差异化不仅不可能展现出它的实用性,而且只能导致低效率。反之,功能差异化在低系统视角多样性方面却显示出优越性。医药产品系统可以是一个相对低系统视角多样性的产品例子。每种医药产品,如抗癌制剂或高血压药品,针对的都是某个特定的目标。"抗癌制剂"除了控制癌细胞的扩散之外,没有任何其他用途。预定且明确的概念降低了产品系统的多样性。金融服务产品是另外一个低系统视角多样性的例子。金融服务的顾客价值通常使用一个单独的指标(比如,投资回报率)便很容易被顾客所了解。

　　成熟的概念不一定等同于成熟的产品。例如,虽然汽车可能在技术上属于成熟的产品,但是在产品概念创新上面,汽车却存在很大的潜力。近来顾客信息终端产品(如手机)存在着巨大的顾客价值潜能,使创造这类产品概念的机会纷纭。即使在金融领域,私营零售银行业务也在追求各种顾客价值,这可以被表述为较高系统视角多样性行业。在这类行业里,产品概念的持续演化将成为关键的竞争维度。系统视角的潜在多样性必须通过价值差异化的原则与组织相结合。相反,在这些领域里,功能差异化则由于预先定义好的固定概念而存在很大的局限性。

　　企业应该对特定产品系统视角多样性的动态进行认真的考察。系统视角多样性的水平可能随时间的发展而变化。在PC行业里,我们可以找到一个经典的例子。最初,由微软和英特尔两家公司建立的事实(de facto)标准导致产品的系统视角多样性迅速降低。标准化不仅降低了系统复杂性,而且使产品系统单一化。随后,严格的标准甚至可以扼杀概念的创新。在PC行业里,由于对处理系统视角多样性的需求消失殆尽,价值差异化变得难以奏效。自20世纪90年代末以来,PC市场开始重新获得系统视角多样性。PC开始展示出外观多样性,如桌面PC、移动PC、个人网络终端，乃至PC内部组件也在发生变化，每项产品都体现着不同的顾客价值。

我们再看一看内部条件。在缺乏制约共存的情况下，我们可以看到价值差异化将失去其有效性。倘若没有制约共存的话，价值差异化会导致混乱或大打折扣。以产品开发为例，我们可以认为以下三种情形是制约共存的失败。第一，它也许在多种差异化概念之间作出许多妥协，最终生产出一种"四不像"的平庸产品。第二，它也许被迫将许多差异化概念塞进产品里，结果导致产品概念本身不明确、顾客感到费解的产品。第三，多种概念可能在不同的方向上发展，因此向市场推出许多种产品，结果导致产品种类泛滥。对于在泡沫经济时期的许多日本企业来说，当时企业资源过于充沛，这三种情形都出现过。MAV-555的事例说明了辩证思维的力量，它试图利用拥抱和培育冲突的方式达到更高的境界。

对于制约共存来说，另一个简单且重要的条件是组织规模。当组织规模增加时，它在各价值差异化的组织单元间建立联系的难度也会增加，在内部营造健康的竞争环境的任务也变得更加艰巨。为了实现制约共存，它们之间应该是一种"面对面"的关系，这种关系促进密切的交互作用。组织越大，满足这种条件就越困难。要想让"场"为促进制约共存而有效的运作，企业必须对项目团组或事业部的规模进行认真的管理。

另外一个重要的促进条件是对制约共存的领导。在价值差异化中，领导人的角色看上去是很被动的，它不一定需要"强势领导"。然而，这并不意味着不需要领导。如果对制约共存不进行领导，价值差异化便失去了意义。领导人必须为更高的概念勾画轮廓，使其有足够的吸引力，让所有组织成

## 第六章　价值差异化——产品概念创新与如何组织"Know-What"

员为之献身，并且让这个更高的概念在整个组织内部深入人心，所有实行价值差异化的单元和员工都必须认识到，这种有凝聚力的概念是至高无上的。如果更高的概念在整个组织内没有得以共享，制约共存之内的概念关联性（relativization）以及相伴随的内部竞争就不可能发生。当价值差异化向前发展时，企业必须对时间和可利用的资源进行严格控制。特别指出的是，在制约共存方面，领导能力的一个基本因素是对不同系统视角之间的内部角逐进行迅速、持续的评估。倘若不具备这样的领导能力，价值差异化会变得效率低下。价值差异化的低效率比功能差异化的低效率更为严重。

　　本章介绍了通过价值差异化和制约共存对概念创新活动进行组织的框架。产品概念创新并非总是需要价值差异化的组织。然而，鉴于功能差异化的传统理念，功能创新取决于个人能力，而不是组织能力。根据这种假设，只有当新概念创新者成为领导人时，概念创新才有可能发生。功能差异化或许更适合在一个全新的产业里，从零做起进行根本性创新的情形。然而，这样的概念创造实际上是为数不多的。

　　当产品概念的创新作为可持续竞争优势的源泉之一变得越来越重要时，建立概念创新的组织能力就成为比得到某些"精明"的人才更加重要的战略问题。就三种知识类型而言，传统的组织模型可能对创造前两种知识（Know—Why 和 Know—What 知识）有促进作用。组织内的职能专门化可以促进 Know—Why 的知识创造，而跨职能团队可能在探索 Know—How 知识方面更为擅长。当我们讨论新概念的创造和 Know—What 知识的根本演化的时候，传统的组织模型似乎失去它的诠释威力及管理的洞察力。价值差异化则是开辟创新管理全新视野的一个视角。

第七章

# 知识管理与全球竞争
## ——数字照相机产业中奥林巴斯的全球化知识管理方式

## 引言

在今天"无疆界"世界的许多产业里,大企业之间的全球化竞争是不可回避的现实。在面临竞争和竞争问题时,传统的"边界",如国界、"产业"之间乃至"企业"之间边界的重要性越来越低。由于消费群可以获得各种信息,并可以购买来自世界各地的产品,国界的意义变得不再像以前那样重要。竞争者往往从不可预测的地区和国家突现,许多企业在新兴产业里,正在与来自众多"行业"的竞争者争夺地盘,比如,电信、计算机和电子产业。在世界各地,战略联盟正在形成,有关价值链的活动纷纷外包,其变化几乎以周计数。在这种情况下,为"企业"划定边界线就可能成为争议的焦点。

在"无疆界"全球性竞争的世界里,企业并不会将其价值链活动集中在某个地点,而是选择放在世界的各个角落。许多企业还将部分价值链活动外包出去、与其他企业合作。对于许多跻身全球竞争的企业,为获得并维持在全球的竞争力,对这些分散的区域性活动进行协调的策略就成为一项重要的课题。

当与有形硬件相比,价值愈加以无形资产出现时,以知识为基础的经济,以及知识作为一种竞争利器,其重要性在不断上升。现在企业绝对必要的资产不是厂房和设备,而是积累的知识以及拥有知识的人。

为了获得并维持竞争力,许多企业已经将竞争战略的焦点集中在了如何对知识进行管理上。近年来,对知识的定义、分类及知识管理构架形成的各种研究有了长足的进展,尽管如此,全球竞争与知识管理之间的联系尚未确定。例如,在全球范围内如何对知识进行管理,如何思考和实施全球学习作为有效竞争武器等问题,尽管很重要,但却尚未得到充分的讨论。

本章将以奥林巴斯(Olympus)公司数字照相机开发的实例,尝试对全球产业内知识管理方面的问题进行探讨,特别是在数字照相机产业的发展过程中,奥林巴斯公司的全球知识管理体系是如何形成并演化的。

本章首先对与全球竞争、价值链活动区位(location)以及知识管理有关的理论进行回顾。然后以数字照相机产业作为一个迅速全球化产业的案例,描述该产业究竟是如何诞生并发展起来的。本章还将描述奥林巴斯公司在该产业的知识管理方法。通过回溯其成功历程及困境,以及检验其全球知识管理的新途径,本章将为管理者指出一些实际经验教训。

## 与全球竞争、区位和知识有关的理论

在本节里,我首先对全球知识管理问题方面的文献进行回顾。先来回顾迈克尔·波特的"集群"概念和"菱形"模型,然后讨论野中等人提出的知识转换及"场"(情境、互动场)的概念。有关跨国公司价值链活动的管理,我将讨论波特的配置与协调概念,并简要论述巴特莱特和哥夏尔(Bartlett和Ghoshal,1998)的跨国界公司模型。最后,我试图

# 第七章 知识管理与全球竞争——数字照相机产业中奥林巴斯的全球化知识管理方式

在三者之间建立一个联系,并讨论本章所提出的有关知识管理和全球竞争的问题。

**产业集群**

数字信息技术和传输方面的进步使我们今天有条件积累、压缩和分析大量数据或信息,并迅速将它们传递到世界各地。当现实世界里的无疆界经济席卷全球时,实际的距离和国界也就完全失去了意义。在这种情况下,跨国公司完全可以利用其全球触角来获得世界各个角落的资源和知识。

然而,成功的企业和新兴产业大都集中在世界某些区域。波特(Porter,1998)指出:在特定行业里,具有突出表现的公司并非分散在世界各地,而是趋向于集聚在某些区域。他将这类区域称为集群(cluster),也就是在特定区域不同寻常成功的关键聚集区。波特的"集群"是由竞争性产业和企业构成的,它们形成垂直关系(供应商、渠道和买家)、横向联系(共同技能、技术和输出物)以及集中在某些地域的集团。硅谷和好莱坞通常被视为地区性集群的代表,而意大利的时装和皮革制品则被看成是国家型集群的象征。

尽管区位理论在国际经营与战略文献中基本上没有得到重视,但波特认为区域优势在今天依然存在。他指出,尽管全球化风行世界,但仍存在的四个重要的区位因素,它们是:

1.**要素条件**:包括人、材料、知识及资本资源在内的输入成本和质量。

2.**需求条件**:本地对某一产业产品或服务需求的挑剔程度。

3.**相关／辅助行业**:所在国存在国际性竞争能力的供应商及其他相关产业。

4.**企业战略与竞争对手的背景**:控制企业的设施、结构和管理体系,及国内竞争对手之间的竞争特点的各种国内条件(如图7-1所示的四种要素)。

波特认为,区位四要素作为生产率和创新"菱形系统"相互作用,为维持可持续的竞争能力提供了可能性。

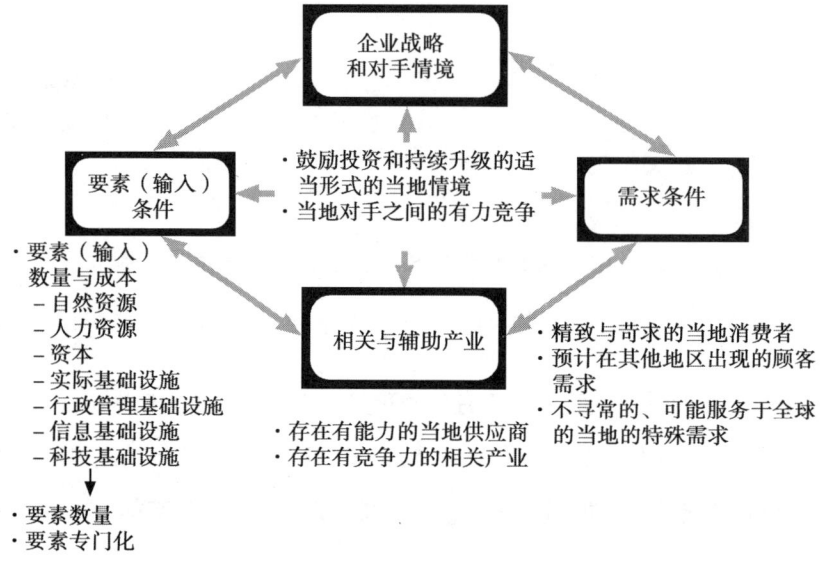

图 7-1　集群

来源：Michael E.Porter,*On Competition* (Boston:Harvard Business School Press, 1998),p.211.

虽然全球战略的特征是在世界各国使价值链活动本土化、自由而且灵活，但波特强调："各类核心活动，比如战略规划，应该尽可能集中在一起"。他用"根据地"（home base）来描述价值链中核心活动发生的地点。根据他的观点，企业可以自由挑选它所希望进行竞争所处的背景,这一点反映了波特在全球战略和竞争中区位重要性的思想。

## 知识转换

野中等人（2000）明确将知识一分为二，即暗默知识和形式知识。暗默知识以高度个人化、主观、非正式和体验为特征，难以被明示化。暗默知识的例子包括对新顾客和市场需求的直觉、预感和"感觉"，以及对它们所积累的主观见解。形式知识是可以通过形式和系统语言表示的知识。形式

# 第七章 知识管理与全球竞争——数字照相机产业中奥林巴斯的全球化知识管理方式

知识的例子包括CRM（customer relationship management，顾客关系管理）系统中的顾客数据库或SCM（supply chain management，供应链管理）系统中的供应商数据资料。这类知识通常可以由IT系统进行加工、传送、储存和维持。

野中等人倡导，通过形式知识与暗默知识之间的相互作用，企业可以创造知识——这个过程被称为知识转换。转换的四个模式为：共同化、表出化、联结化及内在化（见图7-2）。

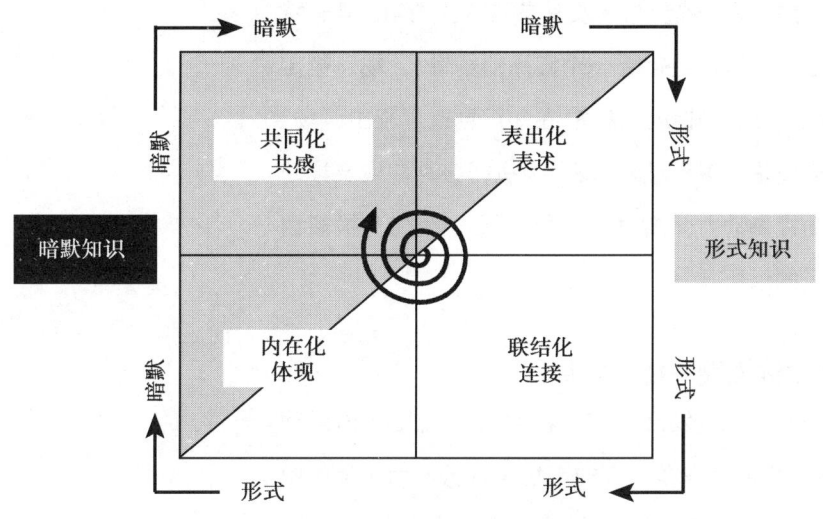

图7-2 SECI：知识转换过程

来源：Nonaka and Takeuchi, 1995.

共同化是指从暗默知识到暗默知识。它常常发生在非正式会议上，也许会超越组织的边界，如与顾客及供应商之间的互动。在共同化过程中，产生共感非常重要。

表出化是指由暗默知识向形式知识的转换过程。通过表达的方式，可以与他人分享知识。在新产品开发过程中，概念创造是表出化的例子。在这个过程中，经常使用一些比喻和类比。

当零散的形式知识在一起用来创造系统的形式知识时，联结化过程便产生了。然后这些系统的形式知识被分散给组织的所有成员。数据库对这类过程有很大帮助。

内在化是形式知识体现在暗默知识之中的过程。它与"做中学"有着密切的联系。产品概念和制造步骤（属于形式知识）通过行动和实验的形式得以活用。这些程序知识在沉淀为个人暗默知识时成为技术技巧。

通过转换过程，两种知识在质和量上得以扩展（螺旋式上升）。

野中等人还强调"场"（物理、虚拟和精神空间）的重要性，通过"场"来鼓励知识的转换（见图4-3）。

创造知识的过程，就参与者及其参与方式而言，具有特定情境的特征。知识创造需要一个实际的场景。"场"被定义为创造、共享和活用知识的情境。在知识创造过程中，"场"的形成和再形成是关键，因为"场"为执行各种转换及推动知识螺旋运动提供动力、质量和场所，"场"是信息被解读而转化为知识的场所。

**全球化产业中价值链活动的管理**

随着某一个产业的发展，全球化会愈演愈烈，下游活动（如销售和服务）会在许多国家的市场里进行，而不是集中在某个区域。一旦四种区位要素的条件得以满足，该产业内的企业就会开始在分散的区域进行其价值链活动，而不是在"集群"内进行。

波特（1998）建议：若想对这些分散在不同区域的活动进行管理，并且在全球竞争下获得并维持可持续竞争能力，企业必须决定在哪里进行这些活动以及对价值链活动进行协

# 第七章  知识管理与全球竞争——数字照相机产业中奥林巴斯的全球化知识管理方式

调。通过强调在分散区域所获得的整个信息、技术和知识整合,以及将这些东西反映在产品服务和其他活动中"根据地"的重要性,他暗示,学习过程是在某个区域里发生的。

巴特莱特和哥夏尔(1998)提出了"跨国"公司模型。他们认为,企业应该考虑价值链的活动等级,并决定是否集中或相应分散每项活动。

这两种方法都暗示学习和知识管理是高度集中的。技术和战略知识及突破性思想在卓越中心那里积累,然后传播到外围单位。两种方法均强调加强最佳做法普及、共享交流以及其他机制的重要性。

## 全球化产业的知识管理

当一个产业进行全球化时,以知识管理的观点来看,参与企业所面临的任务变得更加复杂化。

一方面,全球范围运作的跨国企业可以通过分布在世界各地员工分享和传递信息及知识。这一点一般被认为是全球运作的优点,被描述为"全球触角"在行动。但另一方面,实际距离可能对知识转换产生多种不利因素。

如果应用两种知识的概念,我们就会看到,就其本质而言,暗默知识必须在特定区域的场所"产生"并进行传递。当我们考虑人员和组织需要通过实际距离的接近来产生暗默知识时,实际距离接近的重要性或在一个集群内"区位"优势得以加强。触发知识创造的东西,特别是暗默知识是实际距离接近的个人之间的非正式及开放式互动。所存在的暗默知识通过并非是基于文档和利用信息技术进行世界范围的交流。人们不可能将预感和市场的蛛丝马迹进行标准化,也不可能将其编成文本文件来传递。恰恰相反,零碎的信息及市场"感觉"是彼此接近的人几乎在不知不觉间进行交换的,然后浮现出一幅有关未来的清晰图像。在某种意义上，倘若理解惟有世界艺术大师才具有的暗默知识，实际的"场"是必要的条件。

以新市场变化的微弱迹象为例，当地方市场而不是传统"领先"市场或"集群"的变化和市场现象几乎同时席卷世界之时，企业究竟如何捕捉到这些信号呢？微微涟漪可能演变为迅速吞噬世界的滔天巨浪。因为微弱变化一般总是由实际接近于市场的个体所察觉，由他们的市场嗅觉所感知，因此，关于这个市场的知识很难被系统地储存起来并传递出去。企业必须有能力对无数的信号进行辨别，从中找出市场的各种需求变化，并且在它们价值链上的营销活动中将这样的暗默知识进行分享（按照定义，这属于全球传播过程）。

跨价值链活动的知识转换（如开发和营销）更具有挑战性。由集群理论所强调的地理接近，在市场开发的早期阶段尤为重要，就好像在市场需求和与之对应的产品规格方面的实验和探索必不可少一样，企业必须从市场中持续地收集信息，并且在整个价值链活动中分享这些信息。不仅必须对需求条件方面的知识，而且还必须对在该产业及相关和辅助产业中的企业所积累的知识，进行广泛的利用，要不断地使用和再使用知识，即试与误过程既是重要的又是必不可少的，积累并转换知识必须作为维持该集群竞争力的重要要素条件。如果所有活动集中于一处，这种交流就相对容易进行。

然而，随着该产业的发展和全球化，企业如何才能对分散在世界各地的价值链活动中知识转换的需求进行调适呢？当信息几乎同时在全球范围内进行传播时，企业又应该怎样确保迅速的知识转换，及时做出决策，以提高在全球市场上的竞争力？例如，为了增加竞争力，事关新科技和设计解决

# 第七章　知识管理与全球竞争——数字照相机产业中奥林巴斯的全球化知识管理方式

方案方面的知识需要与制造和营销活动一同进行转换并共享。在这种情况下，知识变换的情境或"场"可能是虚拟的，不仅仅局限在地理意义上的地点。鉴于当今的变化速度，各个企业为了获得称雄全球市场所需的速度应该如何对跨地域、分散于不同地点的活动和市场进行管理呢？

在管理决胜全球市场的知识方面，我们必须将产业内的市场发展阶段、企业价值链活动地点与所需知识的类型及知识分享和知识转换的机制、环境一并加以考虑。

本章将结合奥林巴斯公司数字照相机开发实例，讨论全球化企业的知识管理和"场"的问题。

## 数字照相机（DSC）产业

### 什么是DSC？

DSC（digital still camera）市场可以分成两大类：大众市场和专业市场。大众市场可以进一步分解为简单VGA（video graphic array，视频图形排列），或称起始水平VGA，及自动调焦照相机。本章所讨论的DSC市场是指自动调焦照相机这一市场区隔。自动调焦照相机的功能组合各式各样，解析度各有不同。解析度从VGA（索尼的Mavica）到500万像素不等。所有机型均包含LCD（液晶显示屏）及可移动存储器。

任何一台DSC都使用图像传感器，比如将穿过镜头的光信号转换成电子信息的CCD（电子耦合装置）。一个模拟数字转换器将这些信号进行数字化处理，然后，加工成电子图像。DSC中的关键部件是指其光学部件（镜头）、CCD、ASIC（特定用途集成电路）。

DSC的光学部件与氯化银照相机的部件相同，利用较少的组件获得必要的精确度是设计上的挑战，这样的挑战一直是如何在照片画质与透镜的尺寸之间进行权衡。近来，突飞猛进的CCD技术可以制造出解析度更高的DSC。

## DSC产业的发展史

### 初始扩张时期（1995年到1997年初）

1995年3月，卡西欧公司在世界上首次推出LCD数字照相机，这款名为QV10的产品使用了25万像素的CCD，重量轻，解析度为VGA的1/4，可以与当时的个人计算机兼容，价格为6.5万日元。这款产品在日本的销售数量曾经达到原月产目标计划3 000台的10倍，一度成为炙手可热的产品，其巨大成功可以归纳为以下三个方面：

1. 将该产品定位为PC的外围输入装置；
2. 产品定价不超过10万日元；
3. 配置随拍即现的LCD显示幕。

结果，日本的DCS市场呈现爆炸式增长，从1995年20万台增加到1997年的超过100万台。

1995年末，在DCS产业中参与竞争的企业只有八家。可是到了1996年，其他产业的企业开始侵入这一市场，例如，生产消费电子产品的企业索尼、松下、三洋和夏普公司，以及光学产品公司奥林巴斯、佳能和富士胶卷公司正式进入DSC产业。1997年，竞争对手数量猛增至27家（其中12家为照相机相关的企业，15家来自消费电子产品产业的厂商）。

在1996~1997年间，相继投入市场的照相机大部分定位为计算机外围设备，其具有VGA解析度的CCD从30万到35万像素之间。顾客为年龄在30~40岁之间的男性，他们是计算机和照相机的用户。随着计算机的普及以及因特网的迅速发展，当消费者开始在他们的网站和邮件中使用DSC照

# 第七章 知识管理与全球竞争——数字照相机产业中奥林巴斯的全球化知识管理方式

片时,日本的 DSC 市场持续快速成长。

## "照相机"定位所触发的市场成长

自 1997 年末以来,DSC 市场经历了第二轮高速扩张。全球 DSC 交货量从 1998 年的 293.4 万台到 1999 年的 529 万台。当时,日本市场是中高端市场(一百万像素以上)的领导者。表 7-1 表示日本、美国和西欧的 DSC 交货量。市场上的产品种类也从 1994 年的 5 种跃升到 1997 年的 49 种。

表 7-1 数字式自动调焦照相机交货量

| 年 份 | 1998 | 1999 | 2000 | 2001 | 2002 |
|---|---|---|---|---|---|
| VGA P&S[①] | 330.5 | 224.0 | 512.3 | 470.0 | 415.0 |
| 美国市场占有率(%) | 31.9 | 7.1 | 6.5 | 5.5 | 4.2 |
| 世界市场占有率(%) | 34.0 | 58.6 | 70.1 | 66.2 | 61.7 |
| XGA P&S | 无 | 336.0 | 245.6 | 79.1 | 54.0 |
| 美国市场占有率(%) | 无 | 10.7 | 3.1 | 0.9 | 0.5 |
| 世界市场占有率(%) | 无 | 59.3 | 65.0 | 63.7 | 74.0 |
| 1MP P&S | 无 | 1075.2 | 1904.8 | 2190.0 | 2732.0 |
| 美国市场占有率(%) | 无 | 34.3 | 24.3 | 25.4 | 27.4 |
| 世界市场占有率(%) | 无 | 37.7 | 44.1 | 42.6 | 1.8 |
| 2MP P&S | 无 | 604.8 | 1502.6 | 1789.0 | 2208.0 |
| 美国市场占有率(%) | 无 | 19.3 | 19.2 | 20.8 | 22.1 |
| 世界市场占有率(%) | 无 | 40.6 | 42.0 | 42.9 | 41.9 |
| 3MP P&S | 无 | 无 | 750.8 | 760.0 | 789.3 |
| 美国市场占有率(%) | 无 | 无 | 9.6 | 8.8 | 7.9 |
| 世界市场占有率(%) | 无 | 无 | 33.5 | 32.0 | 30.8 |
| 4MP[②] P&S | 无 | 无 | 无 | 25.1 | 93.0 |
| 美国市场占有率(%) | 无 | 无 | 无 | 0.3 | 0.9 |
| 世界市场占有率(%) | 无 | 无 | 无 | 25.7 | 43.1 |
| 全部 P&S | 330.5 | 2240.0 | 4916.1 | 5313.2 | 6291.3 |

续表

| 年份 | 1998 | 1999 | 2000 | 2001 | 2002 |
|---|---|---|---|---|---|
| VGA P&S | 437.4 | 57.0 | 65.0 | 78.0 | 87.0 |
| 日本市场占有率(%) | 33.1 | 2.8 | 1.8 | 2.0 | 2.0 |
| 世界市场占有率(%) | 45.0 | 14.9 | 8.9 | 11.0 | 12.9 |
| XGA P&S | 无 | 114.0 | 32.0 | 0.0 | 0.0 |
| 日本市场占有率(%) | 无 | 5.6 | 0.9 | 0.0 | 0.0 |
| 世界市场占有率(%) | 无 | 20.1 | 8.5 | 0.0 | 无 |
| 1MP P&S | 无 | 1064.0 | 1102.5 | 1199.9 | 1310.0 |
| 日本市场占有率(%) | 无 | 51.9 | 31.3 | 31.0 | 30.7 |
| 世界市场占有率(%) | 无 | 37.3 | 25.5 | 23.3 | 20.0 |
| 2MP P&S | 无 | 665.0 | 1122.0 | 1209.0 | 1360.0 |
| 日本市场占有率(%) | 无 | 32.4 | 31.8 | 31.3 | 31.9 |
| 世界市场占有率(%) | 无 | 44.6 | 31.4 | 29.0 | 25.8 |
| 3MP P&S | 无 | 无 | 1007.1 | 1091.7 | 1201.0 |
| 日本市场占有率(%) | 无 | 无 | 28.6 | 28.4 | 28.1 |
| 世界市场占有率(%) | 无 | 无 | 44.9 | 46.2 | 46.9 |
| 4MP P&S | 无 | 无 | 无 | 30.5 | 61.0 |
| 日本市场占有率(%) | 无 | 无 | 无 | 0.8 | 1.4 |
| 世界市场占有率(%) | 无 | 无 | 无 | 31.3 | 28.2 |
| 全部 P&S | 437.4 | 1900.0 | 3328.6 | 3615.1 | 4019.0 |
| VGA P&S | 126.4 | 56.0 | 96.1 | 86.7 | 80.0 |
| 西欧市场占有率(%) | 34.0 | 7.0 | 4.3 | 3.4 | 3.0 |
| 世界市场占有率(%) | 13.0 | 14.7 | 13.2 | 12.2 | 11.9 |
| XGA P&S | 无 | 63.0 | 60.0 | 25.0 | 10.0 |
| 西欧市场占有率(%) | 无 | 7.9 | 2.7 | 1.0 | 0.4 |
| 世界市场占有率(%) | 无 | 11.1 | 15.9 | 29.1 | 13.7 |
| 1MP P&S | 无 | 427.0 | 800.6 | 980.0 | 1104.0 |
| 西欧市场占有率(%) | 无 | 53.4 | 35.5 | 38.9 | 40.9 |
| 世界市场占有率(%) | 无 | 15.0 | 18.5 | 19.1 | 16.9 |
| 2MP P&S | 无 | 154.0 | 694.6 | 731.0 | 784.0 |
| 西欧市场占有率(%) | 无 | 19.3 | 30.8 | 29.0 | 29.0 |
| 世界市场占有率(%) | 无 | 10.3 | 19.4 | 17.5 | 14.9 |
| 3MP P&S | 无 | 无 | 345.8 | 356.0 | 361.0 |
| 西欧市场占有率(%) | 无 | 无 | 15.4 | 14.1 | 13.4 |
| 世界市场占有率(%) | 无 | 无 | 15.4 | 15.0 | 14.1 |
| 4MP P&S | 无 | 无 | 无 | 20.0 | 32.0 |
| 西欧市场占有率(%) | 无 | 无 | 无 | 0.8 | 1.2 |
| 世界市场占有率(%) | 无 | 无 | 无 | 20.5 | 14.8 |
| 全部 P&S | 126.4 | 700.0 | 1997.1 | 2198.7 | 2371.0 |

① P&S：自动调焦照相机
② PM:百万像素
来源："Worldwide Digital Camera Market Forecast and Analysis 2000–2005"
分析员：Chris Chute.

## 第七章 知识管理与全球竞争——数字照相机产业中奥林巴斯的全球化知识管理方式

DSC 市场迅速扩张的第二阶段是由不同定位，即将 DSC 视为照相机，以及运用不同战略的竞争者集团的市场进入所触发的。当时领导这一潮流的企业就是奥林巴斯光学有限公司。

## 奥林巴斯早期对 Camedia 系列 DSC 产品的开发工作
### 简介

奥林巴斯在 20 世纪 70 年代便开始开发电子成像系统。不过，电子成像系统的利润率非常微薄，所以公司在 20 世纪 80 年代后期便退出录像行业。

当 1981 年索尼发表 Mavica 电子照相机时，奥林巴斯受到强烈的震动，在 20 世纪 80 年代初开始加速电子照相机的研发工作。1992 年 3 月，它向市场推出首款模拟型 DSC VC100；一年之后又推出单价为 52 万日元的数字式 DSC VC-1000。

20 世纪 90 年代初，奥林巴斯公司的传统产品（包括内窥镜、显微镜和氯化银照相机）市场成长在不断下降。高利润内窥镜的销售占奥林巴斯公司总销售额的一半，但在 1993 财年开始下滑，导致同一财年公司利润急剧下滑。

为探索新的潜在商机，新任总裁岸本正寿于 1993 年设立新事业推进部。在日本，处于萌芽阶段的数字照相机便成为新型事业的苗子。当奥林巴斯决定入主 DSC 市场时，岸本的目标是创建一个 100 亿日元的 DSC 业务。他指派菊川刚领导 DI（digital imaging，数字成像）项目。该项目于 1995 年启动，数字成像项目团队正式于 1996 年 4 月组建，这是一个向总裁直接汇报的独立项目。

随着卡西欧 QV10 投放市场，消费者市场开始腾飞，因为市场潜力存在许多不确定性，奥林巴斯公司内部就是否应该进入这个新兴市场的争论更加激烈。另外一个热门话题是该公司是应该聚焦在专业市场还是消费者市场。当时，其他照相机厂商趋向于在专业用途方面的技术能力和高利润潜能上投入资金。尽管公司内部一些人反对，菊川刚（奥林巴斯现任总裁）还是提出专注消费者市场的想法。用他的话来说，"专业市场虽然已经被我们的对手所霸占，消费品市场潜力却大得多"❶。他的目标是在三年之内销售方面达到100亿日元。在当时，这个数字与公司最小事业部的年销售额相等。

菊川聘用在日本市场销售方面有着丰富经验的小岛佑介。虽然小岛以其独特性格而出名，但该项目团队需要一位坚韧而又精力充沛的人物。小岛带领团队对消费者的预期以及关键器件和外围设备、电信和计算机基础设施方面的科技进展进行了深入广泛的市场调查。

在确信DSC消费者市场的巨大潜力（1996年100万台，1997年200万台，2000年1 000万台）及消费者对高质量影像的需求之后，菊川和小岛决定开发一款重点在"高画质"的高像素机型，这一定位与卡西欧将其产品定位为计算机输出设备的设计大相径庭。选择这一定位的原因是，他们希望公司作为一家照相机制造商在技能上投下本钱，并且确信市场存在对高解析度的需求，因为他们坚信照片将成为欣赏图片的重要方式，而不是通过只有30万到40万像素的计算机监视器来观看。在当时的市场上，卡西欧相机的像素有30万，佳能的相机有60万像素。

菊川刚还决定公司退出机构和专业用途的DSC市场。在开发初级阶段，项目团队来自技术开发部的成员对DSC相片的画质持怀疑态度，制造部门对其可行性也不乐观。然而，在一年内，该项目团队成功地于1996年10月在市场上推出Camedia系列的首款机型，XGA解析度级的C800L达到80万像素。

❶ "Lessons pf Experience-Tsuyoshi Kikukawa,CEO,Olympus Optimal"(Japanese),*Works*,June/July,2002.

## 第七章 知识管理与全球竞争——数字照相机产业中奥林巴斯的全球化知识管理方式

有关 Camedia 系列照相机开发的另外几个关键的决定包括强调开发速度，以及在消费者市场上确立领先投放产品的形象。由于奥林巴斯在 DSC 消费者市场上属于迟到者，他们确定目标投放日期，而且实际上在获得高层批准一年之内推出首款相机。为了缩短打入市场时间，公司鼓励进行外包及与其他制造商合作，这一点与传统的奥林巴斯做法有明显的区别。

特别是，项目团队决定使用三洋公司原创的 8 毫米摄像机通用 CCD。奥林巴斯开发产品概念、技术规格、外饰设计、镜头和闪光灯。他们虽然制造镜头和机身，但将 CCD 和存储器的生产委托给三洋。ASIC 设计则与 F 公司合作开发。为缩短入市时间，他们将实际生产交给三洋电子来完成。

奥林巴斯在开发氯化银照相机时曾经动用过在每个市场区间导入新机型的方式，它在数字照相机市场上也想要照搬同一种方式来划分市场，借机进行产品升级换代。为了扩大产品线，该公司提供具有 VGA 解析度的 C400 和 C400 这类低端机型。

当奥林巴斯认识到他们在原有时间框架里不可能将某些性能和规格结合到首款机型之中时，他们便选择不推迟既定导入时间，而是在下一个机型里考虑这些性能和规格。例如，为了赶在竞争者在市场站稳脚跟之前，他们牺牲内部开发工作，并且在首款 C800L 推向市场时不使用高像素 CCD。

时隔一年，第二款相机 C1400L 于 1997 年 10 月问世。该相机由奥林巴斯自行开发，共有 50 位 DI 项目工程师参与。公司决定该款相机不是袖珍型，而是 SLR（单眼反射式照相机）三倍可变焦相机。此举是配合高价（当时袖珍型数字照相机的价格在不断下降）、高像素 CCD（2/3 英寸）和变焦功能之需。集成电路的开发和生产都在公司内部进行。

C1400L 的关键部件是高像素 CCD，由于主要是为高清晰度电视机所用，所以非常昂贵。奥林巴斯公司的工程师决定与 NEC 共同开发高像素 CCD。NEC 的最初要价是 10 万日元，而奥林巴斯的目标成本是4.5万日元，关于价格的协商谈判与产品开发齐头并进。

为了降低CCD的成本，奥林巴斯提出最低采购10万只CCD，并承担部分开发费用。市场对首款C800L的拥戴有助于增进奥林巴斯承诺的可信度，进而促进与NEC的合作努力。NEC公司向奥林巴斯公司承诺：在指定时间里不会将140万像素的CCD销售给其他公司。在重新检查质量后，通过对产出的改进，它们对降低CCD成本进一步做了许多努力。

最终，C1400L于1997年10月以12.8万日元的价格面市。市场对以如此价格配备高像素CCD的SLR型DSC显示出极大热情，C1400L成为比C800L更加热门的商品。当时，市场上可以买得到的最便宜的高像素相机是富士胶卷公司标价29.8万日元的DS-300相机。因此，C1400L算得上是一种震撼性产品。

在一年之内，奥林巴斯公司推出8种机型，包括C800L和C1400L。在1998年，即进入DSC市场第二年，销售额达到230亿日元，而最初确定的头三年销售目标是100亿日元。在1998年，DSC业务已经做到盈利，而以前的三年目标是在五年里实现无累计亏损。

Camedia系列相机巨大成功背后有以下几个原因：

1.DSC作为"下一代"照相机的明确定位；

2.为制作高质量相片，将高质量镜头与成像器件相结合的价值进行营销；

3.不仅利用传统照相机销售渠道，还动用家用电器（录音机）和计算机等销售渠道。

DI项目表现出奥林巴斯做生意的新方式，建立起了与该公司其他部门不同的文化。达成共识所需的会议次数减少了

## 第七章 知识管理与全球竞争——数字照相机产业中奥林巴斯的全球化知识管理方式

2/3，项目领导对减少入市时间的决策迅速果断。这一点与硅谷的文化非常相似。尽管没有直接参与DSC开发工作，但在保护项目团队方面，总裁岸本正寿起到了积极有益的作用。

CL1400将DSC市场从计算机输入设备市场转变为"照相机"市场，进而迅速推进了市场发展。随着该机型的市场导入，市场的特征转移到高解析度方向，以CCD的像素作为衡量标准。在1997年下半年，高解析度竞赛提速，各个厂家竭力增加像素的数目。1999年春季，200万像素的照相机开始问世，而到了2000年春季，300万像素机型接踵而来。

**奥林巴斯早期全球知识管理方式的分析**

奥林巴斯在1997年和1998年开发Camedia系列数字照相机时所采用的全球知识管理可以用以下特点来概括：

1. 依照需求、要素、相关／辅助产业和竞争对手的观点，公司充分利用了地处日本的区位优势。

2. 成功很大程度上依赖于日本市场对"清晰照片"需求的暗默知识。

3. 在实际"场"里，充分利用了公司内部工程师之间以及与供应商／相关产业之间的协作（利用数字照相机所依存的产业中各种密切的网络关系）。

然而，以上在"全球"知识管理方面着墨不多。在以下部分，我将逐一解释。

**1. 区位优势**

奥林巴斯在市场开发的早期阶段，充分利用了波特菱形四要素所代表的日本"集群"区位优势。

**需求条件** 日本市场的需求条件促进DSC市场作为"照相机"市场的急速成长。首先，日本市场，特别是视DSC作为下一代SLR和袖珍型照相机的中高端市场，与其他市场（如美国和欧洲）相比可谓庞大。

　　挑剔的日本顾客在过去氯化银照相机时代以需求强劲和鼓励创新闻名遐尔。遵循这一传统，公司在促进数字照相机市场中的创新上扮演着重要的角色。日本早期用户喜爱像DSC这样的电子玩艺的创新。一般来讲，日本消费者还以在"时尚"一旦流行便会蜂拥追随的倾向而出名。这些需求条件为DSC作为照相机创造了飞速发展的机遇。

　　日本消费者对"清晰照片"的强烈偏好和需求，引导了高解析度机型的走向，使具有高像素的CCD得以发展起来。对DSC作为"照相机"的发展来说，日本市场的这些特征与其他主要市场的特征相比更为重要。例如，美国市场，其消费者原本是以特别注重价格为特征的，对DSC作为计算机输入设备更感兴趣，而没有高解析度方面的需要。

　　**要素条件及相关／辅助产业**　　奥林巴斯从日本的要素条件以及与相关／辅助产业的竞争力和合作方面获益匪浅。

　　日本有许多由不同企业电器、电子、光学和化工工程师参与的非正式团体和论坛。电子制造商及照相机／光学产品制造厂家的工程师们历来有着密切的联系，他们自20世纪80年代索尼Mavica诞生以来一直为电子照相机的开发而努力，其网络关系自然相当重要。在开发电子照相机的早期阶段，他们由于经历了许多失败，一度在市场上被8毫米摄像机打得铩羽而归，因此他们共享浓厚的同志情谊。因此他们形成一种同舟共济情怀。在开发商用电子照相机的共同努力中所体现出来的精诚合作意识，有时这种密切关系到了不免泄露所获得的技术诀窍的地步。因此，这些工程师为卡西欧QV10的问世而喝彩。这款相机开启了扩展的第一个阶段，也成为数字静态照相机成功面世的标志。

## 第七章 知识管理与全球竞争——数字照相机产业中奥林巴斯的全球化知识管理方式

奥林巴斯的成功也得益于来自不同企业的工程师所处的合作环境。不仅工程师之间的同志情谊及他们彼此交换想法及进行实验的非正式"场",而且他们共享的对"怎样才能获得清晰的好照片"的理解,在市场开发阶段中都起到非常重要的作用。

对色彩进行量化管理极为困难。我们可以使用麦克白色图(Macbeth chart)来对色彩进行量化,但以肉眼来看,任何精确的复制都不能得到与原件一模一样的照片。例如,拍摄一幅照片及利用定量方法复制颜色所得到的红玫瑰与实际的红玫瑰是有区别的。然而,增添一些粉色可以使照片获得夺目的红色。因此,能够判断出"好照片"的工程师对DSC的开发至关重要,对"一幅好照片"中的色彩敏感是只有通过看大量好照片才能积累起来的知识类型。这类知识以暗默知识的形式深深地扎根在工程师头脑之中。

为了设计出可以拍摄出具有绚丽色彩的好照片的DSC,企业必须通过大量的"试与误"过程。开发过程需要对关键部件(如镜片、CCD传感器和数字信号处理的算法)进行调整和一体化。与其他关键部件设计师一道分享色彩质量的信息,并对这些部件进行相应的调整,负责设计的人员才可能设计出好的数字照相机来。因此,设计产品的人员不仅需要理解构成"好照片"的因素,还必须对知识进行分享,这样他们才能对CCD、镜片和算法进行调整。各个团队需要共同工作,并对他们实际鉴别好照片的经验进行共享。

奥林巴斯决定进行外包和与其他企业进行合作,就充分利用DSC的相关／辅助产业的竞争力而言,可谓效果显著。日本的制造商,如索尼和松下电器,当时主导着DSC的关键部件CCD传感器的市场。此外,许多其他竞争者,包括夏普和NEC,对这种部件也非常感兴趣,这为奥林巴斯的供货来源提供了多种选择。

日本有许多LCD和ASIC方面有竞争力的供应商。虽然对数字照相机而言需要对ASIC进行特殊设计,但制造商在为氯化银照相机设计ASIC时所积累的诀窍,已形成了一笔巨大的资产。技术上的挑战并非是集成电路本身的设计,而是如何获得与摄影者感受能力相匹配的图像。奥林巴斯作为一个氯化银照相机业者,掌握着这一光学产品的技术上的诀窍。

**竞争与竞争环境**　在 DSC 产业里,竞争环境和市场机制从该产业一开始就完备到位。如同氯化银照相机和其他电子产品情形一样,控制产业的政府管制不多。来自不同产业的企业可以自由地进入和退出该产业。业内厂家在全球竞争环境之下,了解竞争的规则全部操之在我。日本照相机产业协会作为工程师们分享想法的一个论坛,其目的不是阻止新进入者及对竞争进行"管理"的协会。不过,进入者之间的竞争非常激烈,每年的市场份额都会出现剧烈的变动。

卡西欧是第一阶段的领导者,其QV10机型在1995年和1996年位居霸主地位。当时,卡西欧的市场开拓者角色独一无二。但由于该公司以前并没有任何制造照相机的经验,因此它与家用电器制造商相比,在摄像机制造技术方面处于不利地位,与半导体制造商相比,它在CCD和LSI技术方面也处于劣势。卡西欧对其产品概念进行了演化,并试图满足各种"冲突的需求",其产品概念绝非在一开始便完美地开发出来。

另一方面,奥林巴斯用清晰定义的"下一代"照相机的产品概念对卡西欧提出了挑战。电子制造商(如索尼)和照相机厂商(如富士胶卷、佳能和尼康)试图以不同的战略进入这一迅速发展的市场。例如,富士胶卷公司将注意力集中该公司其现有实验室网络以及企业集团内的高度垂直统合上面。索尼则试图利用其品牌威力和CCD技术来进行竞争。

一个没有管制且具有不同背景及利用不同战略的竞争者的自由市场,推动业内厂家不断地进行创新。

# 第七章 知识管理与全球竞争——数字照相机产业中奥林巴斯的全球化知识管理方式

## 2. 对暗默知识的高度依赖

来自市场的知识、在照相机／录像机行业工程师之间已经积累起来的知识在开发数字照相机过程中起着非常重要的作用。

在这种场合里，市场知识及供方（开发）知识几乎同等重要，这种知识在开发阶段是暗默的。对市场需求的"感觉"，与其说是特殊知识，倒不如说是一种直觉。它是一种对新兴市场需求的内心感觉，深深地为项目负责人和团队成员所感悟。照相机厂家要使自己的产品与其他电子制造商的产品区别开来，利用这些人的暗默知识是一种在战略上有效且符合逻辑的方式。毕竟，在早期岁月里，DSC 是定位在计算机的输入设备而不是照相机。因此，将其重新定位为下一代照相机是与传统产品概念相背离的，而不是传统概念的延伸。

另外，对怎样才能获得"完美色彩且清晰的好照片"的感受能力，以及主观见地属于不易于进行量化的暗默知识，它积累并深深地蕴藏在工程师的头脑中，作为"完美色彩管理"的能力。

## 3. 实际"场"中的广泛的协调工作

菱形模型中四要素——需求条件（对好照片的需求）、要素条件（了解什么才算得上好照片的工程师们）、竞争对手（促进激烈竞争的环境及通过活用各种资源猎取领导者地位的追求）及辅助／相关产业（光学产业、电子产业等），它们之间的协效作用可以说发挥得恰到好处。

对于市场和长年积累而成的知识，地理接近或实际的"场"是格外重要的。因为这些知识主要以暗默的形式出现，团队成员必须与各类顾客、在成员彼此之间、与供应商的工程师们进行对话。为保证 DSC 作为"下一代"照相机的定位在市场上得到充分的理解，奥林巴斯公司需要挖掘和感觉"顾客的初始需求"。按照小岛佑介的话说，"从应该如何陈列产品到顾客怎样购买DSC，乃至从他们的面部表情上，我们都可以获得顾客对我们照相机的清晰印象"❶。

这是通过面对面与顾客互动将暗默知识转换为形式知识的典型事例。身处对DSC需求量最大和规模最大的市场，奥林巴斯能够不断地保持与顾客的实际接触。这是产品开发起始阶段，企业随市场发展和变化的必要条件。在这种意义上，日本企业因为在地理上与需求市场比较接近的缘故，比海外制造商处于更有力的位置。

奥林巴斯所具有的一项特殊优势是拥有像小岛佑介这样的人才，能够与顾客产生共感（即共同化），通过提供顾客在购买DSC时表露神情的清晰印象将暗默知识表述为形式知识（即表出化）。在这个阶段，DSC作为新一代照相机的概念便宣告诞生。

为了通过知识转换来设计DSC，共享实际"场"也很重要，因为我们需要对有关照片的"良好的色彩管理"方面的暗默知识进行共享，需要将共享的理解和感受能力结合到照相机的实际设计过程当中。由于奥林巴斯将价值链活动，尤其是研发、规划和其他上游活动放在日本——自己的根据地里，在市场开发的初期阶段，对知识和试验的共享比较方便。在这个阶段，表出化过程，也就是将构成清晰的好照片的因素方面的暗默知识转换成有关产品设计规格的形式知识，便开始产生。

奥林巴斯为了"加速"进程，决定将许多工作外包出去，那么与其他公司共享"场"变得更加重要。数字照相机的设计更确切地讲是设计CCD、镜头和算法的工程师之间的合作及不断实验的结果，因此，面对面的交流、对话及地理距离接近对于分享这类知识非常重要。设计、制造及销售和营销

❶ Y.Kojima,"Success of Camedia at Olympus:Compete in Camera Manufacturing with Focus on Picture Quality"(Japanese), *Business Research,October*,2001.

# 第七章 知识管理与全球竞争——数字照相机产业中奥林巴斯的全球化知识管理方式

人员之间的协调举足轻重。

企业内部工程师之间及与来自供应商/相关产业的工程人员之间的高度协调是这个阶段的基本特征。在此过程中，成功设计一款数字"照相机"的经验一定深深地扎根在参与该项目的工程师的头脑里，并以技术诀窍的形式储存起来（即内在化）。

另一方面，奥林巴斯对辨别不同市场需求的信息和不同区域市场的竞争方面的全球知识管理所做的尝试并不多。

## 奥林巴斯的艰难岁月

奥林巴斯虽然利用 Camedia 系列数字照相机开启 DSC 第二轮扩张阶段，但在接下来的几年里，在维持其领导地位和利润率方面遇到了困难（见表7–2）。这是由于激烈的竞争和奥林巴斯自身缺乏全球知识管理的缘故。

### 2000年左右的世界 DSC 产业竞争态势

截至 2000 年，世界 DSC 产业已经经历了疾速发展的过程。2000 年全球 DSC 交货量为 1 125.2 万台。美国市场以 43.7% 的市场份额在交货量上位居第一，日本紧随其后。

DSC 不再是产业生命周期成长阶段的新奇事物，消费者开始变得更加了解其性能和好处。在平均系统价值方面，美国市场开始表现出下降趋势，从 1999 年 588 美元下滑到 2001 年的 533 美元，而日本的平均系统价值继续攀升，从 1999 年的 587 美元到 2000 年的 622 美元（表7–3 表示各地区的平均系统价值）。

市场竞争的全球化愈演愈烈，美国企业，如柯达和惠普公司，利用不同的战略进入市场。在 2000 年年末，惠普出其不意地推出比传统价位低 100 美元的机型。之所以能够获得这一定

表7-2  奥林巴斯光学公司财务报表

单位：亿日元

| | 年份 | 2002 | 2001 | 2000 | 1999 | 1998 | 1997 |
|---|---|---|---|---|---|---|---|
| 奥林巴斯光学公司产品集团* | 成像产品集团* | 2084.44 | 1836.44 | 1647.27 | 1396.24 | 1111.38 | 827.98 |
| | 医疗产品集团* | 2549.43 | 1955.67 | 1866.63 | 1996.30 | 840.98 | 1669.72 |
| | 工业系统及信息 | 558.33 | 874.73 | 772.56 | 744.90 | 697.46 | 607.07 |
| | 其他* | 91.92 | 无 | 无 | 无 | 无 | 无 |
| | 总计 | 5284.15 | 4667.04 | 4286.46 | 4137.44 | 3649.82 | 3104.77 |
| | 国内销售额 | 1507.61 | 1493.51 | 1449.93 | 1360.12 | 1280.25 | 1141.62 |
| | 所占比例（%） | 28.5 | 32.0 | 33.8 | 32.9 | 35.1 | 36.8 |
| | 海外销售额 | 3776.54 | 3173.53 | 2836.53 | 2777.32 | 2369.57 | 1963.15 |
| | 所占比例（%） | 71.5 | 68.0 | 66.2 | 67.1 | 64.9 | 63.2 |
| 成像产品集团 | 运营成本 | 21253.25 | 1840.44 | 1616.09 | 1391.13 | 1098.71 | 770.80 |
| | 运营利润 | 67.88 | 2.79 | 32.35 | 6.30 | 13.71 | 24.67 |
| | 资产 | 1181.71 | 1444.33 | 1084.06 | 1057.50 | 1098.46 | 842.71 |
| | 折旧 | 76.96 | 52.65 | 39.33 | 54.58 | 49.40 | 47.89 |
| | 资本支出 | 85.32 | 66.74 | 51.77 | 66.86 | 48.72 | 46.34 |

* 2002年起产品分区为"成像"、"医疗"、"工业"和"其他"
来源：2001年年报，2002年有价证券报告书。

价是因为在中国制造DSC，充分利用中国的低成本优势。惠普的战略对于更加注重"价值"的美国市场相当有效。柯达也开始委托Chinon代理制造，利用更加重视"价值"定位的产品瞄准低端市场。策动这场注意力变更的美国公司抓住了美国的市场需求。这一举动震撼了业界，DSC的价格也开始迅速下滑。

基于进一步全球化生产带来的成本要素，产品生命周期变得十分短暂。日本企业仓促将制造的价值链活动迁移到亚洲的低成本国家。三洋在印度尼西亚和韩国、美能达在马来西亚和中国台湾、富士胶卷和索尼在中国、柯尼卡和佳能在马来西亚生产DSC。DSC产业的竞争游戏规则转变为以成本效率（cost efficiency）为最低要求以及世界规模的差异化为有效的竞争利器。

# 第七章 知识管理与全球竞争——数字照相机产业中奥林巴斯的全球化知识管理方式

表7-3 三个主要市场上自动调焦DSC的平均系统价值

| 年 份 | | 1998 | 1999 | 2000 | 2001 | 2002 |
|---|---|---|---|---|---|---|
| 美国 | VGA P&S | 440 | 560 | 464 | 385 | 315 |
| | XGA P&S | 无 | 570 | 488 | 249 | 199 |
| | 1MP P&S | 无 | 550 | 396 | 290 | 220 |
| | 2MP P&S | 无 | 675 | 579 | 485 | 430 |
| | 3MP P&S | 无 | 无 | 850 | 780 | 700 |
| | 4MP P&S | 无 | 无 | 无 | 900 | 860 |
| | 全部 P&S | 549 | 588 | 533 | 436 | 369 |
| 日本 | VGA P&S | 425 | 340 | 301 | 295 | 288 |
| | XGA P&S | 无 | 300 | 299 | 0 | 0 |
| | 1MP P&S | 无 | 570 | 450 | 340 | 270 |
| | 2MP P& S | 无 | 685 | 595 | 500 | 445 |
| | 3MP P&S | 无 | 无 | 870 | 790 | 705 |
| | 4MP P&S | 无 | 无 | 无 | 950 | 910 |
| | 全部 P&S | 546 | 587 | 622 | 534 | 469 |
| 西欧 | VGA P&S | 390 | 350 | 348 | 320 | 315 |
| | XGA P&S | 无 | 350 | 348 | 250 | 198 |
| | 1MP P&S | 无 | 563 | 402 | 291 | 225 |
| | 2MP P&S | 无 | 683 | 609 | 500 | 445 |
| | 3MP P&S | 无 | 无 | 869 | 800 | 730 |
| | 4MP P&S | 无 | 无 | 无 | 950 | 900 |
| | 全部 P&S | 517 | 553 | 551 | 450 | 387 |

来源:"Worldwide Digital Camera Market Forecast and Analysis 2000-2005"
分析员:Chris Chute.

**奥林巴斯的教训**

很明显，曾经位居业界领袖的奥林巴斯公司过度依赖日本区位优势的战略不再有效。奥林巴斯一直在日本制造镜头并进行DSC制造，可是竞争对手将生产活动移往低成本的国家。这种将大多数价值链上游活动放在日本的做法不再有效。

奥林巴斯经过艰难历程学到这样几点教训。首先，面对来自电子消费市场的强大竞争者，由于缺乏新的有效且高效的竞争愿景，奥林巴斯的根基受到迅速的侵害。基于该公司氯化银照相机的心态和速度，"反应型"战略并不奏效。一经DI项目成功地推出第一批Camedia系列机型，奥林巴斯内部与氯化银照相机有关的传统心态以及根深蒂固的速度意识随即恢复常态。

其次，奥林巴斯缺乏在五年以后支持其快速发展到1 000亿日元规模业务的基础条件。它从1997年的两款机型发展到1999年的10多种机型，这使产品生命周期仅有六个月的业务变得极端复杂，难以管理。对如此庞大的产品类型进行管理需要进行联结化，即将形式知识转换为复杂和有系统的形式知识集合的过程。然而，只要可以得到开发所需的资源，它几乎以随机的方式接受来自不同市场和事业部的想法。业务的迅速成长不允许公司经历联结化阶段。

再次，由于缺乏全球知识管理概念，奥林巴斯遭受重创。公司没有识别出美国市场中竞争规则的动向和变化，也没有发现新对手惠普和柯达，或认识到全球DSC市场向成本效率方向迁移的动向。竞争对手的动作来得如此突然，以致奥林巴斯被打得措手不及。

## 第七章 知识管理与全球竞争——数字照相机产业中奥林巴斯的全球化知识管理方式

尽管市场向注重"价值"方向变化,奥林巴斯的产品定价仍然高于传统的价位。由于手机市场增速缓慢导致电子零件供应过剩,200万像素的机型价格下降到奥林巴斯机型类似的价位。例如,就美国市场的机型而言,数字型拍立得相机价格大幅降低,美国市场的需求不再是铁板一块。

此外,过度依赖构成"色彩绚烂的清晰照片"的暗默知识使奥林巴斯未能跟随市场的变化。毕竟,一旦达到高像素水平,市场无法感觉到色彩管理上的区别。那些将这一新事业引到快车道的项目负责人的暗默知识,刚好与奥林巴斯希望成为全球有实力的竞争者的愿望南辕北辙。

再者,来自像美国这样巨大区域市场的市场信息和竞争力信息并不完整。缺乏市场变化感受的人员使奥林巴斯公司难以获得来自世界各地市场的暗默知识。第二,奥林巴斯在将所获得的暗默知识转换为形式知识并且将其结合到系统知识之中,从而使这家全球性组织在它的决策可以加以利用的方面,几乎毫无建树。因此,它几乎没有任何举措促进暗默知识向形式知识的转换。

最后,产业的"速度"、势不可挡的高科技产业(包括手机和半导体)变化所带来的冲击以及全球化进展远远超越了奥林巴斯公司基本上依据氯化银照相机业务的传统对"速度"的理解。结果,它的许多动作,比如采购半导体等,均出现慢半拍的现象。

总之,奥林巴斯的知识管理做法与经历疾速转型产业所需的条件出现了不匹配的现象。

## 2002年知识管理的挑战

### 2001~2002年的DSC产业

2001年是全球照相机产业从氯化银照相机明显地过渡到DSC的年度。氯化银照相机的交货量开始走下坡路,而DSC的交货量继续高速增长,并且在交货价值上,DSC已经超过氯化银照相机。在美国、西欧和日本这三个主要市场,向DSC转向的趋势十分明显,而在发展中国家，氯化银照相机的销量依然强劲。

2002年，全球DSC交货量达到1 261.5万台。美国保持其最大市场的地位，占据全球交货量的42.1%，紧随其后的是日本（28.7%）和西欧（17.4%）。

就市场特点而论，三大区域市场开始向美国市场靠拢，其特点是开始以强大的低端市场（VGA和XGA）为主导，然后向中高端市场挺进。在以苛求和传统聚焦中高端市场而闻名的日本市场，也有了一些变化，趋向于以更高像素（200万像素以上）来衡量的高解析度，达到了一个稳定水平。当消费者使用过DSC，他们会渐渐地发现200万像素相机对于使用A4尺寸相纸已经足够，因此不再会被相机制造商对更高清晰度机型的宣传所鼓动。2001年200万像素相机的份额从39%上升到53%，而300万像素相机的份额则从27%下降到22%，同时相机的价位也开始下降。标价在六万日元的相机市场份额从2000年的38%下降到2001年的20%，而日本市场的均价（交货值除以交货量）仅在2001年头九个月内就下降了15.3%，从44 455日元跌到37 665日元。

❶ "Digital Camera Industry Report," *Investment Economy-Toshi Keizai* (Japanese),March 2002.

用户的喜好实际上在发生变化，正如一个报道所述："主要的种类是价格在四万到六万日元之间、具有200万像素的袖珍数字照相机。我们需要确保DSC使用方便，因此可以赢得家庭主妇和年长顾客的青睐"❶。的确，自2000年起，新的市场群体开始逐渐形成。这类顾客虽然不了解计算机，但他们对DSC作为经电子邮件传送照片的工具却"兴致勃勃"。他们购买DSC的理由是"朋友都有数字相机"或者"我们经常在广告或杂志上看到它们"或者"我们在买计算机的时候一并买了"。此外，厂家还为20岁左右的学生和妇女提供了最便宜的机型。

# 第七章 知识管理与全球竞争——数字照相机产业中奥林巴斯的全球化知识管理方式

表7-4 2000年各家公司的DSC交货量

| | | 交货量（万台） | 占有率（%） |
|---|---|---|---|
| 美国 | 索尼 | 128.50 | 26.1 |
| | 奥林巴斯 | 90.01 | 18.3 |
| | 柯达 | 83.00 | 16.9 |
| | 惠普 | 43.00 | 8.7 |
| | 富士胶卷 | 38.955 | 7.9 |
| | 拍立得 | 30.00 | 6.1 |
| | 尼康 | 24.61 | 5.0 |
| | 佳能 | 13.0 | 2.6 |
| | 东芝 | 7.70 | 1.6 |
| | 爱普生 | 6.50 | 1.3 |
| | 其他 | 26.33 | 5.4 |
| | 小计 | 491.605 | 100.0 |
| 日本 | 富士胶卷 | 96.53 | 29.0 |
| | 奥林巴斯 | 83.21 | 25.0 |
| | 索尼 | 56.59 | 17.0 |
| | 尼康 | 39.94 | 12.0 |
| | 柯达 | 19.97 | 6.0 |
| | 其他 | 36.62 | 11.0 |
| | 小计 | 332.86 | 100.0 |
| 西欧 | 奥林巴斯 | 41.94 | 21.0 |
| | 富士胶卷 | 33.95 | 17.0 |
| | 索尼 | 31.96 | 16.0 |
| | 柯达 | 29.96 | 15.0 |
| | 佳能 | 15.98 | 8.0 |
| | 尼康 | 13.98 | 7.0 |
| | 惠普 | 8.00 | 4.0 |
| | 其他 | 24.00 | 12.0 |
| | 小计 | 199.77 | 100.0 |

来源："Worldwide Digital Camera Market Forecast and Analysis 2000-2005".

分析员：Chris Chute.

在2001年，竞争者之间的对抗如火如茶。市场第一梯队中有索尼、奥林巴斯和富士胶卷，紧紧跟随的第二梯队中有佳能、柯达和卡西欧。松下电器公司于2001年重新进入这个行业。曾经在2000年震撼产业的惠普依然是实力雄厚的竞争者（表7-4列出了世界市场上各个厂商的市场占有率）。

富士胶卷的竞争优势如下：

1．一体化制造系统保留在企业集团内部、利用这个系统可以对主要部件，包括CCD、镜头和成像处理系统进行制造和组装。

2．基础设施包括由小型实验室构成的研发网络。

这个网络是富士胶卷公司花费很长时间才建立起来的，用于与顾客进行交流、识别顾客的需求变化，是顾客关系管理的基础设施。

据报道，价格的下滑使富士胶卷公司难以在这个领域赢利。

索尼，曾经于1996年利用Cyber-shot

系列相机进入高端DSC市场，持续以高价位推出高附加值多功能产品。它对DSC的定位是作为包括其Vaio计算机、音响设备和视听产品在内的网络的组成部分。许多顾客在购买Vaio计算机时，同时自然选择购买Cyber-shot相机。索尼的品牌威力在全球消费市场上所向披靡，该公司还设法避免打价格战。索尼没有透露其相机业务单元的利润率，但计划通过SCM系统降低库存，以获得成本效率，公司在2001年开始在中国制造高档机型。

另一方面，专注美国市场最低端产品（简单VGA）的企业，比如拍立得，事实上已经退出这个市场。

当DSC现在几乎成为一种时尚玩艺时，产品生命周期已经显著缩短了。例如，相机不仅尺寸更小、重量更轻，而且外观和颜色都已经成为重要的指标。较短的产品生命周期日益迫使企业必须加速产品投放市场的进程。

## 对知识管理的挑战

随着市场的全球化，成本效率和差异化均成为在世界范围内具备可持续竞争优势的要件。换句话说，性能出众和成本最低成为企业的"看家本领"。为了满足这些相互矛盾的要求，企业将其制造活动迁往亚洲国家（主要是中国），以获得低成本优势，日本不再可能维持其"集群"地位。

由于这些挑战，对价值链活动的协调工作变得格外复杂，而且必不可少。例如，产品开发、制造和营销职能部门需要不断更新知识及对知识进行共享。学习活动不能再局限在总部和"集群"内，而是必须在不同地点进行。不仅需要对"领先"市场和集群的"瞬间"需求，而且需要对在不同区域性市场里出现的需求和变化进行识别和整合。

# 第七章　知识管理与全球竞争——数字照相机产业中奥林巴斯的全球化知识管理方式

对新机型的设计实验必须在不同的地域同时进行。

日本企业必须对它们识别和分享暗默知识的传统优点上进行重新检讨。随着地理分散状态的持续扩大，企业需要重视重新检讨在实际"场"内通过面对面接触获得的暗默知识和知识转换。与供应商及相关产业进行暗默知识共享和密切合作也必须采取不同的形式，需要不同类型的"场"。

根据奥林巴斯公司小岛佑介的说法，"在主要市场上，企业之间的全球竞争是DSC产业的现实存在。日本的制造业需要延长暗默知识起重要作用的时期，因为暗默知识一旦转换为形式知识，价格大战便一触即发"。❶

企业还需要对暗默知识和形式知识进行某种综合。将涌现的有关需求方面的暗默知识和形式知识（可能彼此冲突）进行整合，这本身就是了不起的工作。由于暗默知识在缺乏实际情境时难以传达，所以当需要与区域性市场进行直接互动时，这种工作就变得更具挑战性。这样，企业可以付出更大的努力对其他区域性市场需求进行整合，并鼓励暗默知识向形式知识的转换。在对话和共享体验中，通过表出化和联结化实现知识转换必须起到决定性的作用。

在协调散布在不同地点的价值链活动（如开发和制造）方面，由于受到"实际"共享情境的限制，企业需要更多的表出化过程（将暗默知识转换为形式知识）和联结化过程（将形式知识与复杂的知识体系联系在一起）。

表出化需要使用比喻、类比和模型，但当跨越国家和文化的界限时，这类手段便愈加复杂，以手册和文件形式进行的联结化在全球知识管理方面也变得更加重要。

---

❶ I.Nonaka,H.Kitagawa,and Y.Kojima,"Organizational Capability and Manufacturing Innovation:Panel Discussion" (Japanese),*Business Research*,October, 2001.

最后，知识管理（尤其是知识变换）的速度需要加快，进行转换和综合的速度成为关键的因素。由于市场需求瞬息万变,产品生命周期越来越短,综合会变得越来越困难,"场"的创建将更具挑战性。

## 奥林巴斯2002年的全球化知识管理方法

在连续两年亏损之后，奥林巴斯在2002年开始努力重返第一梯队。公司2002年所采取的方式表明，它认识到全球竞争优势以及全球知识管理的新现实。

2001年10月，小宫弘出任包括氯化银照相机、数字照相机和录音设备业务在内的成像系统集团的总经理。这是奥林巴斯公司内部惟一一个生产及营销面向消费市场产品的企业集团。这一安排和接下来的机构重组是奥林巴斯的全球战略以及全球知识管理方式重大变动的标志。

### 目标

为了成为"全球主要品牌"及"全球主要供应商／从业者"，奥林巴斯制定了明确的目标。奥林巴斯意识到品牌在消费市场上至关重要,虽然它在专业和机构市场（如医疗设备）上颇有名气，但在消费市场上尚待开发。公司目标是在主要区域性市场上做到数一数二，成为"全球主要制造商"。为了获得"全球主要品牌"的声誉，公司制定了获得DSC和氯化银照相机市场全球占有率20%以上的目标。

奥林巴斯集团的利润率目标是在2003年3月末达到50亿日元，其中氯化银照相机为40亿～45亿日元、数字照相机为5亿～10亿日元，也就是恢复到2002年在数字照相机行业出现的总计约110亿日元的利润率水平。小宫弘坚信成

# 第七章  知识管理与全球竞争——数字照相机产业中奥林巴斯的全球化知识管理方式

本效率将成为全球竞争力的基础,所以奥林巴斯拟定了主要在生产上削减10%成本的目标。

## 重组

2002年4月1日,奥林巴斯宣布了若干项重大重组计划。具体说,其国内销售部门——拥有200多位专业营销人员的"光学专业营销部",被合并到"信息系统集团"之中。这一合并的目的是减少组织层次,提高企业对市场变化的迅速应变能力。在重组之前,市场需求信息的分析是由光学专业营销职能部门来完成,然后通知"信息系统集团"。因此,这项整合使该部门可以与开发和制造部门直接共享市场知识。将营销部门合并到"成像系统集团",奥林巴斯试图促进暗默知识与形式知识之间的快速转换(即表出化过程)。

同时,为了实现"贴近全球客户"的口号,奥林巴斯在各地分派具有区域市场暗默知识的人员。奥林巴斯美国公司有丰富营销经验的半田被任命为"成像系统集团"营销部门的常务部长,配备的助手是一位奥林巴斯美国公司的前经理。这样的安排是要了解美国这一日益重要的市场的各种需求以及对远距离市场的整合。奥林巴斯希望通过充分利用深植于有丰富市场感觉的人员的暗默知识,并让他们彼此共享这些暗默知识,来为全球范围的表出化提供情境。

其实在2002年4月重组消息宣布之前,小宫弘已经开始迅速着手有关重组和人事调动事宜,用他的话来讲:

> 当今市场瞬息万变,尤其在数字照相机领域,产品生命周期只有短短的六个月的时间,而氯化银照相机则为两年半,内窥镜为10年,显微镜为20年,我向手下宣布在六个月内完成重组计划。在今日的商界,由于时间的因素,我们根本无法做到让平庸的人通过辛劳来达成目标。生产率因人而异,最好的办法是找到有能力的人,然后让这样的人大显身手。

小宫弘坚信无论如何，奥林巴斯的每位员工都致力于公司的总目标。

我们有价值20亿日元的零部件和成品库存，我让公司员工想尽办法在两周内把它们销售出去。当时没有人能够提出具体的建议，所以我决定将它们全部处理掉。我所发出的信息是：我们与过去一刀两断，而且作为一个警钟，即我们曾经开发并制造生产出没有竞争力的产品。我还决定中止某些没有明确定位或没有市场前途的产品的研发工作。我将此举称作"葬礼"。

也是在2002年4月，四个国内制造中心合并为一个新公司——奥林巴斯光学技术有限公司，因此，镜头和CCD可以由一家公司生产，光学设计和制造过程活动也结合起来，在这家公司同时进行。

这些动作实际上是奥林巴斯在提供协调价值链活动的实际"场"方面的尝试。通过这种方式，奥林巴斯试图不仅在单独的价值链活动上（比如跨区域市场营销），而且在职能部门之间加速SECI螺旋过程，特别是表出化和联结化过程。在中国展开全面生产之前，奥林巴斯还通过对日本国内制造中心进行整合的过程，改善公司的制造成本结构。

当时，公司已经宣布了在中国扩大数字照相机制造能力的计划，扩大了在深圳工厂的高附加值零件（如镜头、镜片框及模具）的生产能力，而且还在广州市番禺工厂增设了一条新组装生产线。

### 明确的任务／授权："创造"和"制造"

奥林巴斯公司为提高其国际竞争力而协调价值链活动的新举措是，在全球规模的每个价值链活动以"创造和制

# 第七章 知识管理与全球竞争——数字照相机产业中奥林巴斯的全球化知识管理方式

造的任务／授权"为特征。如上所述,"创造"意味着价值的创造,而"制造"意味着价值的实现。

创造和制造一般在生产活动中最容易看得见。全部生产过程的创意部分,如制造技术的开发,均保留在"奥林巴斯光学技术公司"里。与此同时,生产方面的高质量,低成本制造中心将转移到中国。小宫弘坚信,中国的生产设施除了低成本之外,还有可能制造出优质的产品,并获得较高的生产率。

当时任事业部经理的小宫弘将其应用到氯化银照相机业务全球制造基础设施建设时,这种方式被证明是成功的。

奥林巴斯公司于1989年在香港开始生产氯化银照相机。在接下来的10年里,番禺和深圳的工厂陆续投入生产,而香港工厂渐渐失去竞争力。当小宫弘于1999年调到香港,负责氯化银照相机扭亏为盈的重任时,他在上任的六个月里便关闭香港工厂,并在1999年10月开始在番禺工厂进行生产改革。当时,奥林巴斯公司开始在该工厂组装氯化银照相机。

小宫弘对生产进行改革的重点是通过将废品率降低到0.1%来改善生产率。通过大量努力,番禺工厂的废品率达到0.068%的水平。2002年,奥林巴斯公司的氯化银照相机几乎全部在深圳和番禺工厂生产,这里的生产率是世界一流的。在深圳工厂,照相机零部件和模具的制造以及镜头抛光工艺从一开始便实现了所需部件的80%由本地供应。奥林巴斯已经计划将这一模式应用到DSC领域。

创造和制造任务／授权不仅适用于生产,而且适用于营销和开发工作。用小宫弘的话来说:

营销方面的创造包括发明新的、突破性概念。开发方面的创造意味着先进的、差异化的技术和科技竞争力。如果我们能够将"创造"和"制造"结合在每个职能部门里,我们就能够获得"一个周期或循环"。在数字整合的时代，业务的成功取决于我们可以在周期竞争中的速度。

成像系统集团，通过聚焦于"创造和制造"的概念，尝试促进在每个职能部门里的知识管理。

**与供应商分享知识**

奥林巴斯公司在集团层面建立了一个新的采购部门，负责发现愿意合作的供应商并谈好价钱。因为与富士胶卷公司、索尼公司及其他竞争对手不同，奥林巴斯公司的关键部件是从外部采购的，所以与供应商的协调工作对成本效率和差异化至关重要。

就新机型C1zoom的CCD而言，奥林巴斯公司与夏普公司合作，后者领先开发出这个类型的CCD。可是奥林巴斯公司C2zoom的CCD却是从松下公司采购的。奥林巴斯公司之所以选择从松下公司购买CCD，是因为它曾经在过去与NEC合作过（为了C1400-L机型的缘故），并且与离开NEC（后来退出这个行业）加入松下公司的工程师们联系密切。

**全球知识管理趋势**

奥林巴斯公司在2002年开始重组并采取一系列行动来运行一个新的商业模式。这个新模式在全球范围内将开发、制造和销售整合在一起，不再是以职能部门为定位来组织。目标是减少决策时间，提高掌握市场需求的准确性，更为及时地在市场上推出新产品以及大幅度削减成本。这是通过为不同地点分派特殊任务的形式、协调散布在不同地点的价值链活动的彻底尝试。此举进展迅速。

# 第七章　知识管理与全球竞争——数字照相机产业中奥林巴斯的全球化知识管理方式

在2002~2003年度奥林巴斯公司开发新机型的过程反映了全球性协调和知识管理的最新方式。

缩短从产品概念到产品市场投放时间反映了奥林巴斯公司在全球范围内加速SECI知识转换的尝试。奥林巴斯希望将产品概念决策与产品投放之间的时间减少到传统方式的一半。

奥林巴斯2002年末投放市场的机型的产品概念是在当年三月决定的。虽然决定相当晚,但识别、共享和整合区域市场需求的工作与"贴近全球顾客"的口号相吻合。产品概念在最后定案之前有过几次变动。公司召开过五六次会议,参加会议的成员是分别来自日本、美国、欧洲、新加坡和其他国家的20~30位代表。

为了协调产品开发、制造及营销,并应用"创造和制造"的概念,奥林巴斯公司举行过几次会期为两天的会议。在这些会议上,"奥林巴斯光学技术"公司制定了母计划,来自中国生产工厂和来自开发部门的人员对此展开辩论。这类涉及来自设计、制造(来自日本和中国)和来自不同区域市场的营销人员的会议是全球知识管理的彻底尝试。通过这些会议,来自不同地区的人员济济一堂,加上电话会议和实际访问,他们对跨地区的两种类型的知识进行了综合。

首先,由于中国工厂将进行新机型的生产,因此制造的概念变为现实。在过去,产品首先在日本投放市场,一个月之后到美国,再过一个月到西欧。当年首次在三个市场同步投放新机型。此外,不再是规划一个机型,而是三个机型。所有这些行动都是果断扭亏为盈计划的一个部分。奥林巴斯公司通过使产出(产品规格)成为该年度扭亏为盈计划的关键部分,以及在产品投放市场之前规定开发时间等措施,将企业推向极限。

## 交流与知识管理

小宫弘认为,企业政策要易于理解并且要让人确信其有效性,然后才可以去执行。例如,奥林巴斯公司希望成为世界第一的目标明确又醒目。小宫弘说:"在与大众交流时,我们需要使用浅显易懂的语言和概念,使用大家都能记得住的动人字眼效果最好。"

这个概念的潜台词是,DSC生意已经变得太庞大、运营过于全球化,一个人根本无法做出所有决策。因此,在全球范围内的合作必不可少。小宫弘一直在推动"共有"(共享)、"共感"和"共鸣"的概念。他说:

简单地"共有"信息并不能创造价值。发现问题并对如何解决这些问题的共同思考(即"共感")以及将想法付之行动(即"共鸣")才能创造价值。虽然我们过去习惯于关注和倾听某一固定的顾客群(即日本顾客),但是今天,世界上的每一个人都是我们的顾客。

小宫弘使用了"葬礼"这个词来表明抛弃滞销的产品、不可行的产品设计以及失效的想法,这是使用比喻将暗默知识转换为形式知识过程中的一个例子,所以对组织的知识来说,不仅要"共有"暗默知识,还要有"共感"和"共鸣"。

## 表出化与联结化

在价值链活动中确保顺利、快速和彻底地协调核心概念是"合作和协调",而不是"连接"或"简单转移"。这就需要将暗默知识变换为形式知识(表出化)。

深圳工厂的"三色"废品率标志便是这样一个例子。在这个工厂里,他们使用"三色"标志指示每条生产线的当前废品率。废品率高于1%就用红色标志表示,废品率在

## 第七章　知识管理与全球竞争——数字照相机产业中奥林巴斯的全球化知识管理方式

0.1%～0.99%之间用黄色标志，废品率低于0.1%用绿色标志，所有的员工都清楚地知道哪条生产线和制造过程的废品率最高。小宫弘说："通过让每个过程的状况'可视化'和'明示化'，每位相关员工便拥有了共同的理解……我们需要一些技巧，使问题明示化，这样，大家就都能够看清问题在哪儿。"

若想在最新的全球产品开发努力中将进入市场的时间减半，就需要促进知识转换的表出化和联结化过程，将常常是使开发过程中的暗默知识变为形式知识。例如，适当地列出并且使用可以在开发过程的每个时间点检查的事项清单。在过去，尽管存在类似的清单，但一般都没有彻底的纪律来约束其使用。此外，在价值链活动中追求"商业模式"的协调和合作也是联结化的一种尝试。

奥林巴斯公司采取的这些举措实际上因应知识管理的需求变化。而且，该公司在渐渐理解通过知识的全球综合来保持竞争力的需求。

## 小结

奥林巴斯公司的知识管理实践及其数字照相机战略的演化表明：

- 在全球化的不同阶段，识别形成关键竞争优势的知识类型的重要性（从暗默知识到形式知识）；
- 当这些活动分散在不同的地域时，在协调价值链的不同活动方面，知识转换（特别是表出化和联结化）非常重要，而且，企业可以通过诸如表出化和联结化这些过程利用全球价值链活动的配置和协调，作为知识转换的导火索；
- 在全球化的不同阶段，必须平衡（综合）知识种类和知识转换活动之间的关系；
- 当竞争对手很强大时，需要在全球范围内对成本竞争力和差异化价值陈述（value

proposition）（即 OE 和 SP）进行表出化和联结化；

● 当产品生命周期很短时，在全球范围内进行有效的竞争中，知识转换的速度非常重要，对于暗默知识的转换来说，速度更重要，因为其转换通常很耗费时间。

对于全球化经营的企业来讲，经验教训可以包括以下几点：

● 在全球化竞争中，获得成本竞争力和战略定位非常重要；

● 将价值链分布到不同的地域必不可少；

● 速度是提高全球化产业数目的一个必要条件；

● 需要在全球范围内充分利用知识。如果企业对暗默知识以及围绕暗默知识进行的知识转换依赖过大，就将失去协调的时间和价值；

● 加速知识转换中表出化和联结化过程是获得在全球范围内成本效率和差异化的关键。

## 参考文献

Aoshima, Y.and E.Fukushima.1999."Case — Casio QV-10".

Aoshima, Y.and G.Oyama.1999."Olympus:DI Project" (Japanese) (Hitotsubashi Innovation Center).

Barlett, C.and S.Goshal.1998.*Managing across Borders:The Transnational Solution*, 2nd edition (Boston:Harvard Business School Press).

Fukushima, E.1999."Multiplicity and Evolutionary Dynamism of Technology Systems," (Japanese), unpublished doctoral dissertation.

Ghemawat, P.2001."Distance Still Matters," *Harvard Business Review*, September.

Kojima, Y.2001."Success of Camedia at Olympus；Compete in Camera Manufacturing with Focus on Picture Quality" (Japanese), *Business Research*, October.

# 第七章　知识管理与全球竞争——数字照相机产业中奥林巴斯的全球化知识管理方式

Mine, N.2002."Challenges for Chinese Market? Lessons from Successful Business in China" (Japanese), (Tokyo:Japan Institute of Invention and Innovation).

Nonaka, I., H.Kitagawa, and Y.Kojima.2001."Organizational Capability and Manufacturing Innovation: Panel Discussion" (Japanese), *Business Research*, October.

Nonaka, I., K.Sasaki, and M.Ahmed.2001."Knowledge Creation:The Power of Tacit Knowledge," *Knowledge Management*, 1, July/August.

Nonaka, I.And H.Takeuchi.1995.*The Knowledge-creating Company* (New York:Oxford University Press).

Nonalka, I.And R.Toyama.2002."A Firm as a Dialectical Being:Toward the Dynamic Theory of the Firm," *Industrial and Corporate Change* .

Nonalka, I., R.Toyama, and N.Konno.2000."SECI, Ba and Leadership:Unified Model of Dynamic Knowledge Creation," *Long Range Planning*, 33.

Porter, M.1998.*On Competition* (Boston:Harvard Business School Press).

Chute, C.2001."Worldwide Digital Camera Market Forecast and Analysis 2000-200 5" (IDC).

Chute, C.2002."Worldwide Digital Camera Market Forecast and Analysis 2002-200 6" (IDC).

Gartner Inc.2001."Digital Camera Market Trends, 2001."

Morgan Stanley Equity Research."Imaging Technology," various reports.

Morgan Stanley Equity Research."Precision Instruments," various reports.

"Turnaround at Olympus Opticals," *Nikkei Business*, July 22, 2002.

"Shift to Production in China—Major Competitors for Digital Still Camera, Ce ll Phone" (Japanese), *Nihon Keizai Shimbun*, December 9, 2001.

"Intense Competition in SLR Digital Still Camera—Canon, Nikon, Kyocera and O lympus" (Japanese), *Nikkei Sangyo Shimbun*, March 14, 2002.

"Intense Competition in Peripherals—Ink Jet Printer for Digital Camera Print ing" (Japanese), *Nikkei Sangyo Shimbun*, December 27, 2001.

"New Type of Competition—Not in Pixel Counts,but New Features in Digital Still Camera" (Japanese), *Nikkei Sangyo Shimbun*, August 15, 2001.

"Fuji Film Expanding Business Domain, Exploring Alternative Technology" (Japanese), *Nikkei Sangyo Shimbun*, July 4, 2001.

"Strategy Re-examined:Interview with Managing Director,Mr.M. Kurosawa of Nikon"(Japanese), *Nikkei Kinyu Shimbn*,December 7,

"Multiple Standards in the Age of IT" (Japanese), *Nihon Keizai Shimbun*, August 26, 2001.

"International Compectitileness Roport"(Japanese), Re Search Institute of Econorng and Industry, Nihon Keiza Shimbun, January 22, 2002.

"Lessons of Experience—Tsuyoshi Kikukawa, CEO, Olympus Optical"(Japanese), *Works*, June/July, 2002.

"Digital Camera Industry Report," *Investment Economy—Toshi Keizai* (Japanese), March 2002.

"Precision Instruments Industry," *EL NEOS*, 7(4), April 1, 2001.

Itoh, H.2001."Digital Camera" (Japanese), *The Economist*, January 16.

"Digital Camera Industry Report—Market Analysis," *Weekly Toyo Keizai*, January 12, 2002.

"Prices Going Down by 20%—Digital Camera" (Japanese), *Nikkei Sangyo Shimbun*, February 6, 2002.

"Price Going Down for Digital Camera" (Japanese),*Nikkei Sangyo Shimbun*, February 5, 2002.

"Market for Digital Camera Growing Even More" (Japanese), *Nikkei Ryutsu Shimbun*, January 31, 2002.

"Competitiveness Examined:Digital Camera" (Japanese), *Nihon Keizai Shimbun*, January 22, 2002.

"Digital Camera Prospect:Interview with Mr.Kishimoto, Chairman of Japan Camera Industry Association" (Japanese), *Nikkei Sangyo Shimbun*, June 28, 2001.

第八章

# 跨组织的知识创造
## ——知识与网络

## 引言

　　知识创造不仅发生在企业内部，而且还通过企业之间的各种关系向外弥漫。比方说，丰田汽车公司的竞争力在一定程度上来自其与一批独立的供应商共同创造知识的能力(Fujimoto,1999)。另外，作为创新之重镇，美国硅谷的名气也源于个体、企业及教育机构通过多元和重叠的网络所创造出来的知识 (Saxenian,1994)。在许多其他产业里，如生物技术 (Powell,Koput et al.,1996)，知识创造的中心一直从企业内部向相互关联的企业网络迁移。

　　本章将考察组织间知识创造的过程，并着手解决这样几个问题：知识创造的基本前提，具体地说便是SECI模型和"场"的概念，在何种程度上可以应用到组织间的知识创造上面？组织间的知识创造与单一组织内的知识创造有哪些不同？跨组织边界进行知识创造的优势及挑战又在哪里？

　　在本章里，为了更好地理解组织间的知识创造过程，我把从野中郁次郎的知识创造范式得出的见解（见第三章）与根据组织间网络研究所提出的洞见结合起来。我的看法是，丰田集团与硅谷代表两种截然不同的组织进行间知识创造模式，它们具有极其独特的组织关系模型和迥异的结果。尽管二者之间存在不同之处，但这两个模型暗示，有效的组织间知识体系具有一些共同的特征。特别是，硅谷与丰田集团都开发出了强吸引力的"场"，或称知识创造的实际或社会环境。虽然野中强调组织内的知识创造"场"的重要意义,但硅谷和丰田模型为我们提供了企业之间创造"场"的一些线索。

进而我认为,虽然许多日本企业是沿用丰田模型进行知识创造的典范,可是日本企业在复制硅谷模型方面却成就不大。另外,在过去的10年里,日本企业一直在解除交叉持股的方式,将工厂迁至海外,放松与长期供应商之间的联系,总之,它们在削减组织间知识创造的丰田模型中的一些根本性支柱。我在本章结束时将探讨一个棘手的问题——这些变化是否会导致日本企业失去组织间知识创造方面的威力?

## 跨组织的知识创造框架

野中郁次郎的知识创造范式特别重视知识创造的过程及知识创造的环境。这一范式的本质是暗默知识与形式知识之间的相互影响。知识创造是一个被描述为SECI模型的螺旋。这个模型描述了如何通过共同化创造暗默知识、通过表出化从暗默知识过渡到形式知识,再通过联结化将以其他形式出现的形式知识进行重新组合,然后通过内在化将形式知识再转换为暗默知识。

知识创造的SECI模型还明确了能够产生这类暗默知识与形式知识之间的螺旋或转换过程的各种条件。一个关键的概念是"场"或"创造、共享及运用知识的平台"(Nonaka et al., 2001,第19页)。"场"是产生互动的情境,它可能是以实际的、虚拟的、精神的,或是所有这些场所的某种组合。正如本书第五章所述,知识创造是一个脆弱的过程,它扎根于不期而遇、灵机一动的领悟及尚未完全成型想法的积累过

## 第八章　跨组织的知识创造——知识与网络

程。知识创造，暗默知识与形式知识之间的转换过程，也属于交谈或对话的过程。为了促成这类微妙的过程，知识创造的"场"必须为个人提供表达的自由和安全感，为参与者的交流提供共同语言、比喻及充分理解的程序以及"关爱"。

在《创造知识的企业》一书中，野中郁次郎和竹内弘高提供了理解知识创造过程的框架："组织的知识创造应该被理解为一个'有组织地'放大由个体所创造的知识，并且将其结晶为组织知识创造网络的一个部分的过程。这个过程发生在一个广泛的'互动社群'之内，它超越了组织内与组织间的层级和边界的'互动社群'之内"（第59页）。根据野中和竹内的观点，组织间的知识创造是知识创造中一个重要的，排在个体、团员及组织之后的存在论层面（第57页）。他们提到创造知识过程的最后阶段是通过与顾客、大学及其他组织共同创造"知识网络"，组织与其外部世界共享组织内部所创造的知识（第84页）。尽管野中和竹内指出组织间知识创造的重要意义，但他们的研究重点集中在组织内部的知识创造上面。而如何解释在企业边界以外培育各种知识创造的条件尚待研究。

正像野中和竹内所间接提到的那样，组织间的知识创造与组织内的知识创造有许多共同之处。最重要的，组织间的知识创造需要一个"场"，或者需要一个鼓励跨组织社群从事螺旋式知识创造过程的空间。在组织间知识创造的过程里，为培育一种文化，可以促进思想交流的共通语言以及信任、关爱的氛围，组织必须找到创建企业之间的共同"场"的方式。

创造组织间交换知识的"场"的过程还涉及许多附加因素，包括在知识创造过程中参与合作的企业数目、这些合作企业连接的纽带及这些暂时关系的持续时间。知识创造可以发生在两个企业之间或企业集团之间。组织可以通过这样的形式维持合作的关系：数量有限的企业间密切协作，与其他范围更加广泛企业及组织保持宽泛的松散联系。它可以通过所有权联系、互惠的依赖关系、人际信任关系或者这些方式的组合对这些关系进行管理（Williamson

1985)。组织间的合作关系要么是短暂的,也可能是持久的。

因此,组织间的知识创造过程与组织内部知识创造同出一辙,最重要的是为知识创造创建适合的"场"。不过,它增添了一个附加的复杂性——对哪些企业可以进行参与、它们怎样联系在一起及这些关系会持续多久的质疑。在下一节里,我将对组织间知识创造的这些方面进行探讨。我对丰田集团和硅谷两种模型进行比较和对照,除了丰田集团和硅谷之外,还将涉及美国和日本的其他一些相关事例。

## 通过紧密、稳定网络进行的知识创造
## ——丰田集团的案例

丰田公司及其关联供应商集团是在一个稳定、紧密联系企业网络内进行知识创造的典型代表。丰田公司的大部分零部件是由相对规模较小但联系密切的供应商制造出来的。这种将相对高度外部采购与相对少量专门供应商相结合的模式,也是日本汽车制造业其他企业的特点。我之所以挑选丰田汽车公司作为例子,是因为由日本其他汽车装配企业所采用的在供应商管理方面的许多创新都源于丰田公司,而且后来这些做法扩散到美国和世界各地的汽车制造商那里(Helper and Sako,1995)。丰田公司及日本汽车制造商创造跨组织边界知识的能力,即丰田与供应商一起不断地对质量、效率及成本进行改善,被认为是日本汽车产业重要竞争优势来源之一 (Womack et al.,1990)。

在丰田公司的知识创造过程中,组织间的知识创造在"黑箱"式部件的情况下表现得格外强烈。对于部件,丰田提供一般规格,供应商负责部件的实际开发工作。然而,这种开发是在与丰田紧密合作的过程中产生的(Fujimoto,

# 第八章 跨组织的知识创造——知识与网络

1999)。为了对丰田始终如一的成本降低要求做出反应,知识创造不仅发生在新车型部件开发的过程,而且通过在车型寿命内对产品及过程的改善均会发生。丰田要求其供应商在一种车型寿命期间报出部件降低的常规成本,与供应商一起工作,把成本降至最低 (Asanuma, 1984)。丰田公司还要求这些供应商与其他供应商分享所获得的知识。虽然在固定时期内,它们能够收获因降低成本方面的创新所带来的好处,但最终它们必须与其他伙伴分享这些创新成果 (Asanuma, 1984; Dyer and Nobeoka, 2000)。

丰田集团组织间知识创造的过程展现了SECI模型的许多特征。通过一套仔细完善的惯例,由丰田及其供应商所创造的暗默知识被明示化与跨丰田供应商网络的知识相结合,然后再在集团内部重新内在化 (Fujimoto, 1999)。通过一个周密建构的"场"——丰田与供应商多层面相互作用的场所——这个过程才得以进行。这个"场"的鲜明特征之一是丰田与其供应商共同形成的强烈认同感。为了在供应商中创造强烈认同感,并且确保供应商对"丰田方式"的承诺,丰田公司做出了相当大的努力 (Dyer and Nobeoka, 2000)。

在日本丰田公司和供应商的例子里,这种共享历史的意识是由地域认同和共同历史所支撑的。许多丰田公司的重要供应商,如日本电装公司 (Denso) 和丰田织布机工厂,以前曾经是丰田公司的一部分,日本电装公司是从丰田公司独立出来的一个事业部,而丰田织布机工厂是丰田公司的母公司。丰田及其许多供应商都位于日本爱知县的丰田市内和附近,这一地区与关东和关西城市中心地区截然不同,这种同地域特征进一步加强了集团认同感。

然而,丰田公司与其供应商之间的知识创造"场"不只是一种心态 (state of mind),许多特殊程序和制度对知识创造也起到辅助作用。丰田公司的价值分析和价值工程体系将在产品和工程改善方面的常规成本降低过程变成联系常规程序 (Fujimoto, 1999)。丰田供应商协会进一步对丰田与其供应商之间以及供应商之间的联系进行制度化。供应商协会组织许多类型的知识创造活动——促进暗默知识开发的问题解决团组及工厂参观，以及研讨会、讲座和手册——使这类知识明示化。丰田集团还通过客座工程师体制（即供应商的工程师在丰田工厂里工作一段时间，获得在丰田生产线上如何使用他们的部件并集成到汽车上的切身体验），进一步开发暗默知识（Fujimoto, 1999）。

人员互调也在其他不同层次上进行。丰田公司向许多供应商派遣高级主管，在供应商那里，他们充当高级运营主管、董事会成员或公司审计官。退休的丰田主管通常会接受丰田公司附属企业的管理职位。丰田的工会及其他许多最密切的供应商的工会同属于丰田企业工会联盟，而且通过该联盟，工会官员（通常是有前途的员工，通过工会他们轮岗几年然后返回原企业）建立密切的人际联络网。

如前所述，组织间知识创造的"场"可能在企业配置和关系种类上有较大差异。丰田公司将其网络局限在紧密型供应商之间，这些供应商有长期历史渊源，数目相对较少。长期以来，丰田的网络具有某种程度的排外性——虽然丰田公司的主要供应商向较小的汽车制造商供应部件，但与丰田公司关系密切的供应商若向丰田的主要对手日产汽车公司供货则极为少见，尽管在这个方面近来有所变化。当丰田公司在海外设厂时，首先考虑维持其紧密型供应商网络〔与其他汽车零件供应商类似（Martin and Mitchell, et al., 1995）〕，虽然近来研究表明丰田公司已经努力在外国的供应商中创造相同的共有认同感，及知识创造和知识转移的相同惯例（Dyer and Nobeoka, 2000）。

对紧密型供应商核心成员，丰田公司还具有一套正式的资产股权结构。虽然这些股权很少属于控制性股权，可是对

# 第八章　跨组织的知识创造——知识与网络

供应商来说还是举足轻重的。例如，一项对20世纪80年代中期汽车企业及其供应商的研究显示，丰田对其40%的供应商持有股权，而这些股权的平均值为17%（Ahmadjian and Oxley, 2003）。在这一点上，一直有很大的争议：研究日本汽车和其他产业的学者坚持认为，持有供应商股权对组织间关系的管理起不到重要的作用（Smita, 1991; Nishiguchi, 1994）。尽管如此，日本汽车和其他产业的研究表明商业关系（部件与材料的采购-供应）趋向于在部分所有权联系的框架内进行（Flath, 1996; Lincoln and Gerlach et al., 1992）。尽管这些资产股权的确切作用也许是有争议的，但是无可争议的是，丰田公司与其他汽车制造商将它们的供应商，在各个不能算是无关紧要的层面上，笼罩在所有权关系所编织的罗网之内。

这里，虽然使用丰田公司事例作为在密切联系的企业之间进行知识创造的典型例子，但是类似的模型在日本汽车业里，在整个日本经济中，实属普遍现象。例如，松下电器公司一直（至少到目前为止）不断将专有零部件和材料业务委托给它所熟悉和信赖的，与其在人员和资本方面有密切关系的核心供应商（Guillot and Lincoln, 2002）。松下公司试图创造一个与供应商共享的文化和价值观意识，例如向供应商和附属企业传播松下幸之助和松下公司对文化价值观的承诺（Lincoln et al., 1998）。

电子产品制造商试图促进跨企业边界的暗默知识交换的一种方式是通过"出向"（shuk-ko）或人员交流制度。例如，在一项对小型电子部件制造企业的研究中，林肯和阿玛德伽（Lincoln and Ahmadjian, 2001）指出，人员互调存在几种形式：在退休后被母公司派遣到供应商处负责运营管理的资深人员，或临时派遣年轻工程师到供应商那里帮助导入新技术以及了解制造过程。向客户型企业派遣人员增加电子制造企业的强烈文化认同感，并且增添他们对这些客户需求的了解（Lincoln et al., 1998）。在电子行业里，供应商协会的存在也很明显，虽然它们倾向于以若干中心工厂而不是在企业层面来进行组织，但在转移暗默知识和形式知识过程中却起到了相似的作用（Fruin,1997）。尽管在程度上不如汽车业那么高，但电子制造企业也倾向于持有核心供应商及附属企业的股权。

总之，丰田提供了知识创造模型的一个例子，这种模型在日本的其他行业中也具有普遍性。虽然对日本经济的各种研究显示企业间密切、相互依赖的关系是日本经济的一个重要特征，但这并不意味着这种模型为日本的独特产物，或者是日本所有产业的特征（Gerlach,1992；Fruin,1992）。在丰田公司的知识创造模型中，为创造知识，密切相连的企业通过在所有层面的人员互调、共享历史、股权联系、为传播文化和价值观而做出的积极努力以及通过正规的集团协会知识，来创建"场"。在这种情况下，知识创造的"场"是围绕单一核心企业（如丰田、松下等）的认同而建构的，并且知识创造是在通过多重纽带密切相连而相对固定的企业之间产生的。

## 知识再结合
### ——美国硅谷对跨企业边界知识的综合

硅谷同样因其培育组织之间的知识创造而享誉世界。不过，硅谷的知识创造模型与丰田模型风格迥异。硅谷模型也显示出在知识创造方面"场"的重要性——共有文化、价值观、语言、实际空间。然而，在硅谷，"场"还被定义为一个产业和区域，而不是某个特别核心企业。另外，知识是通过企业间以及大学和研究机构之间广泛而流动的各个环节创造出来的。虽然我使用硅谷作为一个描述这类组织间知识创造的模型，在其他产业也可以发现类似的知识创造模式，特别在生物技术领域。在本节里，我将利用一些生物技术方面的事例作为硅谷模型的补充。

# 第八章 跨组织的知识创造——知识与网络

硅谷的特点是具有各种网络。这些网络是由相对较小的企业构成，由人际关系连接，包括大学和风险资本公司，以及流动性极强的工程师和管理者大军。在硅谷地区出现的许多创新在跨企业边界的互动中（通过跨企业对已有知识的重新结合）得以持续进行。在对硅谷的开拓性研究中，萨克森尼（Saxenian，1994，第112页）引述过一位半导体公司主管对这类知识创造过程的描述：

> 这里存在一种独特的、不断使自身重新获得活力的氛围。这是凭借这样的事实：今天的集体领悟是昔日各种挫折的结晶，并且为明天的重新组合所改进……通过这些重新组合，学习过程应运而生。没有哪个地区可以利用如此小的破坏震荡，创造如此高效的重新组合。这一过程巩固了整个产业的基础结构。

在硅谷，由多元联系所构成广泛网络系统、流动的劳动市场以及企业之间以达尔文式"适者生存"方式展示生存或消亡的竞争性环境，为知识的结合提供了最大的机遇，而且还保证只有那些具有市场潜能的结合才会被选中。另一方面，失败的结合和失败的企业也非徒然浪费——失败的原因将变成硅谷全部知识的组成部分——而且管理者和工程师们将他们的失败教训带到新的企业，再进行新的结合。

硅谷模型说明，组织间的知识创造中"场"非常重要，虽然这种互动场所的本质与丰田模型有很大区别。在硅谷，共有文化、共同语言、共享艰辛历程不是在哪个企业里开发出来的，而是在整个硅谷发展起来的。硅谷的工程师、管理者及风险投资商通过他们的反复互动，在许多情况下具有共同的教育背景（比如斯坦福大学背景），乃至通过在更加具体的实在"场所"（大众餐厅和聚会场所）逐渐形成这种共有文化。通过引述一位硅谷工程师的话，萨克森尼强调了共同语言的重要性（Saxenian，1994，第37页）："在硅谷，东岸的语言与西岸的语言大不相同。如果我说我是干 CMOS Angstroms（互补金属氧化物半导体埃）这一行的，西岸的每个人都会理解我的意思，而在东岸，他们指的是其他不同的事情。这里存在一个共同语言和共有含义的社区"。

在利用广泛和多元的网络来汲取知识及对知识进行结合方面，硅谷不是组织间知识创造的惟一例子。类似组织间的知识创造过程也是生物技术产业的特征。在这个产业内，与硅谷差不多，任何企业的成功，在很大程度上，取决于其利用这些广泛的生物技术企业、研究机构、高等学府和制药企业网络的能力。鲍威尔和布兰特莱(Powell and Brantley, 1992, 第143页）这样说："在知识的来源各不相同，且技术发展的路径尚未勘定的情况下，我们期待各类学习网络涌现出来"。由于生物技术全球化趋势更为强烈，生物技术网络不像硅谷那样与特定地理位置联系在一起。然而，共有文化、共同语言和共享体验等类似因素困难对在这些网络内的知识创造和扩散起着支持作用。

## 组织间知识创造的对比模型

通过SECI模型的视角来观察，硅谷和丰田模型有着一些有趣的相似之处。硅谷和丰田集团均以拥有知识创造的独特场所为特征。如上所述，野中郁次郎将"场"概括为一个可以促进知识创造的物资的、精神的和社会的环境。"场"提供了具有创造知识、共享文化以及在创造新知识过程中所需对话过程的共同语言的实在环境。丰田，与其供应商协会、母公司和附属企业人事间的密集联系、共同历史及对丰田文化的共同信奉，展示了"场"的特征。在硅谷的背景下，人际网络、相同地区、硅谷里的共同历史及相同教育背景是"场"的另外一种特征。硅谷和丰田的事例都表明，创造适当的条件，即使对跨企业间的创造知识来说，非常重要。共

## 第八章 跨组织的知识创造——知识与网络

同语言、知识和频繁的互动是创造新知识必不可缺的条件。

不过，在连接企业之间纽带类型、排他性程度和联系的持续时间等方面，硅谷和丰田模型大相径庭。在丰田，我们可以看到在横跨企业之间由共有文化以及所有权联系上的正规统治结构所支撑的紧密且长期的相互作用。而在硅谷，我们可以看到一个范围较宽的联系，广泛且多元的网络，它们机动灵活并且重叠配置。在硅谷，为实现组织间的知识交换，塑造"场"的共有文化不是这些企业的资产，而是产业和区域的财富。相同教育背景、共同工作经历及邻里关系孕育了一种跨越某一特定企业的共有文化。

在所创造出的知识类型方面，这两种知识创造的模型也各不相同。SECI模型认为知识创造是一个螺旋，暗默知识与形式知识之间运动的过程。在组织间知识创造方面，硅谷模型与丰田模型的比较结果显示这两个模型的有效性在SECI螺旋的不同阶段有所不同。在单一母公司（即丰田）和既存技术（如汽车技术）情境下，丰田模型的知识创造倾向于集中在过程或渐进型创新上面。而在硅谷模型及生物技术例子里，各种创新一直针对全新技术和产品。丰田模型在获取暗默知识以及将这种知识明确表述出来上特别有效。丰田集团成员企业中密切、密集和重叠的联系使这些企业彼此了解、密切地进行沟通，并将各种预感对细微变动的感受及如何做事的情感转化为更易沟通的语言，这样可以在集团内的企业中进行扩散，并带到后续的模型里。与其相反，硅谷和生物技术的优势在于对不同和多元形式的知识的结合上面。在这些网络里，企业、大学和研究结构之间的多元、微弱的联系使各方可以接触到更多的信息，并可以对这些多元信息进行重新结合，从而能够超越既存知识，创造出新的知识。

尽管存在种种差异，丰田和硅谷模型在其各自行业里都被视为知识创造的典范。丰田与其供应商之间那种相互依存的密切关系一般被认为比注重多元供应商和短期关系的美国模型更优越（Womack et al,1990）。在20世纪80~90年代，美国汽车制造商修改了它们对供应商的管理做法,虽然尚存在一段距离，但已经变得与丰田模型比较类似（Helper and Sako,1995）。硅谷的知识创造模型与美国另一个计算机产业中心（聚集在马萨诸塞州128号公路附近）形成鲜明对比（Saxenian,1994）。大型、垂直统合及相对隔离的128号公路企业未能利用在硅谷可以唾手可得的多元且迅速变化的网络,结果,128号公路企业在为了创造新的知识去发现知识并对知识进行重新结合方面，能力不足。

硅谷和丰田的模型对比及它们在各自产业的成功说明,组织间知识创造的"正确"模型在很大程度上取决于知识的本质，并且依产业、环境和技术的差异而有所区别。不同的模型在知识螺旋的不同阶段各有优势。因此，丰田模型在将暗默知识转换成形式知识方面很有效果，在企业内进行过程创新，并将这些创新传播到该集团内其他产业企业方面十分有效。硅谷模型则在从广泛信息和知识来源中进行挑选及重新结合方面——创造全新知识或发掘既存创新的新用途方面——更为出色。

## 日本企业真的衰退了？

在有关知识创造的文献中,日本企业扮演着重要的角色(Nonaka and Takeuchi,1995)。然而，在20世纪90年代，日本的发展揭示了在组织间知识创造的演化中两个棘手的模式。一方面，有迹象显示通过企业间密切相互信任关系的丰田公司知识创造模型在制造行业中逐渐消散。另一方面，在信息技术及硅谷模型中范围广泛、多元化和具有不确定的各种网络大行其道的高技术产业里，日本企业仿佛正在重塑组

## 第八章 跨组织的知识创造——知识与网络

织之间的关系,但更像是在丰田模型的方向上延伸。

在 20 世纪 90 年代,外国资本的涌入及停滞不前的日本经济导致丰田模型的紧密合作型组织间关系分崩离析。在雷诺汽车公司购买到控制性股权之后,日产汽车公司,通过解除其供应商网络、出售许多供应商的股权并依靠可以获得全球规模经济成本的供应商,并对其成本进行削减。在戴姆勒·克莱斯勒影响下的三菱汽车公司和现在属于福特汽车公司的马自达公司采取了类似的措施。在日本经济中,曾经由所有权和其他联系所密切连接的合作企业网络更加广泛的解体反映在交叉持股的解除上面。自1990年以来,在关联企业和金融机构手上公开进行交易的股份百分比一直下降——这暗示部分股权的作用,组织间知识创造的丰田模型支柱之一,正在弱化。

日本财务记账及公司治理方面的变化反映了制度上的变化,这使那些密切的关系愈加难以维系。更加严格的综合账目及其他报告要求使企业在维持密切附属集团方面更加困难。投资方在要求制造型企业要为股东兑现更高的利润,而不是利用它们的利润来维持与其相关企业的联系。此外,正如石仓洋子在本书第七章所述的,制造的全球化正在使日本供应商和制造商之间联系开始分离。

这些正在解除的密集、密切联系的采购-供应关系模型的变化可能只标志着日本昔日强大制造业对日益变化的技术要求所做出的一种反应(参见 Ahmadjian and Lincoln, 2001)。如果的确如此,这些变化可能代表对新技术及环境现实一种健康的调整。然而在汽车、电子产业中,这种对密切、密集知识创造关系的解除似乎没有因高技术产业对以广泛的、松散联系的多元网络而著称的硅谷模型的日益依赖得以平衡。尽管对日本产业组织在高技术产业的研究相对较少,但仍有一些证据显示,在这些产业里,企业的组织间关系模型仍建立在传统制造业中组织间关系的延长线上。似乎在传统制造业的企业正在解除丰田模型的同时,新兴技术产业的企业却在对这些相同模式重新创造。

在一项对日本信息技术产业的研究中,佐古（Sako,2001）发现,尽管获取源自不同来源的知识并随其进行重新组合以及对高度不确定和急速变化的环境做出反应的要求十分迫切,但这一产业在很大程度上一直在对依靠对那些相对稳定的金融和人事的组织间关系现有形式重新挖掘。佐古（Sako,2001,第25页）的论点是:"只要大多数新创业公司依然依赖于前雇主的恩赐,而且只要企业之间的人员流动是由大企业临时互调人事体系居中调解的话,创造新型制度逻辑潜力的策略余地就会十分有限"。

在对笔记本电脑的研究中,赫特克（Hoetker,2002）发现日本企业与非日本企业从外部供应商那里采购显示屏的偏好形成鲜明对照。日本计算机制造商比外国同行更加倾向于垂直统合的方式,而且当它们确实从外部供应商那里进行采购时,它们也趋向于与他们有相对长期关系、有非常密切联系的供应商合作。赫特克（Hoetker,2002,第2页）指出:"它们会这样做,甚至以牺牲从外部供应商获取可以利用的优异技术能力为代价"。

在计算机行业的研究中,研究者安克杜盖（Anchordoguy,2000）得出结论:以某些企业为中心制定的知识产权标准以及偏向与相同的密切联系的银行和其他方式企业打交道,在一个以信息为基础的、具有不确定性和迅速变化的产业,会使企业在进行知识创造时所需要的灵活性和自由流动大大降低。安克杜盖还举例证明,日本软件产业活跃的一个领域是游戏软件,这个领域是保持丰田模型的特点,游戏软件都是

## 第八章　跨组织的知识创造——知识与网络

在围绕核心企业的若干密切联系集团进行开发的。

对复制代表硅谷和生物技术特征的、有广泛影响和灵活性网络的失败也许可能减缓日本的创新速度。例如，布兰斯泰特和中村（Branstetter and Nakamura，2003）发现：在20世纪90年代，日本在研究生产率方面的成长出现停顿。通过广泛的访谈，这两位研究者发现尽管日本企业感觉到它们需要采纳"美国"式的研究模式，与企业、集团，甚至国家边界以外的组织进行更多的合作，可是它们发现，与现行实践脱钩的想法难以付诸实施。

一直有人试图将日本企业的犹豫不决归咎于形成基于更加流动和变换不定联盟的网络，或将它们对企业内部或密切联系企业之间的创新的持续依赖归咎于文化问题。日本人可能只是对在比较熟悉的紧密相连企业圈子里做生意感到更舒服而已。更可能地，像在日本商业和经济中许多其他结构和实践一样，日本的跨组织关系模式是其独特历史、制度结构及法律框架演进过程的结果，这些情况使比较分散和流动性强的网络举步维艰。法律环境，以及在结束和清算常规交易合同的难度也许会使在日本根据硅谷模型进行的合作时裹足不前（Gilson and Roe，1993）。终身雇用制和日本企业已经习以为常的强化企业与集团认同的强烈社会化过程（Rohlen，1974）可能会使个体和企业与一个固定企业或集团框架之外的合作难上加难。

无论原因如何，与密切联系业务集团边界以外的企业进行合作的艰难，尤其在知识螺旋的其他阶段，在需要其他类型知识创造方面变得更加至关紧要的时候，对日本企业来说是一种挑战。为了服从降低成本和更具灵活性的利益，日本企业也许正在摧毁一些它们的长期供应商及合作者网络，但它们尚没有形成通过更广泛的和流动性更强的硅谷式网络的情况下，在没有开发出知识再结合所需的合作能力。

## 小结

在本章里，我在SECI模型和暗默知识与形式知识的概念情境下对组织间合作进行了探讨。我认为组织间的知识创造存在不同的模型，这里强调了其中两个模型：丰田模型和硅谷模型。我认为这些知识网络的配置在知识螺旋的不同阶段所表现出来的优缺点差异很大。丰田公司与其供应商之间的紧密网络在暗默知识与形式知识的转换方面，在结合不同企业的知识对渐进型过程进行改善的详细、密切合作方面帮助非常大。与其相反，生物技术和硅谷的广泛网络在结合不同种类知识、获得远距离知识及在面对不确定性时进行灵活性管理方面非常实用。

尽管存在这些区别，丰田和硅谷对于知识交换和创造均以强引力的"场"或环境为特征，在丰田模型里，"场"是以丰田公司及一小批紧密联系的企业为核心而建立的；在硅谷模型中，"场"则横亘于产业和地域。然而，两个"场"均以共有文化、共同价值观和共通语言为特征，所有这些内容共同促进对话的过程。

不过，对日本在20世纪90年代所做出的反应的研究表明，从一种知识创造模型向另一种模型的迁移可能很困难。日本企业对复制硅谷模型方面难有作为。不过，在各个瞬息万变的产业及高科技产业里，如果想要将知识创造扩大到单一企业及一批合作者以外的更为广泛的组织集合里，日本企业必须寻找创造"场"的方式。如何创造超越单一企业及其关联企业的共有文化、共同语言、共享比喻及故事以及如何增进信任感和稳定感是日本企业在21世纪所面临的最大挑战。

第八章　跨组织的知识创造——知识与网络

## 参考文献

Ahmadjian, C.L.and J.R.Lincoln, 2001."Keiretsu, Governance and Learning: Case Studies in Change from the Japanese Automotive Industry," *Organization Science*, 12, pp.683–701.

Ahmadjian,C.L.and J.Oxley.2003."Using Hostages to Support Exchange:Dependence Balancing & Equity Ties in Japanese Automotive Supply Relationships," unpublished working paper, Hitotsubashi University.

Anchordoguy, M.2000."Japan's Software Industry: A Failure of Institutions?" *Research Policy*, 29, pp.391–408.

Asanuma, B.1989."Manufacturer-Supplier Relationships in Japan and the Concept of Relation-specific Skill," *Journal of the Japanese and International Economies*, 3, pp.1–30.

Branstetter,L.and Y.Nakamura.2003."Has Japan's Innovative Capacity Declined?" (Columbia Business School, Center on Japanese Economy and Business).

Burt, T.and D.Ibison.2001."Toyota Trimming Costs in the Nicest Possible Way," *Financial Times*, London:www.ft.com,viewed December 12,2001.

Dyer, J.H.and K.Nobeoka.2000."Creating and Managing a High-performance Knowledge-sharing Network:The Toyota Case," *Strategic Management Journal*, 21, pp.345–67.

Flath, D.1996."The *Keiretsu* Puzzle," *Journal of the Japanese and International Economies*, 10, pp.101–21.

Fruin, W.M.1992.*The Japanese Enterprise System:Competitive Strategies and Cooperative Structures* (New York:Oxford University Press).

Fruin, W.M.1997.*Knowledge Works:Managing Intellectual Capital at Toshiba* (New York:Oxford University Press).

Fujimoto, Takahiro.1999.*The Evolution of a Manufacturing System at Toyota* (New York:Oxford University Press).

Gerlach, M.L.1992.*Alliance Capitalism:The Social Organization of Japanese Business* (Berkeley, CA: University of California Press).

Gilson, R.J.and M.J.Roe.1993."Understanding *Keiretsu* Overlaps," *The Yale Law Journal*, 102, pp.871–906.

Guillot, D.and J.R.Lincoln.2002."Dyad and Network:Models of Manufacturer-Supplier Collaboration in the Japanese TV Manufacturing Industry," unpublished working paper, University of California, Berkeley, Haas School of Business.

Helper, S.R.and M.Sako.1995."Supplier Relations in Japan and the United States:Are They Converging?" *Sloan Management Review*, Spring, pp.77–84.

Hoetker, G.2002."Same Rules, Different Games Variation in the Outcomes of 'Japanese-style' Supply kelationships," unpublished paper, University of Illinois.

Lincoln, J.R.C.L.Ahmadjian, and E.Mason, 1998, "Organizational Learning and Purchase Supply Relations in Japan: Hitachi,Matsushita, and Toyota Compared," *California Management Review*, 24, pp.241–64.

Lincoln, J.R.and C.L.Ahmadjian, 2000."*Shukko* (Employee Transfers) and Tacit Knowledge Exchange in Japanese Supply Networks: The Electronics Industry Case, " in I.Nonaka and T.Nishiguchi (eds.), *Knowledge Emergence:Social,Technica l,and Evolutionary Dimensions of Knowledge Creation* (New York:Oxford University Press).

Lincoln, J.R., M.L.Gerlach, et al.1992."*Keiretsu* Networks in the Japanese Economy," *American Sociological Review*,57,October, pp.561–85.

Martin, X., W.Mitchell, et al.1995."Recreating and Extending Japanese Automobile Buyer-Supplier Links in North America," *Strategic Management Journal*, 16, pp.589–619.

Nishiguchi, T.1994.*Strategic Industrial Sourcing:The Japanese Advantage* (N ew York:Oxford University Press).

Nonaka, I., N.Konno, and R.Toyama.2001."Emergence of 'Ba'," in I.Nonaka and T.Nishiguchi (eds.), *Knowledge Emergence: Social, Technical, and Evolutionary Dimensions of Knowledge Creation* (New York:Oxford University Press).

Nonaka, I. and H.Takeuchi.1995.*The Knowledge-Creating Company:How Japanese Companies Create the Dynamics of Innovation* (New York:Oxford University Press) (中译本《创造知识的企业：日本企业持续创新的动力》,李萌、高飞译,知识产权出版社2006年

出版.

　　Powell，W.W.and P.Brantley.1992."Competitive Cooperation in Biotechnology: Learning through Networks?" in N.Nohria and R.G.Eccles (eds.),*Networks and Organizations* (Boston:Harvard Business School Press).

　　Powell, W.W., K.W.Koput, et al.1996, "Inter-organizational Collaboration and the Locus of Innovation: Networks of Learning in Biotechnology," *Administrative Science Quarterly*, 41, pp.116–45.

　　Rohlen，T.P.1974.*For Harmony and Strength* (Berkeley，CA:University of California Press).

　　Sako，M.1996."Suppliers' Associations in the Japanese Automobile Industry: Collective Action for Technology Diffusion," *Cambridge Journal of Economics*, 20, pp.651–71.

　　Sako，M.2001 "Between Bit Valley and Silicon Valley:Hybrid Forms of Business Governance in the Japanese Internet Economy," in B.Kogut (ed.), *Global Internet Economy* (Cambridge，MA:MIT).

　　Saxenian，A.1994.*Regional Advantage:Culture and Competition in Silicon Valley and Route* 128 (Cambridge，MA:Harvard University Press).

　　Smitka，M.J.1991.*Competitive Ties:Subcontracting in the Japanese Automotive Industry* (New York: Columbia University Press).

　　Von Krogh, G., K. Ichijo, and I.Nonaka.2001."Bringing Care into Knowledge Development of Business Organizations," in I.Nonaka and T.Nishiguchi (eds.), *Knowledge Emergence:Social，Technical，and Evolutionary Dimensions of Knowledge C reation* (New York:Oxford University Press).

　　Williamson，O.E.1985.*The Economic Institutions of Capitalism* (New York: The Free Press).

　　Womack，J.P.，D.T.Jones，et al.1990.*The Machine that Changed the World* ( New York:Macmillan).

第九章

# 战略形成过程与对话*

本章讨论的是对知识管理有很大影响的两个方面。第一个方面是战略形成过程，第二个方面是不同视角之间的对话和交流。本章主要探讨对话，特别是战略形成过程的对话。尽管对话是在与知识有关的领域（比如发育心理学和社会文化心理学）中的核心学习概念之一，但它在管理学文献中尚未得到充分的探讨。

通过专注于战略形成的过程和对话，本章试图回答以下三个问题：(1)企业如何能够更好地管理不同的战略形成过程；(2)对话如何对商业上的成功有所贡献；(3)怎样对对话进行成功的管理。

在简单介绍战略形成过程与对话有关的主要概念之后，为了解决上述明确的三个问题，我们用一个案例来说明在战略形成过程中所遇到的主要概念，以及在战略形成过程中不同视角之间的相互作用。这一案例研究是关于自1989年以来丰田公司的豪华型汽车Lexus（雷克萨斯，又译凌志）在美国市场的运营实践。这个案例要说明的是：为了更好地管理战略形成过程，对"单音性"(univocality)（由一种视角所支配的交流）与"多音性"(multivocality)

---

\* 本章内容是以大薗惠美的"战略型组织还是学习型组织？"一文为基础的，此文章于2000年发表在东洋经济新报社的《一桥商业评论》上，原文为日文。Lexus案例研究是丰田汽车公司海外营销部与一桥大学国际企业战略研究生院的合作项目。作者对美国丰田汽车销售公司、Lexus经销商及丰田汽车公司表示感谢，他们所花费的时间和努力促成本项研究，作者还要感谢清水纪彦教授和竹内弘高教授的悉心指教，但作者对本章文责自负。

（由多种视角所主导的沟通）之间张力的管理至关紧要。本章结束时将基于这个案例就有关"多音性即对话"和单音性与多音性之间的辩证关系的管理提出一些自己的见解。

## 战略形成过程

战略关注竞争优势的来源，而战略形成过程（strategy-making process）则是创造历史的手段（Chakravarthy and Doz, 1992）。明茨伯格和沃特斯（Mintzberg and Waters, 1985）曾经说过并非所有付诸实施的战略都是由某一正式负责战略开发的个人或某个组织单元设计出来的。他们基于战略形成过程的概念将战略分为"有意图的战略"（intended strategy）与"突现的战略"（emergent strategy）两大类型。

有意图的战略是指具有组织意图，由可以确认的决策者（如组织管理团队、负责部门或外部咨询顾问）所设计出来的战略。有意图的战略是有意识选择的结果。它通常是理性的，属于分析类型的，以文档或口头语言形式，明确地、正式地记录在案。

按照明茨伯格和沃特斯（1985）所给出的定义，突现战略是在没有组织意图或集中决策情况下所发生的行动模式。企业的行政管理体系如组织结构、规划、控制、资源分配系统、人力资源管理、价值体系和决策过程，对其行动模式均产生影响（Chakravarthy and Doz, 1992; Bower, 1986）。

例如，当英特尔决定退出动态随机存取存储器（DRAM）领域时，退却并没有包括在高层管理者以前制定的战略里。高层管理者是在中层管理人员开始将公司的投资投向逻辑集成电路两三年之后才认识到必须退出DRAM业务，并且将更多的精力放在逻辑集成电路上面。该公司基于利润率的预算分配系统，

# 第九章 战略形成过程与对话

自动地将资源从盈利有限的动态随机存取存储器业务转换到更加有利可图的逻辑集成电路上面 (Burgelman, 2002)。

突现战略的影响因素还包括在意料不到的危机或机遇出现时所做出的组织行动和承诺 (Quinn, 1980; Burgelman and Sayles, 1986; Ghemawat, 1991)。藤本 (Fujimoto, 1999) 在研究丰田制造系统的涌现过程方面也曾经指出了这种因素。在开发丰田制造系统过程中,每项行动都是对环境的反应。例如,他注意到供应商网络的开发是为了满足市场迅速扩张的需求,当时丰田公司的制造能力有限。另一个情形是,为了满足小且零散的国内市场要求,丰田公司决定增加车型的数量,这需要公司具备能够高效制造多品种小批量产品的能力。

我们如何才能对这些战略形成过程进行更好的管理呢?对于有意图的战略来讲,最大问题是事先计划的战略也许不是基于现实情势之上,或者即使战略本身非常出色但组织也许无法对其进行实施。只有在满足一定条件时,有意图的战略才有可能付诸实施。第一,组织成员必须充分领会有意图的战略;第二,在第一线工作的管理者必须了解有意图的战略的内含;第三,实现这一战略不能被技术、市场或外部政治等因素所阻碍 (Mintzberg and Waters, 1985)。如果不能满足这些条件,这种战略即使实际上付诸实行,也可能与其原来预定的情况出现很大的偏差。

另一方面,突现战略的问题在于,它不一定能够获得对整个组织有利的战略。其原因是:突现战略是局部行动的集合。只有当突现战略形成过程满足一定条件,才可能最终为整个组织带来正面的结果。在前面提到的英特尔例子里,由于预算分配标准与该公司注重差异化和更高附加值的战略相吻合,预算分配系统便带来合理的结果。另一种条件涉及对组织行动的事后解释和体会。在前面提到的丰田公司例子里,藤本 (Fujimoto, 1999) 还指出,在行动过后,那些与组织目标一致的行动被有目的地保留下来。作为对行动的事后分析和体会的结晶,丰田公司形成一套活动的体系。显然，后一种条件比较依赖组织的意会过程以及本书的知识管理主题。

在本质上，有意图的战略和突现战略形成过程并无优劣之分。两者因为取决于不同的交流和知识创造模式，因而在适当的情形下，它们以不同的方式彰显各自的优势。为了通过交流和知识管理的观点看清战略形成过程，我们在以下部分将介绍两种不同的社会交流模式。

## 对话即社会交流

根据沃茨（James.V.Wertsch）的观点，社会交流本质上涉及两种对立的倾向，即"单音性"和"多音性"（Wertsch，1998，第117页）。

单音性侧重于交流由同一视角所支配的程度，单音性交流形同信息传送器。其效率的衡量标准是如何在没有改变原有含意的情况下有效地传递含意。宗教、政治和道德权威的意见以及教师的言论均属于单音性的例子，人们对单音性抵抗或持不同观点的余地很小。

多音性侧重于交流中多元视角的程度。多音性的交流虽然可以催生新的含意，更倾向于在各种视角下的动态性、异质性和冲突。因为即使内心独语也会既传递某人的思绪又蕴藏在所操语言及各种表达形式的历史及社会的声音，因此所有的交流均具有多音性的成分（Bakhtin，1981；Wertsch，1985；Lotman，1988；Wertsch，1991，2000）。在此意义上，言论总是传递多种意见，而且交流具有"多音性"的特点。另外，交流既有执行传递的功能，也有生成机能。所以假定交流完全是单音性或没有多音性的空间是不合情理的。

对话，作为多音性的不同视角之间的交流，对知识创造

# 第九章 战略形成过程与对话

必不可少（Wertsch，2000）。通过对话，视角之间的差异可以起到"思考装置"的功能，因而创造新的含意(Lotman,1988)。参与对话的人可能超越自己的思想境界。野中和竹内（Nonaka and Takeuchi，1995）指出，通过对话的方式，个人或小组的暗默知识可以转为形式知识。他们强调在从暗默知识得到的概念具体化方面，对话过程至关重要。

野中（Nonaka，2002，第449页）提出了几种"提高对话质量"的条件，他认为：（1）对话应该是临时和多侧面的，这样有修正和否定的余地；（2）对话参与者应该能够自由和诚恳地表达意见；（3）应该劝阻为否定而否定的做法；（4）应该有时间上的连续性；（5）信息冗余对对话过程有帮助。

虽然对话可以触发组织的知识创造，但这并不意味着组织内没有单音性存在的空间。威克（Weick，1979，1985）明确指出了构筑共有的视角作为组织信息处理的主要功能。为了能够进行集体行动，通过制定（enactment）、选择（selection）和留存（retention）模型对组织周围环境的解读形成共识，这对于组织来说是至关重要的大事。

我的讨论主要集中在单音性和多音性之间的张力，以及这种张力在战略形成过程的应用情形上面。我将考察这种张力是怎样对战略形成过程产生影响的。

## 战略形成过程与发言权

有意图的战略形成过程倾向于异口同声。它经常是分析和理性的过程，并趋向于对整体的理解。当不同单元的决策者制定有意图的战略时，其制定过程与一个人的内心独白有异曲同工之妙。而与组织其他部分进行交流的目的是分享已经制定出来的战略，因此属于单音性。另一方面，突现战略更倾向于多音性。突现战略形成过程是独立的局部行动之间的相互作用。因为每个局部行动是基于对分散的现实的局部解读，跨局部行动的相互作用就会传递各个局部视角的信息。因此，跨组织局部单元的交流是属于多音性的。

突现战略形成过程的优势在于其将料想不到的发现包括进来的潜力。多种意见之间的对话将对发现新含意和有创见的战略作出贡献。突现战略形成过程还适合于充满不确定性的环境，或对组织来说是全新的环境或剧烈变动的环境。而有意图的战略形成过程则不适合于这类环境。另外，突现战略形成过程在组织发展的早期比较有效，因为一家公司尚待开发的战略可能很多。

突现战略形成过程的缺点是有冒险成分，因为突现战略的形成过程依赖于分散的认知和决策，没有哪一个人能够统揽全局，也不可能有人在一开始便知道明确的答案(Salomon，1993; Cole and Engestrom，1993; Hutchins，1995; Tsoukas，1996)。此外，意见不统一，交流将永远不可能形成一种声音，这样在决定整体方向时会消耗许多时间。由于缺乏统一的协调，还可能发生组织紊乱和重复的活动。

## 对立双方的相互依存

有意图的战略和突现战略的形成过程并非是互相排斥的。为保持长期的有效性，它们可以彼此相互补充。例如，在规划某页有意图的战略之前，对内部和外部环境的了解很重要。为了了解环境，在规划之前，还需要开展一些探索性行动。探索性行动常常包括组织本身采取的行动、由个别领导所积攒的知识或外部咨询人员所作的分析，所有这一切皆与突现战略形成过程有关。另一方面，事后应该对那些按突现战略所采取的行动进行反思、意会及有意图地制度化。没有事后的理性分析，所采取的行动的有效性（effectiveness）

就可能难以得到检验，突现战略形成过程可能包含忽视与环境的搭配失谐的风险。如果可识别的组织单元实行意会的过程及表述其意图的话，突现战略形成过程将会变为一个有意图的战略形成过程。

单音性和多音性也是相互依存的。即使被表述出来的有意图的战略方面的交流过程是单音性的，因为人们会试图从不同的视角来分析环境，在任何调查启动之前都包含着多音性。类似地，即使多音性适合于局部行动间的互动，当人们试图进行反思和将局部行动进行概念化时，它也将获得单一的视角，即单音性。

## 有意图的与突现的战略形成过程之间的辩证关系

如上所述，在组织成长模式的不同阶段应该采取不同的战略形成过程。我们在Lexus事例中将会看到，突现战略形成过程比较适合发展阶段，而有意图的战略形成过程则对进入初期阶段和成熟阶段更适宜。为了实现长期的有效性，一个组织有时必须从一种有意图的战略形成过程转移到一种突现战略形成过程，然后再回到有意图的战略形成过程上来。

使用"偶尔转移"（occasionally transfer）一词，而不是用"摆锤"（pendulum）的比喻，是因为在转移到另外一种战略过程之前，组织会在一定的时间里坚守其中一种战略过程。在有意图的战略形成过程中所进行的独特活动包括现实领悟、实施分析、组织决策，然后采取行动。组织为了尽量避免战略上的混淆或幻觉，其交流形式便趋向于单音性。另一方面，在突现战略形成过程中所进行的局部活动涉及在没有全盘方针政策下的行动、对不确定性及偶尔失误的宽容态度、在事情发生之后对活动重要性的评估，以及对行动进行制度化。因此，有意图的战略形成过程和突现的战略形成过程需要不同的组织能力。

如图9-1所示，这两种战略形成过程之间的变动在本质上是辩证的过程。在辩证思维中，

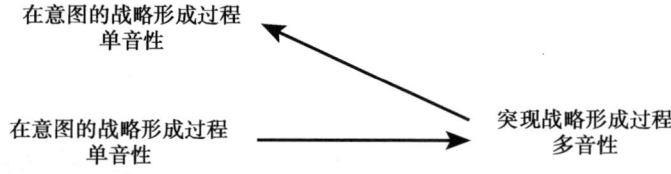

图9-1　战略形成过程中的辩证模式

战略形成过程接受看似对立的事物——即有意图的与突现的战略形成过程——的观点,并且试图通过转化和超越这些对立的事物,将它们在更高的层次上进行综合。类似地,对话过程也接纳看似对立的事物(即单音性与多音性)的观点,并且同样试图通过转化和超越这些对立的事物将它们在更高的层次上进行综合。在有意图与突现的战略形成过程中单音性与多音性之间存在着一定的张力,辩证法将对立双方之间的张力描述为正题与反题之间的张力,这种张力最后通过合题(综合)达到更高的境界。

当从突现战略形成过程向有意图战略形成过程转移时,组织可能需要对某个凝聚单元视角的战略概念进行明确的表述,并在组织成员中进行分享。行动者对战略的不同理解是辩证的互动过程所积累的结果,因此,它丰富了这个战略概念的内涵。在过去开发且根植于特定情境中的有意图的战略也作为这个辩证过程的一种意见。事实上,在经历了突现战略形成过程之后所进行的有意图的战略形成过程将包含更加丰富的内涵。

这种新的有意图的战略形成过程,作为原来有意图的战略形成过程与突现战略形成过程之间的辩证过程的结果,达至一个更高的境界。因此,突现的战略形成过程和有意图的战略形成过程通过彼此以螺旋式形式开发战略概念的过程相互影响。这种"之"字和螺旋型模式不仅发生在两个表面上

# 第九章 战略形成过程与对话

对立的战略形成过程里,而且还发生在两个表面上对立的社会交流过程。正如第一章所指出的那样,这种跨多重对立双方的"之"字和螺旋型模式构成了辩证思维的本质。

良好业绩的领导者,在较长时间里执行良好的战略,常常在对应他们需要对战略形成过程进行重新思考时举步维艰。像本章所指出的,若想使每种战略形成过程行之有效,需要的是不同的组织能力。两个战略形成过程之间的辩证过程不可能轻易获得。下面介绍的Lexus事例就是有着两种战略形成过程类型的典型事例。它从有意图的战略形成过程转移到突现战略形成过程,然后再回到有意图的战略形成过程。

## 战略形成过程、对话与知识创造

此前的讨论阐述了战略形成过程以及社会交流的两种声音(即单音性和多音性)看似对立的特征。表9–1列出了"有意图的战略形成过程/单音性"与"突现战略形成过程/多音性"对照的多种维度。下面,我们对每个维度进行简单的讨论。

● 由组织内可以识别的个人或特定单元所开发的有意图的战略是以**集中**的形式制定的。突现战略基本上是通过局部行动的互动过程涌现出来的。换句话说,突现战略形成过程是基于**分散**的认

表9–1 两个对立概念的多重层面

| | 有意图的战略形成过程/单音性 | 突现战略形成过程/多音性 |
|---|---|---|
| 1 | 集中 | 分散 |
| 2 | 统一视角 | 多元视角 |
| 3 | 原有含意 | 新含意 |
| 4 | 分析 | 创意 |
| 5 | 先分析、后行动 | 做中学 |
| 6 | 合理化 | 冗余 |
| 7 | 确定 | 不确定 |
| 8 | 战略概念 | 局部行动 |
| 9 | 权威性 | 参与性 |
| 10 | 层级体制 | 扁平结构 |

知和行动（Salomon，1993；Cole and Engestrom，1993；Hutchins，1995；Tsoukas，1996）。

- 鉴于分散的认知和行动与不同的规则或条件有关联，并且依赖于不同的情境，它们很可能导致**多元化的视角**和理解。通过对话，多元化理解和视角得以分享，为思考工具及学习机会的交流和作用提供了多音性。相反，有意图的战略形成过程需要单音性来形成**统一的视角**。

- 突现战略形成过程是组织的所有成员在战略概念中发现**新含意**的过程，而有意图的战略形成过程则试图共享**原有含意**。

- 突现战略形成过程可能产生某些所有行动者从未预料到的有创新思想或**创造**性的东西，而有意图的战略形成过程倾向于注重**分析**。

- 有意图的战略形成过程属于**由分析到行动**的学习过程。突现战略形成过程伴随事后对行动的合理化，是**由行动到学习**的学习过程，换言之，便是"做中学"或通过实验学习。

- 突现战略形成过程，因缺乏集中协调与控制，可能导致**冗余和失败**，而有意图的战略形成过程可能**更具合理性、更有效率**。

- 突现战略形成过程适合于充满**不确定性**因素的环境。另一方面，有意图的战略形成过程比较适合于**确定性**的环境。

- 在突现战略形成过程的场合里，战略是从**局部行动**中涌现出来的，但是在有意图的战略形成过程中，战略更多是由**战略概念**驱动的。

- 单音性对于**权威性方式**更有效，而多音性则对**参与性方式**更有利。

- 在**层级式组织结构**中，单音性比较普遍，而多音性在**扁平的组织结构**中更加流行。

有意图的战略形成过程（单音性）对获得形式知识比较有利。正如前几章所提到的，形式知识是以语言、数字或声音所表达，以数据、科学公式、视觉图像、录音磁带、产品说明书或手册等形式储存的，它描述知识中相对注重分析、合理性、效率等某些维度。形式知识还可以正式和系统地传递，这种性质更多地与有意图的战略形成过程单音性中的权威性、层级方式联系在一起。

暗默知识不易于看到，也不易于表述，这使它成为相对"不确定"的知识，需要花费更多的代价来进行交流。暗默知识具有高度个人性，难以形式化，这使暗默知识比较适于获得"多种视角"。主观直觉和预感属于暗默知识的范畴，使暗默知识成为在"参与型"和"扁平式"结构内可能导致"新含意"的更有"创意"的知识。暗默知识深深地扎根在个人的行动和切身体验之中，这与突现战略形成过程（多音性）中"做中学"和"局部行动"的特性相适合。暗默知识还根植于所信奉的理念、价值观及情感中，而这些内容大多源自于体验。

## 案例：丰田Lexus

在本节里，我们介绍Lexus的案例——丰田汽车打入美国豪华汽车市场及其后续成长的故事。我们将这个案例分为三个阶段：第一阶段为1985年到1990年，Lexus进入战略开发及实施阶段；第二阶段为20世纪90年代，是Lexus业务成长壮大的时期；第三阶段为2001年到现在，这是Lexus力图在竞争对手赶超上来时对自身进行重新定位的时候。第一阶段是由有意图的战略形成过程所驱动，并且由单音性交流所支配的；第二阶段则是由突现战略形成过程和多音性交流所主导的；在第三阶段，有意图的战略形成过程和单音性交流又重新恢复统治地位。在第一阶段，即进入阶段，有意图的战略形成过程使Lexus建立与竞争对手截然不同的战略定位，Lexus 的管理者和经销商对 Lexus 共享同一视角。在第二阶段，通过对话过程的相互作用，不同的视角使不同产品线战略（product line strategy）浮现出来。这个阶段使 Lexus 在美国豪华汽车市场上探索及实践各种可能的机会。在第三阶段里，Lexus 开始集中其战略形成过程，重新调整自己的定位。Lexus 重新回到有意图的战略形成过程上来，但是这一次，在第二阶段里，通过对话过程所积累的知识得以保留，使含义的内容更加丰富。这种动态过程被描述为一个通过正－反－合螺旋递进的辩证模式（见图9－1）。

### 第一阶段：Lexus 启程——有意图的战略形成过程

1989 年，丰田汽车公司在美国豪华汽车市场上推出 Lexus 汽车。Lexus 的进入战略是由在美国的丰田汽车销售公司八位管理者通过有意图的战略形成过程制定出来的。这一战略的提出是基于对市场的竞争环境及丰田内部资产状况的彻底分析。下面，我们就来介绍 Lexus 是怎样将这一明确的、有意图的战略与各种活动进行有效配合的。

Lexus 进入战略的制定过程是一个充分的事先分析和集中决策过程。美国丰田汽车销售公司的八位中高层管理者就提出一条成功进入美国豪华轿车市场的路线进行了广泛的讨论。他们对所有可能的方案都进行了彻底的研究。最后的计划是用十项基本方针的形式表述的（见表9－2），并且这份计划在丰田汽车公司董事会的一次会议上获得了批准。美国丰田汽车销售公司和丰田汽车公司的管理者将这些方针称为"十条款宪章"，并且将其视为行动的指南。关于"十条款宪章"的交流属于单音性的，这意味着公司不会容忍任何不同的意见。各种活动根据"十条款宪章"的原则进行仔细斟酌，

## 第九章 战略形成过程与对话

并且几乎是宗教般虔诚地贯彻执行。结果，后来对该进入战略的实际执行情况与在"十条款宪章"里规定的基本原则几乎完全一致，只有少数情形例外。

Lexus部门的管理者还阐述了Lexus的基本理念，并将它称为"Lexus盟约"（Lexus Covenant 见表9–3）。"Lexus盟约"昭示该部门决意"自伊始便做正确的事"、提供"有史以来最好的

表9–2　Lexus问世时的"十条款宪章"

| Ⓕ型 | Ⓕ基本方针 |
|---|---|
| →(1) | Ⓕ型汽车的目的<br>• 正式进入公司预计的不断成长的豪华汽车市场<br>• 提高丰田汽车的整体形象 |
| →(2) | 最佳商品<br>• 世界上名副其实的最佳商品——最高的性能、质量、风格、可靠性、耐久性、安全性、配件等<br>• 由高科技提供附加价值的产品<br>• 固定质量源于制造过程（所有车型均应该在同一工厂生产） |
| →(3) | 最佳服务<br>• 提供比梅塞德斯·奔驰更慷慨的保证内容<br>• 提供划时代的服务<br>• 提供全心全意的个性化服务、便利、安心感及信任感 |
| →(4) | 最佳经销店<br>• 建立高级精品店，而不是百货商店<br>• 通过Ⓕ型汽车促销一种新生活方式<br>• 在挑选经销商时，遵循以下准则：对制造商忠诚，CSI（顾客满意度）高于丰田轿车的平均值，资金雄厚，良好的销售新车、二手车及租赁车辆的业绩（对关系交情不作特别考虑） |
| →(5) | 最佳形象<br>• 在J.D.Power评比报告中获得稳固的第一名位置 |
| →(6) | 构筑可以维持最高顾客满意度的强大美国丰田汽车销售公司/现场组织<br>• 少而精<br>• 丰田汽车公司的支援组织必不可少 |
| →(7) | 特许经营/车型的名称<br>• 车型的名称用特许经营+数字+字母表示<br>• 在其他国家使用特许名称必须获得美国丰田汽车销售公司的批准 |

续表

| Ⓕ型 | Ⓕ基本方针 |
|---|---|
| →(8) | 维持品牌形象及价格的基本营业政策<br>• 做到供不应求<br>• 泛美运营<br>• 美国丰田汽车销售公司负责美国（包括夏威夷）及与美国有关各国（包括美国、加拿大、波多黎各、关岛、美属萨摩亚）的运营<br>• Ⓕ型汽车应只在美国营销 |
| →(9) | 灵活的订单、生产、分销体制<br>• 缩短汽车及部件的交货期 |
| →(10) | 构筑综合的信息系统（有效利用在线通信网络）<br>• 物流<br>• 顾客——数据库管理<br>• 服务<br>• 配件 |

来源：丰田汽车公司

汽车"、"具有最佳的经销网点"及"让每位顾客有宾至如归的感觉"。1987年8月，Lexus部门的所有管理者和伙伴在该盟约上签了字，所有加入特许经营的经销商也签了字。在Lexus业务开办之后，每当新款Lexus车型培训结束之际，经销商都要在盟约上签字，以示他们完成了培训任务，这已经成为所有经销商伙伴及服务人员的例行仪式。Lexus管理者和经销商自此便共享相同的视角。

现在很难想像丰田于1989年在美国所销售的价格最高的汽车是一种价格在27 000美元左右的双座跑车——Supra。而Cressida（丰田一款豪华轿车）是最贵的轿车，相当于日本市场上的MarkⅡ。其零售价格稍高于20 000美元。1998年，日本汽车制造商才进入美国豪华汽车市场。美国三大汽车制造商及两家德国豪华汽车制造商，梅塞德斯·奔驰和宝马，一直主导美国豪华汽车市场。最昂贵的德国汽车售价在60 000~70 000美元，而美国豪华汽车售价在30 000美元左

## 第九章 战略形成过程与对话

表 9-3 "Lexus 盟约"

| | |
|---|---|
| 1987年8月，Lexus 事业部管理者及伙伴就提供最高水平的产品质量及顾客服务达成协议<br><br>**Lexus 盟约**<br>Lexus 将进入世界上最具竞争性及最具声望的汽车竞赛；丰田汽车 50 多年的经历为创造 Lexus 提供了基础；Lexus 汽车将是有史以来最好的汽车。<br>Lexus 将在这场竞赛中取胜，因为 Lexus 伊始便做正确的事；Lexus 将拥有产业中最优秀的经销商网络；Lexus 将让每一位顾客感到宾至如归。<br>如果你认为你不能取胜，你将不会取胜。<br>如果你认为你能够取胜，你一定会取胜。<br>我们能够取胜，我们一定会取胜。 | Lexus 是什么？<br><br>Lexus 是……<br>工程的精益求精与制造的优良品质<br>豪华和性能<br>极品的形象和期待<br>珍视顾客作为重要的个体<br>像顾客期待的那样来款待他们<br>全部体验反映专业水准及对顾客满意的真诚投入<br>"自伊始便做正确的事"<br>关心个性层面<br>超越顾客的期望<br><br>同时……在顾客的眼中<br>我就是 Lexus！ |

来源：丰田汽车公司

表 9-4 1989 年 Lexus 推出时主要豪华型轿车的价格表

| 品 牌 | 型 号 | 价 格 |
|---|---|---|
| 梅塞德斯·奔驰 | 260E | 39200 美元 |
| | 300E | 44800 美元 |
| | 420SEL | 62600 美元 |
| 宝马 | 525i | 37000 美元 |
| | 735i | 54000 美元 |
| | 750iL | 70000 美元 |
| 美洲豹 | XJ6 | 39400 美元 |
| Lexus | LS400 | 35000 美元（40000 美元，可加装） |
| | ES250 | 21000 美元 |
| 日产 Infiniti | Q45 | 38000 美元 |
| | I30 | 23500 美元 |

来源：中岛，1990，第 236 页

右。Lexus在进入美国市场时面对竞争激烈的市场环境。

丰田汽车公司开始其新事业时使用的是非常明确的有意图的战略，采用缜密的分析方式，寻找能够给予丰田获得相对于美国和德国豪华汽车厂商更具竞争优势的新型战略定位。同时，这种定位必须与丰田汽车的品牌形象形成鲜明的区别。

LS400是第一款进入美国市场的Lexus车型，在开发阶段，LS400车型的原型被称为Ⓕ(读作圈F)。字母"F"代表着该项目旨在开发丰田的旗舰(Flagship)车型。为了开发豪华汽车，Ⓕ项目其实是从零做起，因为以前丰田车系中并没有豪华型汽车。丰田公司采用了"先难后易"的开发方式，这意味着在开发初期需要进行周详的研究，以便提出经久不衰的产品概念，在接下来的工作中能够根据种种细节更加迅速和有效地作出决策。

在价格方面，Lexus要低于德国的品牌，但在价值和品质上将超过美国的品牌，尽管在价格上要比美国车高一些。Lexus对LS400定位是：在性能和设备上要与梅塞德斯·奔驰的420SEL相当或更好；但在价格上要比与420SEL低一个档次的300E还有竞争性。具体地讲，LS400定价比梅塞德斯·奔驰300E低14 000美元，但在性能和设备上不相上下。这个价格比宝马的735i低11 000美元。而Lexus的ES250尽管在性能和设备上相当，但其价格比沃尔沃(Volvo)的740型跑车低4 000美元(关于1989年豪华汽车价格情况，参见表9-4)。为了彰显其完美品质及可靠性，Lexus提供范围广泛的保证：自购买之日起5年或约8万公里内保修。这样的保修期限比其他高档汽车要长得多。

当然，根据豪华汽车市场的购买能力来试图吸引顾客牵涉到一定的风险。然而，现场调查结果使Lexus确信，豪华汽车市场上的顾客可以分为两类：一类是"由于其他汽车太昂贵"，所以购买这类汽车，而另一类为"由于懂得汽车价值而作出聪明的选择"。因此，开发团队认为有可能在仅凭购买能力与识货之间作出区分。

开发团队没有将目光放在从祖辈那里继承财富的世袭富人阶层，而是将精力集中在那些白手起家的富裕人士，其中以微软创始人比尔·盖茨为典型代表。目标顾客的形象是年均收入在10万美元、年龄在47岁左右的男性职业人士。对于这类顾客，美国丰田汽车销售公司将Lexus定位为"充满激情，而且不光是一部轿车，还是对辛勤劳作的补偿"。这一核心概念的基础是"提升"生活品质，并且在Lexus的推展广告里表现为"追求完美，矢志不渝"。

为了在性能和质量上超过德国汽车，丰田公司需要迅速提高其技术能力。例如，丰田以前从未制造过最高时速250公里的汽车。为了达到这个高性能水准，它必须对许多部件，包括发动机，进行重新研究，一切从零做起。它建立了具有高精度设备的大规模生产线的工厂。为达到零缺陷水平，它们除了在设计和制造流程中采取闻名的预防性措施之外，还在该工厂内、在装运港口、在交付经销商时以及移交给顾客时都建立了更多的核查制度。

为了明确地将Lexus定位为豪华型汽车，丰田为其建立了一个全新的品牌名称，建立了一套与既存丰田经销商独立的全新经销商网络。美国丰田汽车销售公司感觉到，如果继续与经营客货车的丰田汽车经销商处于同一屋檐之下，Lexus不可能获得新品牌所需的身份。丰田汽车因其较低故障率、良好的耐久性及适宜的价位而享有美誉，但丰田车尚不属于那类受到追捧的汽车。

对于Lexus经销商的展览室，其装饰要求是一致的豪华，丰田经销商的展室不可能与之相提并论。Lexus经销商的职员和管理者，包括销售人员和服务代表只为Lexus汽车工作。美国丰田汽车销售公司还对所有细节进行控制，以便在顾客购买Lexus汽车时，不会看到任何与丰田有关的印记。Lexus 的促销和广告会刻意地回避与丰田的任何联系。Lexus 甚至创立一套新的融资购车服务，贷款和租赁来自 Lexus 金融服务公司，而不是出自丰田金融服务公司。

Lexus 还对所有经销商的许多服务项目进行标准化。这些服务包括在维修期间提供相同档次的汽车、在发生故障时免费运送服务、24 小时应急支援（路旁服务）（其中在偏僻区域发生故障时支付的旅店费用可达每晚 200 美元）、免费洗车、顾客短程穿梭运送服务及燃料填充服务。经销商服务部门的楼层永远保持一尘不染，有经销商服务人员对顾客汽车进行的维护工作均在等候顾客的完全观察下进行。这些项目已经成为其他豪华汽车市场的渴望目标。因此，Lexus 的定位完全与其他豪华车品牌以及与丰田品牌形成鲜明对照。

对 Lexus 经销商的选择标准是其具备的能力，如除其他情况以外，还包括顾客满意度记录、在主要经销领域的市场占有率以及财务上的灵活性。既有的丰田经销商，如果未能满足这些条件，也不可能成为 Lexus 经销商。为了与经销商分享价值观和政策，Lexus 的面对面会议与正常水平相比要多许多。

最后，Lexus 的业务经济情况也与丰田公司迥异。Lexus 汽车有更昂贵的车型——LS400，标价为 35 000 美元，加装型可达 40 000 美元。经销商、美国丰田汽车销售公司和丰田汽车公司享有更大的利润空间。Lexus 汽车使用标价昂贵的材料和部件。美国丰田汽车销售公司和经销商在设施方面、售前和售后服务及经销商培训和教育等方面投入较大。同时，美国丰田汽车销售公司采用供略低于求的政策，此举显著地降低了库存成本。在 1990 年，经销商的平均库存时间为19天，美国丰田汽车销售公司认为这是一个比较适宜的库存水平。而当时其他豪华汽车的库存水平是Lexus的3倍。更具体地讲，其他日本品牌的库存水平是Lexus的2.5倍；美国品牌为其3倍；欧洲品牌为其3.5倍。

### 第二阶段：Lexus成长——突现战略形成过程

在这一节里，我们将对Lexus所使用的突现战略形成过程进行审视。突现战略形成过程是在没有任何组织意图或可以识别得到的决策主体的情况下，战略（一致的行动模式）涌现形成的过程。突现战略形成过程中的交流是以各种视角（即多音性）之间的共存和相互作用为特点的。我们将要说明交流的多音性是如何对预料之外的发现和增进创造性方面作出贡献的。最后，我们还要阐述Lexus究竟是怎样为多音性提供有利环境的。

#### Lexus成长中的突现战略形成过程

20世纪90年代，Lexus的产品线战略可以充分地解释突现战略形成过程的效果。Lexus在进入市场时，对未来成长缺乏明确的产品线战略。Lexus的特许经营在1989年开张时只有两款车型。在两年里，其规划中的新款车型也只有一种，与"十条宪章"上明确阐述的进入战略相比，产品线战略远未成型。

在Lexus内，当时也没有一个组织单元为产品线战略负责把关。事关产品导入和产品开发的决策重任实际上分散在不同组织单元之中。产品导入决策是产品开发部（丰田汽车公司的R&D部门）、产品规划部（丰田汽车公司的销售部）、海外规划部（丰田汽车公司）、北美部（美国丰田汽车销售公司的海外销售与制造部）及美国丰田汽车销售公司的Lexus部经协调和协商后作出的。以上任何组织单元均不负责最终的决策。Lexus汽车的产品开发工作还分散于丰田汽车公司总部的各个车辆开发中心里，而这些中心是以车型的大小和架构（如FFs、FRs

表9-5 Lexus产品线依时间变化而扩充的情况

| 时 间 | 产 品 | 发电机 | 产品品种 |
|---|---|---|---|
| 1989年9月1日 | LS400 | V8 | 顶级豪华轿车 |
| 1989年9月1日 | ES250 | L6 | 准豪华 |
| 1991年5月 | SC400 | | 豪华双座跑车 |
| 1991年8月 | SC300 | | 豪华双座跑车 |
| 1991年9月 | ES300（ES250退役） | V6 | 准豪华 |
| 1992年9月 | LS400（微小改进） | V8 | 顶级豪华轿车 |
| 1993年1月 | GS300 | L6 | 中档豪华轿车 |
| 1994年11月 | Ls400（微小改进） | V8 | 顶级豪华轿车 |
| 1996年1月 | LX450 | V8 | 豪华多用途 |
| 1996年9月 | ES300（微小改进） | V6 | 准豪华 |
| 1997年10月 | GS400 | V8 | 中档豪华轿车 |
| 1998年1月 | LX470 | V8 | 豪华多用途 |
| 1998年1月 | RX300 | V6 | 豪华多用途 |
| 2000年1月 | IS300 | L6 | 准豪华 |
| 2000年1月 | LS430 | V8 | 顶级豪华轿车 |
| 2001年 | SC430 | | 豪华双座跑车 |

来源：丰田汽车公司

和卡车）而组织的。各个车辆开发中心依据汽车的大小和架构对Lexus每款车型进行规划和设计。丰田汽车公司总部全球设计中心内的Lexus部只负责Lexus外饰的统筹管理。

Lexus在20世纪90年代对其产品阵容进行扩充，并大幅度改变了其产品组合（product portfolio）。到2001年，Lexus产品线已经从1989年的两款车型扩大到七款车型。其产品组合集中在顶级豪华汽车和准豪华汽车市场区隔，这些产品区隔均为1989年产品导入时两款车型（即LS400和ES250）所属分产品区隔。❶ 在开始进入市场后，Lexus增添了一些不同的汽车类型，如豪华双座跑车、中档豪华轿车和多用途汽车、多功能越野车等（有关Lexus市场导入的新车型及主要车型变动情况列在表9-5中）。在改变Lexus产品构成方面产生重要影响的车型是RX300这款多

❶ 根据 *Kelley Blue Book Used Car Guide*, 消费者版，1989年，2001年。车型数目包括车身风格，但不包括装饰和发动机变量。

功能越野车。RX300的问世使Lexus在很大程度上向多用途汽车类型方面倾斜。一些与Lexus有关的管理者注意到：1998年RX300和2000年IS300的问世不仅改变了其产品构成，而且还明显改变了Lexus的品牌形象（关于Lexus销售构成的历史性变化情况，见表9-6；关于美国豪华汽车市场区隔的销售构成见表9-7）。

2000年，Lexus推出IS300说明这样的事实：以演绎的方式根据有意图的战略不能够作出的决策，通过不同组织单元之间的协调和协商可以实现。美国丰田汽车销售公司一直想针对年轻顾客在准豪华汽车区隔的需求，推出一款新车型。对于这些要求，丰田汽车公司不断地推荐一款原来在日本市场以丰田品牌开发出来的车型。美国丰田汽车销售公司数次回绝总部的这一建议，但最后还是被迫屈服，只是在美国市场作了一些改动后推出这款

表9-6　Lexus的销售构成（按数量百分比%）

| 年份 | | 1989 | 1990 | 1991 | 1992 | 1993 | 1994 | 1995 | 1996 | 1997 | 1998 | 1999 | 2000 |
|---|---|---|---|---|---|---|---|---|---|---|---|---|---|
| 准豪华 | LexusES250/30 | 29.0 | 32.6 | 31.6 | 42.7 | 37.7 | 44.7 | 52.3 | 54.9 | 59.9 | 31.1 | 24.7 | 20.1 |
| | LexusIS300 | | | | | | | | | | | | 7.5 |
| 豪华双座跑车 | LexusSC300 | | | 3.4 | 8.6 | 6.8 | 5.2 | 4.2 | 2.9 | 3.1 | 1.1 | 0.9 | 0.2 |
| | LexusSC400 | 13.2 | 13.7 | 10.2 | 8.5 | 5.5 | 3.1 | 2.1 | 0.8 | 0.4 | 0.1 | | |
| 中档豪华轿车* | LexusGS300 | | | | | 20.2 | 15.9 | 8.1 | 2.5 | 3.9 | 13.2 | 13.4 | 10.6 |
| | LexusGS400 | | | | | | | | | 4.0 | 6.4 | 3.7 | 3.0 |
| 顶级豪华轿车* | LexusLS400 | 71.0 | 67.4 | 51.9 | 35.1 | 25.1 | 25.7 | 29.8 | 27.3 | 20.1 | 13.3 | 8.8 | 7.7 |
| 豪华多用途 | LexusLX450/470 | | | | | | | | 9.2 | 7.0 | 7.0 | 8.5 | 7.2 |
| | LexusRX300 | | | | | | | | | | 27.0 | 39.5 | 43.6 |
| | 车型数量 | 2 | 3 | 4 | 4 | 5 | 5 | 5 | 6 | 7 | 8 | 8 | 9 |

*进口车
来源：丰田汽车公司

表 9-7　美国豪华型轿车市场区隔构成（按数量百分比 %）

| 年　份 | | 1989 | 1990 | 1991 | 1992 | 1993 | 1994 | 1995 | 1996 | 1997 | 1998 | 1999 | 2000 |
|---|---|---|---|---|---|---|---|---|---|---|---|---|---|
| 准豪华 | 总销售数(%) | 17.4 | 15.3 | 17.9 | 21.3 | 20.8 | 22.0 | 26.6 | 28.0 | 29.8 | 26.7 | 26.8 | 28.4 |
| | 车型数量 | 20 | 21 | 21 | 19 | 18 | 18 | 17 | 17 | 17 | 19 | 20 | 20 |
| 豪华双座跑车 | 总销售数(%) | 21.7 | 19.2 | 17.6 | 18.3 | 18.1 | 17.0 | 15.8 | 16.6 | 16.2 | 14.6 | 13.2 | 12.8 |
| | 车型数量 | 27 | 32 | 31 | 32 | 31 | 30 | 27 | 27 | 33 | 29 | 29 | 30 |
| 中档豪华轿车* | 总销售数(%) | 11.0 | 10.0 | 10.9 | 11.9 | 12.9 | 11.3 | 9.2 | 9.0 | 9.1 | 11.0 | 13.4 | 12.9 |
| | 车型数量 | 5 | 6 | 8 | 9 | 11 | 11 | 11 | 12 | 11 | 11 | 12 | 13 |
| 传统国产豪华轿车 | 总销售数(%) | 41.9 | 42.7 | 42.6 | 36.4 | 37.4 | 39.3 | 35.9 | 32.9 | 28.8 | 25.8 | 23.1 | 21.2 |
| | 车型数量 | 6 | 6 | 6 | 6 | 7 | 7 | 7 | 7 | 7 | 7 | 6 | 6 |
| 顶级豪华轿车* | 总销售数(%) | 7.6 | 12.4 | 10.7 | 11.7 | 10.3 | 9.4 | 10.7 | 10.3 | 8.8 | 8.5 | 7.6 | 6.6 |
| | 车型数量 | 10 | 10 | 10 | 10 | 11 | 12 | 12 | 13 | 12 | 11 | 11 | 11 |
| 豪华多用途 | 总销售数(%) | 0.4 | 0.4 | 0.3 | 0.4 | 0.5 | 0.9 | 1.8 | 3.3 | 7.3 | 13.3 | 15.9 | 18.1 |
| | 车型数量 | 1 | 1 | 1 | 1 | 2 | 3 | 5 | 7 | 10 | 12 | 14 | |

*进口车
来源：丰田汽车公司

日本车型，作为 Lexus 的 IS300 系列车型。

在 20 世纪 90 年代，Lexus 新款车型导入的决策没有宏伟规划，而是以随意和机会主义的方式进行决策。丰田汽车公司的产品开发是以销售到美国和日本的丰田品牌汽车为主导，并预想会获得最大的销售数量。当时只为 Lexus 进行产品开发的难度很大。结果，Lexus 的产品导入决策有不协调的倾向，而且完全取决于原有丰田品牌所开发的车型的情况。例如，在 1994 年 11 月 LS400 车型变动，到 1996 年 1 月引进新款 LX450 之间，Lexus 没有推出任何主要新款汽车。在 20 个月里，经销商无新款车型可供销售。Lexus 首款多用途汽车的问世是这种机会主义及不固定态度的具体体现。直到 1995 年 11 月，Acura 开启 SLX 系列车型，在豪华车区隔里，当时惟一的多用途汽车是出身 LandRover（陆虎）世家的 RangeRover（揽胜）。这一市场空白使许多多用途越野车顾客流向大规模生产的品牌。为了回

## 第九章 战略形成过程与对话

应美国多用途越野车市场的需求，Lexus于1996年11月推出LX450。LX450是基于丰田陆地巡洋舰（LandCruiser）的平台，为达到豪华汽车的规格将内部略加改造。在其他方面，LX450与丰田陆地巡洋舰没多大区别。

一位曾经参与Lexus最初创业的管理者在对往日历史进行反思时，谈到了当时Lexus的产品线缺乏有目的及坚持不懈的管理，特别在资源配置和销售政策方面：

> 当我们讨论推出Lexus新款车型时，我们常常面对来自产品开发部门负责人员的抵抗。他们经常会告诉我们，他们对Lexus的开发工作缺乏足够的资源。另一个担忧的事情是对Lexus旗舰产品LS车系的管理问题。对LS系列的开发我们本来应该有连贯的人力资源配置，同样，即使在该车型寿命结束之际，我们本来也应该保持一定的LS系列车型的销售量，这样做可以保持LS车系的至上尊荣。

由于依赖于面对不同现实的、具有多样化观点的行动者之局部活动，突现战略形成过程免不了会伴有失败的局面。事实上，Lexus时常暴露其接合方面的纰漏。例如，Lexus的新款车型并非总是从头开始设计，一些新款车型历经种种规格上的失谐。于1993年1月问世的首款中档豪华汽车GS300便是这样一个例子。GS300是为欧洲市场开发的运动型轿车，但具有美国市场Lexus的规格。这款车型并没有一炮走红。顾客意见调查显示，与竞争对手车型相比，发动机性能不佳是不受欢迎的主要原因。另一个例子是于2000年推出的IS300。IS300的销售价格30 000美元出头，比当时Lexus最低价格ES300车型略高一点。IS300配备赛车使用油门踏板，突出运动特点以吸引酷爱驾驶的年轻顾客的兴趣，但最终还是没能挤进这个市场区隔。

尽管在产品线战略上偶露败笔，但Lexus仍能稳坐泰山。为什么这些失误没有演化为致命的创伤呢？我们认为其原因有以下两点：(1)在有意图的战略中保留下来的共有视角足以抵御任何起伏震荡；（2）在Lexus内，从失败中学习的能力和不断改善的能力可谓坚不可摧。

在有意图的战略中保留下来的共有视角包括优异的销售运营、优质服务运营及出类拔萃的产品质量。这些保留下来的视角为运营提供了一致性和信赖性，使Lexus甚至在一些市场实验出现失误时仍然能够留住顾客。我们将在下面介绍两个这类留存视角的例子。

在有意图的战略形成过程中所共有，以及在突现战略形成过程中依然保持活跃的视角集中在优质服务方面。即使在20世纪90年代中期最艰难的时期，Lexus部门的管理者始终在服务投资方面不遗余力。这种激励在服务活动上慷慨投资的视角弥漫于组织的各个角落。美国丰田汽车销售公司的管理者不是用投资回报率对这些服务进行管理，而是认识到在服务和现场活动上投资的重要意义。一位负责服务的经理对Lexus部门共有视角有以下评论：

我们应该从长远的角度来衡量服务和顾客的满意度。对服务活动价值的评估很难，因为服务并不直接对投资回报率有贡献。然而，我们很清楚，超级服务对丰田品牌的认知和业务成就一直贡献很大，这就是Lexus服务部门以Lexus盟约为行动的指南的原因。Lexus盟约坚持顾客第一的原则。为满足顾客的要求，令顾客惊喜和对注重细节的顾客的支援是十分必要的。这需要特殊的文化和精神，而这正是Lexus盟约所提倡的东西。

另一个在有意图的战略形成过程中所共有，并且在整个突现战略形成过程中依然保持活跃的视角与汽车的质量有关。美国丰田汽车销售公司以及丰田汽车公司的管理者一致强调保持汽车质量的重要性。一位负责Lexus销售、配

# 第九章 战略形成过程与对话

件及服务的经理对汽车质量的意义有以下评论:

优质汽车是一切的关键。没有优质汽车,其他努力都不重要,我们无论如何强调车辆的质量都不为过。假定质量是理所当然的事,那么没什么了不起的观点是错误的。压倒性质量是Lexus饮誉的关键。首款LS400是一部绝不妥协的超级汽车,这都归功于总工程师铃木一郎。为了与该车的品质相配,美国丰田汽车销售公司和经销商的服务人员在工作上付出了百倍的努力。对汽车的自豪激励着服务的质量和员工的热情。我认为有了这种热情和自豪,才会有对顾客做正确事情的献身精神。

Lexus还不断地从失败中学习,以便那些因实验造成的偶尔失误不会持续太久,而是在短时期之内带来更好的产品。在这个方面,Lexus有一个良好的反馈环路。不成功的LX450就是一个例子。LX450是前面提到过的陆地巡洋舰型多功能越野车,在后来于1998年推出LX470时,尽管仍然与陆地巡洋舰共享同一平台,但却有明显的不同之处。LX470在悬挂调整、车身高度调整方面具有自己的规格标准,另外在其他许多方面也有独到之处。虽然有突现战略形成过程引路,这种调适能力还是Lexus保持高效运作的原因之一。这类新型解决方案将会面临可能导向新实验但尚未出现的新视角的挑战,所以这种辩证过程会不断地持续下去。

## Lexus成长中的对话

在突现战略形成过程中,第二阶段里关于产品线战略的交流是由在不同视角之间的相互作用(即多音性交流)所支配的。相反,在第一阶段里的交流是由单音性所驱使的。在本节里,我们集中讨论跨两套不同组织(即多音性交流),即丰田汽车公司总部与美国丰田汽车销售公司,以及美国丰田汽车销售公司的Lexus部与Lexus经销商,为沟通所进行的对话。丰田汽车公司总部与美国丰田汽车销售公司之间的对话展现了Lexus产品线不断涌现、培育不同视角的原因以及彼此之间互动的情况。美国丰田汽车销售公司的Lexus部与Lexus经销商之间的对话说明Lexus为多音性提供了有利的情境。

丰田汽车公司总部与美国丰田汽车销售公司在观点上存在明显的分歧,这是由对产品线管理缺乏明确表述的政策造成的。例如,一位丰田汽车公司掌管Lexus生产的经理曾经指出:在试图对Lexus生产质量进行改善的时候,他竟然找不到表述Lexus应该是什么样子的书面材料。另一方面,美国丰田汽车销售公司的Lexus部门管理者转向Lexus盟约以寻求指导,一些管理者指出对"究竟什么才是Lexus"这样的问题,没有人给出明晰的答案。这些管理者还指出,没有明确的定义,反倒促使他们根据个人的情况对产品概念进行探索。

丰田汽车公司对Lexus的看法是围绕其作为"高效的大规模制造商"的组织标识建立起来的,而美国丰田汽车销售公司中Lexus部的组织标识则是"豪华型汽车销售商"。依照高效的大规模制造商的逻辑,丰田汽车公司的视角是:Lexus应该与丰田汽车尽可能多地共享汽车部件。实际上,自20世纪90年代中期以来,Lexus的开发政策就一直向与丰田车型在最大程度上共享部件、平台和规格方向倾斜。这一政策为Lexus的独有规格,如自动定向调整方向盘,留有非常有限的余地。按照高效大规模制造商的逻辑,丰田汽车公司有时要求美国丰田汽车销售公司采用和销售一些美国丰田汽车销售公司认为有悖于Lexus品牌形象的车型。另一方面,根据豪华型汽车销售商的逻辑,美

# 第九章　战略形成过程与对话

国丰田汽车销售公司执意要求丰田汽车公司严格遵守美国豪华汽车市场所要求的质量和设计规格标准，这样做意味着要增加产品成本。

作为高效的大规模制造商，丰田汽车公司的视角重视对开发成本、工厂运营效率以及对整个供应链的库存管理。这些成功的关键要素弥漫于组织内部，而且通过对话的方式成为那些并不直接负责物流管理或工厂管理（如销售和市场营销管理者）的经理们的共识。同时，经理们有着自己的观点，所以他们将多音性内在化。基于供应链管理及工厂效率的共有视角，那些销售和市场营销的管理者偶尔也会接受一些他们无法确定能否与市场需求相配的车型的建议。结果，愿意接受市场检验（有时会导致意外的成功现象）的理念，在美国丰田汽车销售公司销售和市场营销管理者之间得以建立。

通过不同视角间的互动对话，Lexus自身对豪华汽车的概念应运而生。概念创造是以螺旋式进行的，在将该概念的维度进行转换和扩展的同时，它仍然保留其核心概念。幸运的是，这一突现过程刚好发生于Lexus在市场探索新的增长机会之时，发生在市场伴随"美国豪华汽车市场民主化"方兴未艾而迅速变化之际。由于不断扩大的美国豪华汽车区隔市场正面临一个顾客需求开始大幅度分散的环境，市场不确定性在日益增大。

接下来看一下美国丰田汽车销售公司的Lexus部与Lexus经销商之间如何进行对话，以及Lexus部是如何为对话提供有利环境的。Lexus与顾客、经销商、美国丰田汽车销售公司区域办公室、美国丰田汽车销售公司、丰田汽车公司总部及广告代理商之间形成多层面的交流网络，这些网络为对话提供了"场"（Nonaka，2002）。除大多数汽车制造商习惯举行的正式经销商会议之外，Lexus还为各种对话建立非正式的"场"。下面，我们介绍其中两种"场"。

Lexus内部众所周知的"场"是"炉边聊天会"。这些会议的目的是与Lexus所有经销商面对面地讨论与管理有关的事情。每年，Lexus部领导与美国丰田汽车销售公司运营高级管理人员到美国12个地区拜访，与来自每个地区10～20位经销商的CEO和其他高级管理人员会面。出席人数一般控制在足够小的规模以保证密切的沟通。在这些会议上，Lexus部解释其产品定价、市场营销及服务的方针政策。这些会议并非只是简单地介绍Lexus的政策，还旨在听取经销商的意见及疑问。经销商与Lexus的管理者围坐在一起，畅所欲言。为鼓励经销商各抒己见，在这些讨论之间，Lexus的管理人员一直保持"我们在此倾听"的态度。

"全美经销商咨询委员会"是另外一种交流场所，每年举行两次会议。这是历时两三天的会议，参加者为当地经销商协会的九位代表和Lexus的四个区域办公室的代表。会议的目的是收集地区的意见，然后汇报给美国丰田汽车销售公司。无论如何普通，每项评论均记录下来，并会同Lexus部的相应措施发表在一个小册子里，随后分发给所有的经销商。在"全美经销商咨询委员会"上所收集的意见反映了大多数经销商的观点。而在"炉边聊天会"上得到的意见和评论则覆盖容易被漏掉的细节和要点。Lexus部认为这两种会议彼此互为补充。

除了"炉边聊天会"和"全美经销商咨询委员会"以外，Lexus部与经销商还有各种规模和目的不同会议，例如"全美经销商会议"和"广告经销商协会会议"。除了这些正式会议之外，Lexus区域办公室当地代表与经销商管理人员及第一线员工基本上还安排日常的交流。Lexus部设立四个区域办公室，每个办公室对45个经销商负责，每位当地经理负责5～10个经销商的管理任务。每位当地经理与经销商管

# 第九章 战略形成过程与对话

理者以及负责销售、服务及金融的工作人员,不仅通过电话,而且通过对经销商的拜访建立日常的交流。通过这些过程所获得的信息在每月举行的区域经理会议上汇报,然后报告给Lexus部。Lexus部管理者也经常走访各地的经销商。例如,Lexus服务部的经销商运营经理每月需要拜访经销商一次,听取有关服务流程及最佳做法的提案。在其他汽车公司,一般的做法是由区域代表进行此类的拜访。

Lexus经销商与美国丰田汽车销售公司的Lexus部之间的交流联系是由多音性而非单音性所主导的。Lexus部不是单向式告诉经销商做什么事情,而是愿意不断地与他们互通有无,以便取得不同意见。例如,当Lexus在1994~1996年之间面临低潮时,美国丰田汽车销售公司为购车和租车提供现金资助。而当时,Lexus部尽量避免提供现金资助,因为此举会损害品牌形象,并将降低二手Lexus汽车的价值。在"炉边聊天会"上,经销商表达了他们对现金资助的异议,指出此举对Lexus品牌不适合,并说服Lexus部"回归根本"。

因为经销商保持他们的独立看法,不断要求更具吸引力的汽车,并且对Lexus业务应该如何经营发表他们的意见,所以多音性永远不会消失。Lexus经销商之所以坚持自己意见,是因为他们不属于美国丰田汽车销售公司。这种组织结构意味着经销商面对与Lexus部门不同的现实,因而保持着自己的视角。这还使经销商保持其独立性,在指出汽车的不足之处时毫不畏惧。另一个原因是Lexus部门的态度,他们表示愿意倾听,并且接受不同的观点,"炉边聊天会"中"我们在此倾听"的经营理念便是明证。

有时,第二阶段的突现战略形成过程随意性和机会主义的成分很大,甚至没有良好的规划,也没有很好的秩序。然而,最终的结果是正面的。2000年,Lexus首次超过奔驰,在美国豪华汽车市场占有率上获得霸主的地位。图9-2显示出Lexus超越奔驰的销售数量。表9-8列出这一超越的具体市场占有率情况。此外,Lexus经常在J.D.Power(一家调查汽

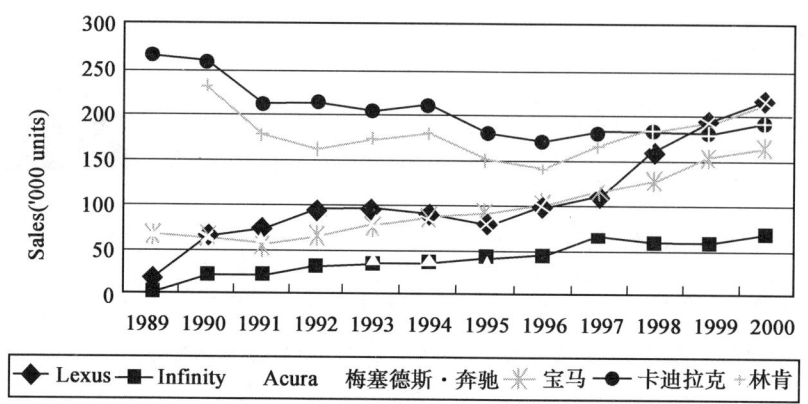

图 9-2 美国豪华型轿车市场区隔中主导品牌的销售数量
来源：丰田汽车公司

表 9-8 1989~2000年美国豪华型轿车市场区隔主导品牌的市场占有率

|  | 1989 | 1990 | 1991 | 1992 | 1993 | 1994 | 1995 | 1996 | 1997 | 1998 | 1999 | 2000 |
|---|---|---|---|---|---|---|---|---|---|---|---|---|
| Lexus | 1.5 | 5.6 | 7.0 | 9.3 | 9.2 | 7.7 | 7.5 | 7.7 | 7.9 | 11.2 | 11.9 | 12.25 |
| Infiniti | 0.2 | 1.8 | 2.1 | 3.0 | 3.3 | 3.0 | 3.9 | 4.0 | 5.3 | 4.0 | 3.6 | 3.88 |
| Acura | 5.8 | 4.8 | 6.7 | 5.1 | 3.8 | 3.2 | 3.4 | 5.8 | 5.7 | 5.4 | 5.9 | 6.94 |
| 奔驰 | 6.8 | 6.9 | 5.5 | 6.3 | 6.0 | 6.4 | 7.3 | 8.6 | 9.9 | 12.2 | 12.1 | 12.22 |
| 宝马 | 5.8 | 5.6 | 5.2 | 6.6 | 7.6 | 7.4 | 8.3 | 9.3 | 9.3 | 9.2 | 9.8 | 9.67 |
| 卡迪拉克 | 24.0 | 22.7 | 21.0 | 21.4 | 19.8 | 18.5 | 17.1 | 16.1 | 14.8 | 13.1 | 11.4 | 11.24 |
| 林肯 | 18.0 | 20.3 | 17.6 | 16.2 | 16.8 | 15.7 | 14.2 | 13.4 | 13.5 | 13.4 | 11.3 | 11.47 |

*进入美国市场的外国车
来源：丰田汽车公司

车市场情况的公司)顾客对购车和服务感受满意度排行榜上位居榜首位置（见表 9-9，SSI 和 IQS 分别表示在购车和服务感受的顾客满意度）。Lexus 汽车的质量几乎总是位居汽车工业的榜首。在新车的初始质量方面，Lexus 几乎总是排在第一或第二的位置（见表 9-9 中 IQS 的汽车初始质量一栏）。就购车后三年内质量而言，Lexus 在 10 年中九次拔得头筹（关于购车后 3 年内质量情况，见表 9-9 中 CSI）。

## 第九章 战略形成过程与对话

表9-9 1990~2000年Lexus顾客满意度排行榜

| 年份 | 1990 | 1991 | 1992 | 1993 | 1994 | 1995 | 1996 | 1997 | 1998 | 1999 | 2000 |
|---|---|---|---|---|---|---|---|---|---|---|---|
| IQS | 1 | 1 | 2 | 1 | 1 | 2 | 1 | 2 | 1 | 6 | 2 |
| CSI | – | 1 | 1 | 1 | 1 | 1 | 2 | 1 | 1 | 1 | 1 |
| SSI | 4 | 1 | 1 | 3 | 1 | 3 | 1 | 4 | 3 | 6 | 2 |

IQS（起始质量研究）=购买后三个月顾客服务满意度
CSI（产品质量及零售商服务顾客满意度）=购买后三年顾客售后服务满意度
SSI（销售满意度指数）=购买新款车型或租车时购买经历的顾客满意度
来源：J.D.Power and Associates

### 第三阶段：Lexus回归根本——在较高水平上的有意图的战略形成过程

在2001年之后，Lexus开始由突现战略形成过程返回到有意图的战略形成过程路线上来，它建立了几个集中的战略决策机构。2002年美国丰田汽车销售公司成立的"品牌团队"负责重新确立Lexus核心价值和核心概念，2002年在丰田汽车公司总部成立的"Lexus规划部"负责Lexus产品线战略的制定。丰田汽车公司还在2003年将Lexus的产品开发成为独立的组织单元进行集中管理。这些组织配置使战略形成过程更为集中，使局部行动的反思、选择和留存变得更加方便和迅速。

这种有意图的战略形成过程将产生全新及更为丰富的含意，因为这是基于在过去的突现战略形成过程中所获得的经验和教训。基于此，这种有意图的战略形成过程是在比20世纪80年代末所奉行的有意图的战略形成过程以及20世纪90年代所运用的突现战略形成过程具有更高的水平上进行的（有关战略形成过程之间的辩证过程，见图9-3）。

两个战略形成过程中的转换又是如何进行的呢？丰田公司的反馈环路发现战略形成过程与环境之间存在错配（mismatch）的现象。随着竞争的发展，Lexus的竞争环境变得更加趋同化（convergent）。德国豪华汽车厂商在美国改变了战略，纷纷改善性价比、扩充产品线、缩短产品生命周期，甚至采用本地化生产。1990年，Lexus和奔驰主要车型变化间隔时间分别为五年和十年。到了1998年时，间隔时间分别为五年半和八年。在2001年，这个间隔时间又变为六年和七年。

价格－价值比的差别同时在变小。如果假定Lexus的价格指数为100，1998年奔驰车型的可比价格指数为116。2001年，后者已经达到106。在突现战略形成过程中，Lexus作出误判并且经历了"冗余"之苦。突现战略的弊端是在一家企业不得不与势均力敌的对手进行较量时暴露无遗。

## 案例反思：对话与Lexus业务的发展

这个案例研究展示了Lexus在三个不同阶段的经历，每个阶段由一种不同的社会交流形式（即单音性和多音性）所主导。第一阶段是由单音性所主导的，"十条款宪章"和"Lexus盟约"是社会交流的核心所在。最初，由单音性所主导的进入战略帮助丰田对Lexus共享相同的视角，并开展协调一致的活动。第二阶段由多音性所驱动，尤其在产品线战略方面。Lexus产品线战略的开发是突现的战略形成过程的结果，其中解决方案源自不同方式和观点之间的互动对话，而不是事前分析。对于Lexus的整体产品线战略，没有任何组织单元对此负责。在这个意义上，认知和决策属于分散型。对产品线战略不同视角的对话有助于Lexus对美国豪华汽车日益变化的市场环境持有独特的认识。如表9-6和表9-7所示，Lexus产品线构成过于向豪华市场倾斜。通过对新产品分类和新型价格－价值比的实验，Lexus对美国20世纪90年

# 第九章 战略形成过程与对话

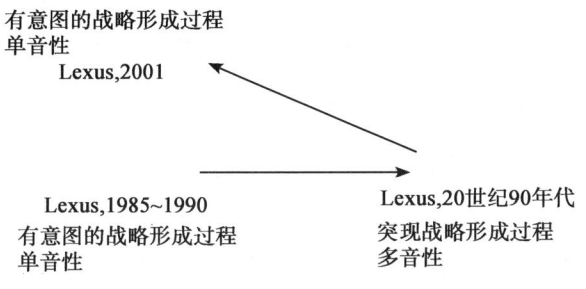

图 9-3 Lexus 战略形成过程中的辩证模式

代快速成长的高收入阶层的豪华汽车市场的边界进行了调查,试图发现"豪华汽车"概念的新内涵。刚刚起步的第三阶段似乎是以单音性为主(见图 9-3)。

这个事例还展示了多音性对话过程是如何进行的。我们可以发现对第二阶段对话过程有贡献的四个因素。

第一,Lexus 让丰田汽车公司和美国丰田汽车销售公司独立运行并且让经销商表达独立的见解,以保持视角的多样性,多样性视角鼓励局部行动者表达不同观点,从而鼓励了对话。

第二,Lexus 培育倾听的态度,并提高倾听的能力。只有在一个人愿意听取他人的意见时,对话才可以扩展他的思维世界,因此倾听格外重要。Lexus 与在不同情境下具有不同观点的经销商建立了广泛的多层次沟通网络。通过这些沟通网络,Lexus 确立"我们在此倾听"的经营理念,通过"炉边聊天会议"鼓励经销商发表他们的看法。基于了解及信任,Lexus 与经销商建立了稳定的关系。"顾客第一,经销商第二,厂商最后"的理念及 Lexus 一贯的经销商管理政策,对建立这种关系贡献颇多。

第三,Lexus 进行了大量的实验,导入几种不成功的新款车型便是典型的例子。实验促进对话,产生新的含义和创新,启发不同的视角。此外,Lexus 奉行通过跟踪以前的失误和实验进行事后学习的做法。事后学习（ex-post learning）使辩证过程不断向前演进。

第四，Lexus对与不可避免地伴随实验而来的失误有一个安全网。一贯而有效的运营能力，如提供优质的购买和服务体验、对后勤系统的管理、对可靠汽车的制造，均有助于Lexus安然度过偶尔的失败。

**对话和丰田**

我们认为，丰田是对话的行家里手，在Lexus内部大量使用的、对对话有贡献的四个因素对丰田公司也同样奏效。

首先，丰田的组织设置非常有利于维持多样性和独立思考。正如鲍文和斯比尔（Bowen and Spear，1999）指出的那样，丰田的组织比通常认为的职能分工情形幅度更大。丰田公司将其销售和制造两个职能部门分成为两个独立的法人实体已有30多年的历史，同时也形成了广泛的超越职能部门的非正式网络。即使可能导致以共识为基础的决策过程及职责模糊不清等弊端，丰田公司还是广泛地利用跨职能会议和委员会等形式。

其次，丰田公司具有培养强烈的倾听心态和倾听能力的文化。通过访谈，我们注意到该公司的员工经常谈及这样的说法："倾听他人的意见"、"尊重个人"、"顾客第一，经销商第二，厂商最后"、"走走看看"。所有这些说法**鼓励对新鲜和不同事实及意见的尊重和敏锐性**。丰田的员工不仅这样讲，而且还将它们落实到行动中。

第三，丰田特别喜欢进行**实验和事后学习**。其实验文化表现在像"计划－做－检查－行动（即PDCA）"、"从失败中

第九章　战略形成过程与对话

学习"及"让失败看得见"这样的话语里。这些说法在丰田制造过程内已经成为核心的惯例，而且现在已为外部公司所分享。比如，丰田于2003年6月开始展示针对美国"Y生代"营销"Scion"品牌。美国丰田汽车销售公司的员工称这种挑战为"实验场"，在这里他们学会如何接近年轻人市场。丰田一系列实验的动力是对不断改善的强烈愿望。

第四，丰田对与伴随实验而来的不可避免的失误有一个**安全网**。在对丰田在亚洲、欧洲和美国运行情况的调查中，我们证实丰田汽车的可靠性、对后勤工作的高效管理以及稳固的经销商网络是其运营的共同优势。这些在丰田内部共有的组织能力为各种实验提供了坚实的基础。

## 丰田公司是一家辩证的企业

我们认为丰田公司还是辩证过程的大师，就像本书第一章和第四章中提到的一样，丰田公司擅长拥抱看似对立的事物，其员工愿意愉快地接受各种矛盾。在面对矛盾之时，丰田公司的员工不是采取"非此即彼"的态度。在不放弃自己观点的情况下，他们愿意接受别人的观点。在Lexus事例中，有以下两个追求"两者兼顾"的例子。

第一个例子是关于总工程师铃木一郎在开发Lexus最初车型中所面对的矛盾。铃木一郎既追求"出色的高速控制及稳定性"，又要求"卓越的驾驶舒适性"，既要"快速及流畅的驾驶"，又要"优异的燃料经济性"，既有"温暖的环境"，又有"功能性驾驶室"（详细内容参见表9–10）。铃木是用"还没有"的态度来解决这些矛盾的。用"还没有"(Not yet)，铃木宣称即使要求包容矛盾，他也绝不接受任何折衷意见。他还利用"刨根问底"来解决矛盾。通过"刨根问底"，铃木指示他的团队成员解决矛盾的根源，这样做有时甚至需要丰田从未具备的新能力。这种对待矛盾的态度实际上鼓励在不同领域富有专长的工程师通过听取他人的意见，并

表9-10  LS400开发中铃木一郎所拥抱的矛盾

| 出色的高速控制及稳定性 | —卓越的驾驶舒适性 |
| 快速及流畅的驾驶 | —优异的燃料经济性 |
| 优异的低噪音性能 | —轻量化 |
| 优雅的款式 | —卓越的空气动力学性能 |
| 温暖的环境 | —功能性驾驶空间 |

来源：丰田汽车公司

通过一同工作来找出新的解决方案。在两种表面上属于对立事物之间发现综合的方式，使Lexus的LS400车型与对手相比独具一格。例如，在1989年，LS400是惟一一款豪华高级跑车，虽然可以高速驱动，却非常省油。

另一个拥抱矛盾的例子发生在丰田公司的工厂里。大多数Lexus汽车与丰田汽车使用同一生产平台，在相同的生产线上进行制造。对追求效率的最佳制造顺序与实现最低次品率的要求是完全矛盾的。一种解决方案是将Lexus汽车与丰田汽车分开。这种"非此即彼"的方式只是为了避免矛盾而解决矛盾。丰田公司所选择的另一种方案是继续在同一生产线上制造Lexus汽车和丰田汽车，但是挑选可以达到最佳质量的排序，并试图克服对效率的折衷。从本质上说，这种"两者兼顾"的方式是拥抱矛盾。丰田公司认为它能够用Lexus的质量标准和丰田的制造成本来制造丰田汽车，同时，降低Lexus的制造成本，并保持零缺陷。这些决定无疑源自丰田的管理者的手笔。

## 小结

突现的战略形成过程中的多音性包含着揭示预料不到的发现及创造性的潜能。另一方面,有意图的战略形成过程的单音性有助于组织对所发现的东西进行体会,并将它们制度化下来,这样有利于澄清战略概念,并且创建必要的组织能力。组织为保持开发的能力,有必要对单音性和多音性之间的辩证过程进行统筹管理。

从Lexus事例中,我们发现多音性和单音性是相互依存的,这种特性使得它们可以用辩证的方式进行演进。而对辩证过程的有益因素包括:对不断改善的热切渴望;让人们体验不同的现实;为人们提供表达不同视角的动机;实验具有明确的方向;对不同的视角及不同的现实具有感受能力,以及愉快地接受各种矛盾。

最后,当我们开始发觉含义的多层性时,对话所带出来的结果远比我们所知道的东西要多。蕴藏在言语和表达之中的组织历史的声音以及环境的声音可能留存在暗默知识里。对话过程让含意的层面浮出水面。对话使组织具有更为综合的思维世界,并欣赏组织内及外部环境里丰富多彩的现实,对话使未知事物浮现出来。

## 参考文献

Bakhtin, M.M., 1981, *The Dialogic Imagination:Four Essays*, by M.M.Bakhtin, ed .M.Holquist;trans. C.Emerson and M.Holquist (Austin, TX:University of Texas P ress).

Bowen, H.Kent and Steven Spear.1999."*Decoding the DNA of the Toyota Production System*," Harvard Business Review, September-October.

Bower, Joseph L.1986, *Managing the Resource Allocation Process* (Boston:Harvard Business School Press).

Burgelman, Robert A.2002, *Strategy is Destiny* (New York:The Free Press).

Burgelman, Robert A.and Leonard Sayles.1986.*Inside Corporate Innovation* (New York:The Free Press).

Chakravarthy, Balaji S.and Yves Doz, 1992 "*Strategy Process Research:Focusing on Corporate Self-Renewal*," *Strategic Management Journal*, 13 (Summer).

Cole, Michael and Yrjo Engestrom.1993, "A Cultural-historical Approach to Distributed Cognition," *in Distributed Cognitions: Psychological and Educational Considerations*, ed.Gavriel Solomon (Cambridge:Cambridge University Press).

Fujimoto, Takahiro, 1999.*The Evolution of a Manufacturing System at Toyota* (New York:Oxford University Press).

Ghemawat, Pankaj, 1991, *Commitment:The Dynamics of Strategy* (New York:Free Press)

Hutchins, E.1995, *Cognition in the Wild* (Cambridge, MA:MIT Press).

Lotman, Y.M., 1988, "Text within a Text," *Soviet Psychology*, 26(3).

Mintzberg, Henry and James Waters, 1985, "Of Strategies, Deliberate and Emergent," *Strategic Management Journal*, 6.

Mintzberg, Henry, et al., 1998, *Strategy Safari* (New York:Free Press).

Nakajima, Yasushi, 1990, *Lexus/Celsior heno do-tei*〔*A Long Road to The Lexus/Celsior*〕(Tokyo:Diamond).

Nonaka, Ikujiro.2002, "*A Dynamic Theory of Organizational Knowledge Creation*, " in Chun Wei Choo and Nick Botis (eds.), *The Strategic Management of Intellectual Capital and Organizational Knowledge* (New York:Oxford University Press).

Nonaka, Ikujiro and Hirotaka Takeuchi, 1995, *The Knowledge-creating Company* ( New York:Oxford University Press).

Osono, Emi, 2002, "*Senryaku-teki Soshiki-ka Cakushu-suru Soshiki-ka*〔*Strategic Organization or Learning Organization*〕," *Hitotsubashi Business Review* (Tokyo :Toyokeizai-shinposha).

Quinn, J.B.1980, *Strategies for Change:Logical Incrementalism* ( Homewood, I ll.:Richard D.Irwin).

Salomon, Gavriel, 1993, "*No Distribution without Individuals'*

Cognition:A Dynamic Interactional View," in *Distributed Cognitions:Psychological and Educational Considerations*, ed.Gavriel Solomon (Cambridge, MA:Cambridge University Press).

Tsoukas,H.1996,"*The Firm as a Distributed Knowledge Systems:A Constructionist Approach*," *Strategic Management Journal*, 17 (Winter).

Weick, K.E., 1979, *The Social Psychology of Organizing*, 2nd ed.(New York:Random House).

Weick, K.E., 1995, *Sensemaking in Organizations* (Thousand Oaks, CA:Sage).

Wertsch, James V., 1985, *Vygotsky and the Social Formation of Mind* (Cambridge, MA:Harvard University Press).

Wertsch, James V., 1991, *Voice of the Mind:A Sociocultural Approach to Mediated Action* (Cambridge, MA:Harvard University Press).

Wertsch, James V., 1998, *Mind as Action* (New York:Oxford University Press).

Wertsch, James V., 2000, "Intersubjectivity and Alterity in Human Communication," in *Communication:An Arena of Development*, eds., Nancy Budwig, Ina C.Uzgiris, and James V.Wertsch, *Advances in Applied Developmental Psychology Series*, ed.Irving E.Sigel, vol.19 (Stamford, CT:Ablex Publishing Corporation).

第十章

# 创品牌能力
## ——索尼公司创造品牌知识的能力*

　　管理者越来越认识到，与巨型厂房或大片土地相比，能够打动说服消费者的品牌价值更高。尽管大家都承认存在"创品牌"这个事实，但是人们却不太可能描述出它的本质。这是因为品牌的精髓蕴藏在我们的内心深处。本章内容以知识创造过程为基础，我们将结合索尼的实例，介绍创品牌能力的新模型，作为对现有与品牌有关的模型的补充。

## 品牌研究的新方向

　　剧烈的环境变化正在对各种品牌施加根本性变革的压力。在这种情况下,既要保持品牌的一贯性又要对品牌资产的价值进行维持和提高，这是一个至关紧要的问题。除了利用相当静态的品牌评估模型分析之外，我们还需要了解并创立良好品牌的指导方针以解决这个问题。

　　为此，我们首先需要介绍品牌识别的概念。加州大学伯克利分校的艾克（David A. Aaker）教授是品牌领域里享誉世界的宗师，他将品牌识别（brand identity）定义为品牌战略家梦寐以求创造并保持的独特品牌联想组合。[1] 一般来说，有关品牌识别的论点揭示：通过对标识的

---

\* 本章内容基于以下文章：Satoshi Akutsu and Ikujiro Nonaka, "Branding Capabilities in Creating Knowledge," *Diamond Harvard Business Review*, August, 2001.

[1] David A. Aaker, *Building Strong Brands* (New York: Free Press, 1995).

定义，并将标识通过广告及其他媒介有效地传递给顾客，可以增加品牌资产（brand equity）。虽然品牌识别可能成为创品牌的有益向导，但是为了有效地创品牌，我们还需要一个有组织地创建品牌的过程模型。不过，有代表性的意见集中在用语言表述的品牌识别以及通过对最佳做法的案例说明解释如何对它们进行组织上面。

潘恩和吉尔摩尔（B.P.Pine and J.H.Gilmore）在《体验经济》，施密特（Berndt H.Schmitt）在《体验营销》中均提出，"体验价值"的重要性日益增加，这是围绕品牌进行变化的环境中最重要的发展趋势❶。关于品牌识别和品牌资产的讨论大都集中在利用语言编码和表述的知识（被称之为形式知识）之上，而大多数积累起来的体验价值却是难以用语言（即所谓的暗默知识）表达的。而如果基于体验的暗默知识过分易于言表时，便会趋向于缺乏原创性，且变得不足以令人信服。

例如，迪斯尼乐园的情感体验不可能很容易地通过言辞遐想，如"天伦之乐"或"开心"所表达，迪斯尼的标识——"提供为整个家庭所享受的娱乐"，只可能通过亲身体验才能为顾客所分享。迪斯尼的品牌体验打动亿万人心并且在我们内心激起共鸣的原因是所有迪斯尼的员工共享其品牌丰富的暗默知识。

没有品牌体验的品牌就会缺少丰富的暗默知识对品牌内含的支撑该品牌的理念。即使这些品牌拥有许多功能性的长处，但易于为竞争对手所模仿，很快会被通用品化（commoditized），最后流于残酷的价格竞争。目前对品牌识别讨论的局限性就在于此。

总之，目前有关品牌识别的讨论一般首先假设企业具备

❶ B.Joseph Pine,II and James H. Gilmore, *Experience Economy* (Boston:Harvard Business School Press,1999), and Bernd H.Schmidt, *Experiential Marketing* (NewYork: Free Press,1999).

# 第十章　创品牌能力——索尼公司创造品牌知识的能力

并确认大量的暗默知识，然后只需将精力集中在通过文字和编码的形式将这些暗默知识表述出来，然后对这些文字和编码进行组织加工，其后再进行有效的交流。如果没有浓缩概念背后的暗默知识，如果不是基于对暗默知识的彻底了解后对品牌进行明确定义的话，差异化的价值就不可能通过交流功能特征（如"快捷"），或者通过抽象及普通的表达方式（如"信任"）呈现出来。

在这些论点背后，我们似乎可以预计，将来与品牌有关的研究将集中在全面而系统地阐述创建有价值的品牌所需的组织能力上面。❶具体地讲，研究人员需要将更多的精力集中在以下方面：在组织内部或与顾客一道创造与分享暗默知识、基于这些暗默知识创造新的品牌概念、将暗默知识体现在其产品上，以及为品牌体验而创建"场"的组织能力。我们将这种能力称为"创品牌能力"（branding capability）。

通过对品牌知识的重新定义并且建立创造和利用品牌知识的动态过程模型，我们把目标定为探究创品牌能力的本质，即树立品牌的组织能力。

## "品牌知识"回顾

为了建立一个富有价值的品牌，我们必须创造对这个品牌有贡献的品牌知识。在本章内，我们将品牌知识的传统概念——"消费者的品牌知识"进行扩展。比如，达特茅斯学院的凯勒（Kelvin L.Keller）教授，在他产生影响的品牌管理教科书中，用传统的品牌知识概念定义

---

❶ 许多以前的研究及启发性书籍，如 David A. Aaker and Enrich A Joachimsthaler, *Brand Leadership* (New York: Free Press, 2000，指出过这个品牌研究的方向。

以顾客为基础的品牌资产。❶ 我们在此想要强调的是"所有可以被用来创造品牌价值的知识"以及品牌知识的所有者,他们包括与该品牌相关的个人(包括消费者)。除了消费者知识之外,特别值得注意的是创建品牌的企业知识以及伙伴的知识(包括业务伙伴)也非常重要。

基于在认知心理学中使用的联想网络记忆模型,凯勒将品牌知识概括为"在记忆中呈现品牌及许多与之相关联想的节点(node)"。联想网络记忆模型认为记忆是一个由许多表示信息与概念的"节点",以及连接这些节点的"连线"(link)所构成的网络。

基于对积极创建品牌各方人士所具备知识的观察,我们得知,暗默知识与形式知识同等重要。换言之,被称之为过程知识的东西,包括品牌创立的技术技巧及态度,变得至关重要。对暗默知识的强调可能驱使我们对品牌知识进行概念化,而不是将其作为一个记忆网络。这种知识视角虽然可能很适合与对有记忆的联想进行可视化及监测,却不适于对暗默知识创造过程的阐述。

我们的知识定义是"经过验证的真实信念"。我们之所以强调经过验证的信念这个方面,是因为我们认为知识是"通过人际互动验证个人信念为'真理'的动态过程"❷。基于这一理解,我们将知识区分成形式知识和暗默知识。形式知识是能够用文字和句子明确表述的知识类型,而暗默知识则是主观和实用的知识,包括思想、视角、技术诀窍、试验图式(schema)及心智模式,难以通过文字和句子进行表达。我们的讨论是基于组织知识创造理论。这个理论假设人类知识是通过暗默知识与形式知识之间彼此互动而创造并得以不断的扩充。本书第七章图7-2说明了这一点。

❶ Ikujiro Nonaka and Hirotaka Takeuchi, *The Knowledge-Creating Company* (New York: Oxford University Press, 1995).

❷ 有关具体内容,参见Ikujiro Nonaka, "New Development of Organizational Knowledge Creation," *Diamond Harvard Business Review*, August-September, 1999.

# 第十章 创品牌能力——索尼公司创造品牌知识的能力

它将"知识转换"过程概括在一个模型里。[1]

知识创造包括四个转换过程：

- 共同化；
- 表出化；
- 联结化；
- 内在化。

**共同化**是人们共享各自体验，从暗默知识中创造暗默知识的过程。共享没有通过文字表达的组织文化是共同化过程的一个例子。**表出化**过程将个人的暗默知识转换成用文字和编码表示的形式知识。在组织里，通常表出化是透过对话的形式进行的。**联结化**是在对得以表述的形式知识进行分类和组合之后，创造新形式知识的过程。我们可以视部件和产品为形式知识的一种体现。我们可以将通过部件的不同组合来创造产品视为一个联结化的过程。**内在化**是将表述出来的形式知识重新结合到个人的暗默知识的过程。通过内在化创造的新的暗默知识是个人在对手册上的形式知识进行实践和应用过程中所体察的东西。有关对品牌知识的新思考特征与"顾客为基础的品牌资产模型"中所反映的传统思考特征的比较情况，参见表10-1。

## 品牌知识的创造过程

艾克的品牌识别模型（以下简称"艾克模型"）指出，我们应该明确、精细地描述品牌识别，并且要有技巧地将其付诸实践。不过，要想找到既有丰富的暗默知识又能够用恰当文字

---

[1] David A. Aaker and Enrich A Joachimsthaler, *Brand Leadership* (New York: Free Press, 2000).

表10-1　品牌知识类型概念之间的比较

| 品牌知识的类型 | 基于顾客品牌资产模型的品牌知识 | 基于创品牌能力考虑的品牌知识 |
| --- | --- | --- |
| 观察到的知识 | 顾客对营销活动的反应中所创造出的差别的各种知识 | 可以用来创造品牌价值的任何知识。还要留意关于创品牌的过程知识，如诀窍、心智模式、思想方法论 |
| 知识的所有者 | 消费者 | 与该品牌发生联系的所有人 |
| 知识的定义 | 无 | 经过验证的真实信念 |
| 对知识的基本理解 | 记忆中信息和概念的联想网络 | 通过人际互动验证个人信念为"真理"的动态过程 |
| 知识的区隔 | 意识和形象 | 形式知识和暗默知识 |
| 知识表述的范围 | 与品牌节点有直接联系的联想 | 还要考虑与暗默知识和品牌节点只有间接关联的各种联想 |

描述品牌识别的管理者则是可遇不可求的事。此外，关于品牌识别方面的研究，一般只介绍如何创建品牌项目方面的最佳做法，而根本没有从个别事例中获得某种理论。结果，管理者必须利用企业在自己所处环境下的各种实际事例提出自己的实用方法。这是一项相当艰巨的任务。

从此开始，我们使用组织知识创造理论及品牌知识的扩展概念将创建品牌的方法重新定义为：创造品牌知识的过程。利用这一理论，我们接下来明确地描述与传统的创造品牌方法论不同的创造品牌知识过程，并介绍一个对品牌识别模型有补充作用的新模型。

目前的讨论一般建立在"艾克模型"基础之上，而且强调品牌识别的阐明和精细化，这个过程与我们模型中的表出化和联结化过程相对应。它不仅将品牌视为一种产品，还认为是组织、人和符号象征，这就有可能加快标识的表出化进程。组织将用文字所表述的标识备选方案进行分类、组织、

## 第十章 创品牌能力——索尼公司创造品牌知识的能力

统合成一些元素,例如核心标识、对核心标识起补充作用的扩展标识及品牌精髓(用一两个句子,表述品牌的内在特征),接下来再根据情况对以上备选标识进行优先排序,这些过程可以视为联结化过程。

创造品牌价值的标识经常是对直接体验所获得的大量暗默知识的表出而定义的。正如标识理论中所指出的,有关标识所包含的提示信息可以通过对顾客、竞争对手及企业本身的分析而获得,可是光凭这些却远远不够。

通过与已经具有丰富暗默知识的人分享体验(共同化)、使用体现形式知识的产品(内在化)以及利用将技巧转换为形式知识的手册(内在化),人们可以创造大量的暗默知识。例如,松下公司和本田公司的员工实际上可以分别与富有灵感的创始人松下幸之助和本田宗一郎共享体验来感受企业品牌的精髓。新型日本式旅馆的经理们可以去丽嘉(Ritz Carlton)酒店和日本帝国大饭店小住一时,切身体验豪华高级酒店品牌的全部内涵。迪斯尼高级主管通过扮演迪斯尼的角色重新确认其品牌的独特世界。麦当劳特许经营者则是通过牢记企业经营理念和遵照手册上的指示来掌握麦当劳品牌的概念,直到他们可以不加思索便可做好每一件事情。所有直接体验都可以使暗默知识变得越来越丰富。其他例子还包括耐克城和REI连锁店(户外产品)连锁店,这些地方专门为与顾客分享暗默知识提供空间场所。我们将这类暗默知识视为重要的品牌知识,同时运用在企业里积累的暗默知识来用文字表述其品牌识别是非常重要的任务。

按照关于"艾克模型"的讨论,"品牌识别实施系统"有三个步骤,(1)识别品牌的地位;(2)实施沟通项目;(3)对持续跟踪活动进行监督。这些步骤均属于专注与大众广告相关的信息交流的实用举措。然而,为了向顾客系统地传递产生附加价值的品牌知识,品牌本身(包括产品及服务)凭借自身能力可以成为独立于大众广告的一种媒介。在这个例子中,暗默知

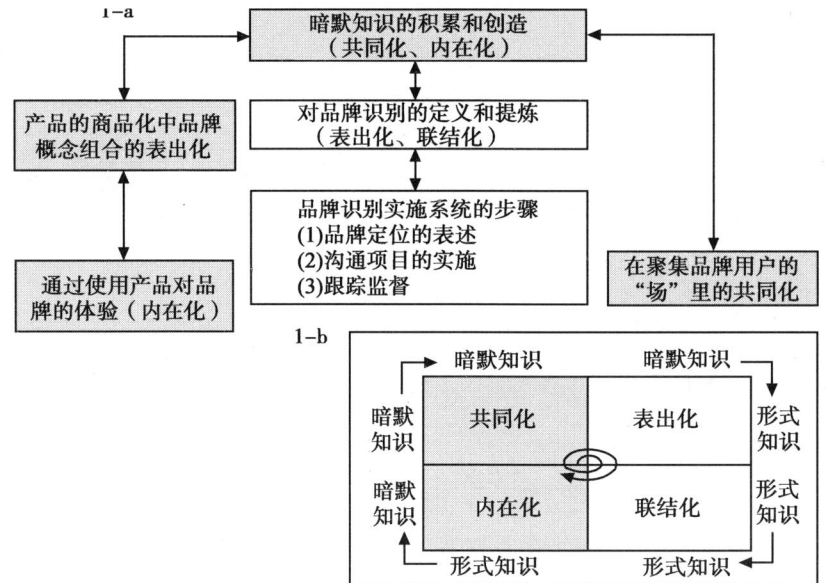

图10-1 品牌知识的创造过程模型

识被表述为品牌概念,而产品则是通过对硬件、部件、内容和软件的结合过程创造出来的。我们可以视产品为形式知识的具体体现,顾客则是通过使用这种产品、对其进行体验,然后将这种被物化的想法、思想和情感铭记于心。

在新书《品牌领袖》中,艾克提出了通过互联网赞助来提供品牌体验的思想。[1]从品牌知识创造的角度来观察,我们可以比较容易地理解这些新型媒介的作用。例如,通过网站主页,组织可以提供品牌体验。赞助方不仅增加其品牌的认知程度、通过有效地对品牌识别的曝光增进对快乐事件的联想,而且通过参与各种活动,还为实际产品的使用以及共享那些以暗默知识(那些难以表述的知识)的形式出现的品牌知识提供了机会。这些活动实际上是一个品牌体验的场所,通过这一场所,人们(包括用户)与某个品牌建立联系,直接通过相互作用分享暗默知识。

[1] D.M.Schoenhoff, *The Barefoot Expert* (Westport,CT:Greenwood Press,1993).

# 第十章　创品牌能力——索尼公司创造品牌知识的能力

图10-1表示上面所阐述的各个过程。颜色较深的部分代表在传统的品牌识别研究中没有具体考虑的过程（见1-a）。在此，SECI过程中两个创造暗默知识的共同化和内在化过程从知识转换过程里消失（见1-b）。对于基于品牌知识的品牌创建来说，通过暗默知识来提供对品牌的体验格外重要。创品牌能力就是建立在可以有效地促进上面阐述的品牌创建各种活动全部次序的过程知识基础之上的组织能力。

## 创品牌能力：索尼事例

"创品牌能力"究竟包括哪些具体内容呢？如果我们将它们分为五个部分，就会比较容易理解：

- 品牌元知识
- 品牌知识愿景
- 利用品牌知识资产的能力
- 构想品牌体验"场"的能力
- 情境创造性

我们对这五种创品牌能力均进行详细的解释，并在最后参照索尼在日本和全世界创建国际品牌能力的情况提供完整的画面。

## 品牌元知识

品牌元知识（brand meta knowledge），作为创造有价值的品牌知识的各种活动的驱动力，扮演着心智模式或思考方法的角色。因为这种知识可以引发新的知识，我们称之为元知识，以便将其与普通知识加以区分。它就像一个创造将在整个组织内进行共享的品牌知识的"模子"或方法论。品牌元知识通常是由组织创始人所创造的,尽管原有模型可能在组织进化过程中不断修改。先说"索尼精神",索尼的员工对索尼的品牌以及技术与设计极其挑剔。这既满足品牌元知识的要求,又作为一种驱动力,产生不辜负索尼盛名的新产品及服务。

自公司创立到20世纪70年代,索尼公司推出的热门产品层出不穷,不断强化索尼的品牌影响力,原因不外乎是索尼创始人的强势领导和包括有凝聚力的创业企业、出自精湛技术及设计的新颖产品、全球品牌营销意识在内的企业向心力。

索尼历任总裁,从井深大到大贺典雄,对索尼的早期岁月非常熟悉,他们亲身参与过"索尼精神"的创造过程,这是索尼屹立之本。索尼精神是基于公司创立文件中勾画的做别人不做的事情的"土拨鼠精神"及"自由与开放心智"政策。索尼精神从公司创始人传递到后继几任领导,因此,他们有能力维持这家创业公司的向心力。这便是索尼为何能够发明日本第一台晶体管收音机、世界第一台晶体管电视机——"特丽珑"彩电,以及"Walkman"的原因。

索尼从一开始就特别注重品牌的创建。随着晶体管收音机的成功,其市场扩大到海外,管理层决定必须打造一个国际上可以接受的品牌。索尼品牌诞生于1955年,众所周知,"索尼"这个名字是由在拉丁语中有声音或音速意思的"SONUS"和意指小男孩儿的"SONNY"组合而成,后者反映了索尼创始人视他们的企业是一个"由青春洋溢年轻人组成的小公司"之意。1958年,公司由"东京通信工业株式会社"更名为"索尼有限公司"。索尼对其标识格外在意,在1973年之前,几经修改,最后完善为现在设计的样子。索尼对追

# 第十章 创品牌能力——索尼公司创造品牌知识的能力

求设计上的卓越与追求技术上的卓越一样热心,甚至在早期日子里就清楚地意识到品牌价值上标识设计作用的重要意义。

索尼品牌在20世纪80年代初首次遇到停滞不前的险境,当时音响市场出现了全球性萧条。索尼已经是一家膨胀的公司,对这场危机反应迟钝,结果在业务表现方面出现了大幅度滑坡。当时公司作出反应,任命大贺典雄为董事长,负责导入适合大型公司的战略业务单元体制。此举事关由小型、独立经营的地方工厂演化而成的旧式组织结构向大规模组织的现代结构的转型。对索尼早期经历如数家珍的大贺强调恢复"索尼精神"的意义,他将已经变得自我膨胀及闭门自守的组织,将产品类别划分为若干个权责明晰的战略业务单元。结果,基于"索尼精神",公司在每个产品类别上均得到充分的发展,并且再一次开始不断推出配得上索尼称号的热销产品。

## 品牌知识愿景

品牌知识愿景是指为了保持相关性和管理该品牌的(包括组织对顾客的各种承诺)的目的,确定该组织应该创造品牌知识的方向。高质量的品牌知识愿景为品牌提供独特的标识,可以产生具有协同效应的品牌体系。像"品牌宪章"(brand charter)一样,它不仅支配现有品牌应该如何做,还就组织对产品类型的开发提出建议,就像"索尼梦想世界"那样。

从历史上看,索尼总裁拥有适当的、捕捉到剧烈动荡的环境,并支持他们的愿景的品牌元知识,它反过来又触发了有创意的品牌的创建工作。索尼公司的愿景指出该公司应该作为组织与顾客一起创造和分享品牌知识,与我们的品牌知识愿景概念是一致的。

对于企业高层来说,提出可以促进有价值品牌知识创造的宏伟愿景并非易事。除了要丰富品牌内涵和对品牌视角进行明确表述之外,我们认为还要拥有自己的管理理念,高层主管可以根据品牌所追求的"真、善、美"境界作出有价值的判断。因此，组织的高层主管更容易拥有品牌元知识（如"索尼精神"），并提出宏伟的愿景，作为管理理念的基础。

从20世纪80年代后期到90年代初，索尼公司积极地将业务扩大到内容产业（content industry），例如购买CBS（哥伦比亚广播公司）唱片公司和哥伦比亚电影娱乐公司，并创建新型公司，如索尼电影娱乐公司和索尼计算机娱乐公司。结果，索尼品牌与作为以视听设备为主的消费电子品品牌形象分离。从一开始，进入内容产业（content industry）本身就是希望对消费者所拥有的品牌形象有正面的贡献。然而，真正的挑战是对文化迥异的组织进行并购，以便在业务之间创造某种协同效应。许多人对最后的成功持有怀疑态度，在这种情况下，品牌愿景强烈地暗示：为了使索尼的内容和软件业务能够对其硬件业务进行补充，索尼应该直接参与创造品牌知识，在参照"索尼精神"的标准进行评估后，该业务的扩充被认可，在总裁大贺典雄领导之下，终于获得成功。

在20世纪90年代中期，科技环境经历了从模拟技术向数字技术的转移。因特网、多媒体和移动技术的根本性变革引发了网络和娱乐理想的根本性革命。社会前景尚未明朗的初期意味着传统的程序和实践不再奏效。与前几任董事长不同，新任命的董事长出井伸之并没有索尼创业时期的经历。出井伸之把自己的出任视为索尼变革世代的机遇良缘，他提出"再生"（regeneration）的概念，表明他立志于索尼公司的第二次创业。

出井伸之将自己的角色定位在为公司指出未来的发展方向。与此同时，他仍然珍视公司创始人所确立的索尼文化、自由且生机勃勃的氛围，还有索尼的挑战精神及所形成"创

## 第十章 创品牌能力——索尼公司创造品牌知识的能力

新和行动的公司"的企业形象。出井的"数字梦想少年"概念表明他对以"索尼方式"将索尼公司转变为能够帮助在数字时代成长起来的年轻一代实现他们梦想的公司。此外,这种"索尼方式"不仅包括与其他公司大相径庭的"创新",还包括"娱乐"和"快乐"。出井提出的"索尼梦想世界"的愿景表述为"'数字梦想少年'可以享受索尼的产品、服务及内容价值的场所"。在这里,索尼为体现这一愿景目标而对品牌进行管理。

在许多对创品牌管理成功的企业,内部专家团队运用品牌愿景来执行是基于表述出来的形式知识的品牌方针,比如品牌宣言和品牌宪章。索尼在1991年一次品牌战略会议上成立了CI(公司标识)委员会。在1994年,当时出井伸之任总经理,索尼公司成立了一个在CI委员会支持下直接负责对"索尼"品牌管理的组织。到1997年,新的CI委员会演化为法律和知识产权部的一个品牌管理办公室。这个团队的作用是在品牌管理上辅助高层管理者,执行诸如开发和跟踪规划与使用索尼品牌有关的任务。在高层主管的领导下,这个品牌管理专家团队,通过各类公司活动,就公司理念和文化的重要性与所有利益相关者进行系统的沟通。

### 利用品牌知识资产的能力

品牌知识资产是一个组织为了有目的地建立有价值的品牌而有意识地思考并从战略的高度进行管理的品牌知识。许多公司认为,只有消费者所拥有的有利的品牌知识才是品牌知识资产。然而,知识,例如品牌元知识和品牌知识愿景,也应该列为重要的品牌知识资产。此外,能够广泛且有效地利用这些因素的公司也被看作是具备了利用品牌知识资产的能力。

重要的是需要考虑品牌知识资产是否被充分利用,以及它们是否为组织内外的相关各方所共享。所以,我们需要对与品牌知识资产对应的知识种类(即暗默知识和形式知识)进行准确的理解。如果某些品牌知识资产属于暗默知识,而且组织的意图是利用这类知识的话,就应该支持对它们的共享。如果组织的意图是先将它转换为形式知识，然后再加以利用的话，那么就需要重视表出化过程。类似地，如果品牌知识资产属于形式知识，而意图是利用这种形式知识的话，就应该积极地促进联结化过程，而如果意图是在将形式知识转换为暗默知识之后再加以利用的话，组织需要的是内在化过程。甚至在试图运用品牌知识资产过程的准备阶段，也有可能对知识进行转换和创造。然而，像构想品牌体验场所的能力（在下一节讨论）所暗示的，在发现能够充分利用的品牌知识类型及如何利用的同时，企业应当努力建立品牌。像品牌知识愿景和品牌元知识所表示的那样，技术诀窍和感觉之类的暗默知识可能通过体现（embodiment）而更加广泛地得以共享，成为以产品和交流信息（包括配件及服务）的方式出现的形式知识。

　　索尼公司充分利用蕴含"索尼精神"的品牌元知识作为驱动力，通过产品品牌将品牌知识愿景所暗示的概念体现出来，建立了一个强大的品牌体系。品牌元知识是一个过程知识的系统，过程知识包括心智模式、思考方法和技巧。在本质上，它属于个人知识，以暗默知识的形式出现，与特定条件及在组织内共享的许多因素有关。同时，当高层管理者尽最大努力将他们含蓄思想通过文字表达出来的时候，在某种程度上，品牌知识愿景是用形式知识表现的。可是即使在这种情况下，一般认为，为确保对含意的理解，需要对"情境"进行充分的共享（在后面将进行解释）。在出井伸之首次提出"数字梦想少年"概念时，能够理解的消费者寥寥无几。然而，时任总裁安藤国威，创立VAIO（索尼计算机品牌）的功臣，对其理解比较全面。正是在浏览和体验VAIO、AIBO（索尼娱乐机器狗品牌）及其他展现这

## 第十章  创品牌能力——索尼公司创造品牌知识的能力

一愿景的索尼产品之后,许多消费者才能够看到索尼品牌的知识愿景(包括"数字梦想少年"和"索尼梦想世界")。

现在,许多竞争对手正在将它们的资源从制成品到利润较高元器件销售方面转移。然而,索尼公司利润的大部分还是来自与消费者相关的制成品,而元器件业务的利润只占大约20%。索尼公司将硬件制成品的重要性置于品牌体验的媒介的高度。在一次访谈中,总裁安藤曾经说过:"对索尼公司来讲,价值永远在硬件方面"。❶ 除了硬件之外,索尼还有由其娱乐事业部所拥有的软件部分,如影片、音乐和游戏。通过有效利用以关键部件、有竞争力的硬件和有价值的内容及软件业务销售积累而成的品牌知识资产,索尼能够提供为消费者所体验的具体"产品品牌"。透过直接体验,消费者将一种品牌内化在自己的记忆里。

### 构想品牌体验"场"的能力

作为一个品牌体验的"场",品牌必须具备向心力。如果品牌本身就是一个品牌体验"场"的话,这个"场"可以促进涉及消费者的品牌知识创造,而且该品牌将维持其能量及具有有价值的资产。理想的情况是:倘若不仅员工和消费者,而且商业伙伴、投资方及社区,通过启发和建议的形式,都成为对创造品牌有帮助的伙伴,由品牌体验所获得的品牌知识将极大丰富。

使用产品的内在化过程是最基本和最有效的品牌体验。即使对同一产品,在这个产品具有自己的内容、软件及服务时,其品牌体验的影响会比主要集中在产品实际功能上更有感染力。此外,通过组织各类活动及在旗舰商店里,为忠实品牌用户提供彼此交换体验的

---

❶ "Special Topic:Sony, ha doko he iku? (Sony,where are you going?),"*Gekkan Keieijuku*, June, 2001.

场所来促进共同化过程，也是一种有效的办法。通过互动媒介（如互联网）提供一个关于品牌对话的空间，从而开启表出化和联结化过程，也是富有成效的手段。

如果品牌具有自己独特的世界，并可以提供已经接触过该品牌的人来讲述品牌体验的故事，那将是一种理想的情形。心理学家已经证明：一个具有精彩故事的记忆联想网络可以让人形成深刻的记忆。通过回想在迪斯尼乐园里品牌体验的冲击，人们可以很容易地想像这一点。

出井伸之说："品牌就是'场'"。索尼集团内的每个网络公司都已经基于其相应的品牌，通过遵循"索尼精神"的原则，创造出了属于自己的世界，并开发出满足"数字梦想少年"所需的产品。这意味着由品牌知识所构成的独特品牌世界是创造具体呈现"索尼梦想世界"具体产品概念的场所。VAIO 和 AIBO 便是"索尼梦想世界"的表现形式，它们对创造"索尼"的品牌世界贡献非凡。

出井伸之将网络公司系统设计成实现"数字梦想少年"的组织结构。该系统不是基于职能或产品划分，而是以品牌作为体验场所而设立的。索尼的网络公司包括负责处理电视和视听设备〔以 WEGA（贵翔）品牌为代表〕的家庭网络公司、负责管理个人计算机和电话机（以 VAIO 品牌为代表）个人信息技术网络公司以及处理与设备关联业务（如半导体）的核心技术及网络公司。负责销售 Play Station（游戏站）的 SCE（索尼计算机娱乐公司）成为电子产品业务的核心单元。每个业务单元，首先要想到为"数字梦想少年"提供价值的舞台，然后产品品牌的作用就是用属于自己的独特世界来表示这个舞台。每个业务单元的目标不是在相应的产品市场获胜，而是针对它独特的未来业务而对"场"进行创造。

### 第十章 创品牌能力——索尼公司创造品牌知识的能力

与此同时,索尼在积极地试图为消费者体验索尼品牌提供互动"场"。其实例是索尼于1999年在旧金山建造了"METREON"大型娱乐中心。在METREON,各类娱乐景点包括利用索尼数字音响及索尼最新屏幕技术的剧院,以及参观者可以体验像音响设备、计算机、盒带游戏、DVD及CD等索尼品牌的高科技娱乐商店。这些剧院和商店本身就是索尼的品牌:索尼Metreon剧院、索尼IMAX影院及SonyStyle,它们本身已成为商品品牌。因此,这个"场"所提供的东西是"品牌体验",这些体验将有独特品牌世界组成的品牌知识系统融会在体验者的内心世界。

### 情境创造性

我们曾经将知识定义为不仅是信息网络,还是"经过验证的真实信念"。当信息在个体的信念和投入中扎根时,经过个体在特定情境下的解读转换成知识[1]。所以,品牌知识的创造过程可以说是一个创造情境的过程,在这种情境下,品牌知识本身又成为一个情境。另外,我们可以将"场"定义为"在知识创造过程中进行共享和重新定义的情境"[2],如果品牌创建过程被视为一个动态地创造情境的过程,就会激发出对情境差异进行管理的想法。

在某些场合里,我们需要调整情境之间的差异,而在某些场合,充分利用情境差异,可以创造新事物的各种机会。例如,当某家企业希望将其在消费者心目中的品牌形象与它视为理想的品牌识别拉近时,情境差异就会被修正。

---

[1] Ryoko Toyama and Ikujiro Nonaka,"Good Ba and Innovative Leadership," *Hitotsubashi Business Review*,48(3),2000.

[2] 创造品牌元知识和品牌知识愿景的能力可以被认为是企业创始人和高层领导的能力。

让我们再考察一下索尼是如何通过情境之间的差异来创造新事物的。出井伸之提出索尼是"一家价值链企业"，因为索尼所有产品，包括电影、音乐、Walkman 和 CD 都是通过一条连贯的价值链连在一起的。该网络型公司的总体系统设计思想是建立一种能够触发"突现演化"（emergent evolution）的机制（有关突现战略的详细论述，参见本书第八章）。这种机制可以实现在许多构成要素之间彼此相互影响情况下无法预知的演化。例如，索尼的 PlayStation 作为一种突变（mutation），属于意外的创造，它源自在类似业务领域里彼此影响的各种技术。出井伸之说过，在未来无法预知的时代，管理层的作用就是指出方向，并且创造可以加速突现演化的环境。他所说的突现演化可以描述为"有技巧地对具有独自品牌知识资产的、企业内各种情境进行综合的、创造新品牌的系统"。不过，这种综合只有在索尼的具体情境中（如"索尼精神"）被企业切实地共享之后，才能成为现实。

像在索尼公司突现演化过程中所看到的，在具有不同背景的员工之间的互动中催生新的品牌，或者创造出新的品牌知识并不是罕见事。在无法预知的未来世界，许多实例表明新生事物是从不同情境中创造出来的。

对不同情境中的差异进行有技巧的管理，动态的情境创造性必不可缺。我们可以了解一个实例，讲的是一家企业试图将其在消费者心目中的当前品牌形象转换到他理想标识方向。图 10-2 是实际模型的简化版本，它是有关日冷公司 Acerola（金虎尾）饮料为交流目的而提出和使用的实际模型，它其实很像联想网络记忆模型。日冷公司（Nichirei）是日本一家顶尖的食品企业，在制冷仓储和冷冻食品行业首屈一指。Acerola 是用金虎尾水果（主要从巴西和加勒比诸岛进

## 第十章 创品牌能力——索尼公司创造品牌知识的能力

口），经过复杂的制冷技术生产出来的饮料。日冷公司的大多数业务属于企业对企业的电子商务模式（即B2B），Acerola饮料是该公司为最终消费者所了解的为数不多的自有品牌之一。日冷的模型非常先进，因为除了使用梯式方法之外，它还利用在过去几年里迅速发展起来的文本挖掘（text-mining）技巧。虽然所示模型为保密起见已经经过简化处理，但它仍然可以提

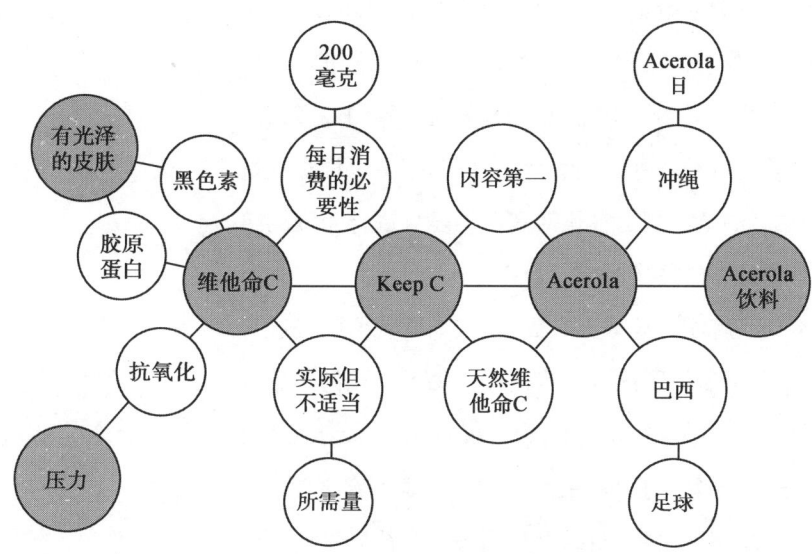

图10-2　品牌知识创造过程模型
来源：电通公司（Dentsu,Inc.），情境创造项目文件

供有益的线索或暗示。

这一模型是一幅战略图，与消费者情境连接，反映Acerola饮料与维他命C情境有关联的品牌形象。它是日冷公司选定的一个被称为"KeepC（保持维他命C之意）"战略节点的核心标识。反过来，它又是情境创造的重要概念。基于这个战略图的品牌，顾客记忆中主观上创

造必要的节点，并将这些节点联想并创造一种情境。与传统的联想网络记忆模型相比，监测消费者记忆中与品牌节点直接相连的既存联想，日冷模型中最具创意的地方是它以动态的方式在实际创造节点之前，流露出所希望的节点。实际上，如果考虑将这些连线转换成指示每个联想方向的箭头，或者在这个背景下将难以出现在联想网络的隐含因素用连线的方式表示出来的话，这个模型的效果会更好。

  为了巧妙地促进动态的情境创造，我们必须理解联想网络的指示单元，以及评估表述出来的节点背后所蕴涵的暗默知识，并且在预测当前品牌知识将如何为作为各种情境的新信息和学新概念增添新含意时，提供新的信息和概念。正如沟通设计一样，我们在某种程度上可以对某些情况进行事先规划，而有些情况下，例如索尼的突现演化，我们最多只能设计其激发系统（triggering system），因为整个过程实在是太复杂了。动态的情境创造性是对情境的差异进行管理的组织能力，它依具体的情景而定。

  我们将创品牌能力分成五种因素，在前面我们已经进行了描述。图10-3展示了这些因素之间的关系。我们的品牌知识概念包括许多过程知识，如技巧、心智模式、创品牌能力。这还是一个典型例子，将品牌知识资产类型定义为"在创立有价值的品牌过程中，组织有意地考虑进行战略性管理的品牌知识"的典型例子。

  至少，品牌元知识的原型应该由企业创始人创造,此后,应该一贯地在整个组织里，作为价值的源泉流传下来。因此，它是创品牌能力的核心。以品牌元知识作为必要条件，品牌知识愿景是由当时在位的高层管理者所创造的。它指明创造具有时代感的品牌知识的方向。因此，品牌愿景被定位为品

# 第十章 创品牌能力——索尼公司创造品牌知识的能力

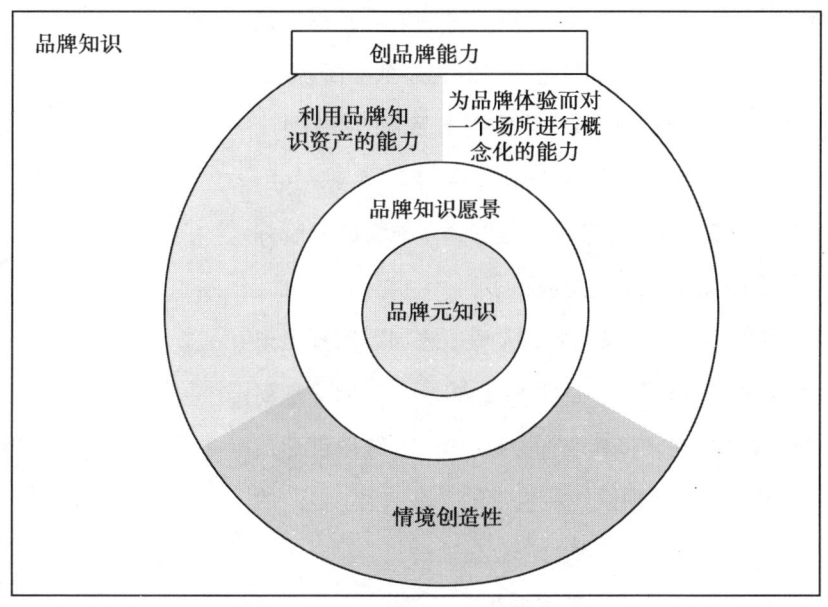

图10-3 创品牌能力概念图

牌元知识的外表,一方面,这两个因素主要是由个人能力所创造的知识构成,另一方面,它们成为一种组织能力,这种能力渗透在该组织内,以创品牌能力的形式出现。

以这两种因素为中心的三种能力形成了一个太阳光芒状的大圆环。这三种能力是为利用品牌知识资产的能力,为品牌体验而对场所进行构想的能力,以及情境创造能力。只有基于单一核心知识来均衡使用不同的能力,才有可能创建一个有价值的品牌。

## 创建品牌就是管理

品牌资产理论是解释品牌当前情况的模型,而品牌识别理论是对品牌进行管理的模型。另一方面,对创品牌能力的讨论提出服务于创建品牌实践的一种模型。因此,执行模型并非彼此冲突,而是应该彼此互补的。

我们将品牌知识所有者的定义扩大到消费者,扩大到包括"品牌所涉及"的各个方面。本章所讨论的内容虽然只是集中在企业内的品牌知识与顾客品牌知识的关系上面,但是创品牌能力还包括,在创品牌过程中由创造品牌的各方(比如商业伙伴、股东、当地社区、"知识精英"和"专家")所创造的大部分品牌知识。现在,利用这些众多方面的品牌知识来创造有价值的品牌的企业为数不多。

近年来,品牌环境已经变得愈加动荡,愈加难以预见未来。对于追求有价值品牌的企业来讲,组织能力不能只是简单地对品牌价值进行定义和管理,而且还必须系统地创造品牌价值。同时,品牌是反映组织所信奉的"真、善、美"的象征。有意建立真正有价值品牌的企业必须进行定位,对自己的基本管理理念进行重新思考和重新定义。创造品牌的过程本身就是自我管理的一种形式。而那些能够建立有价值品牌的企业才会在21世纪繁荣发展。

第十一章

综合模块知识与整体知识
——信息技术时代经营构架的创新

## 焦点

"数字革命"的特点是IT（信息技术）对各个行业产生的巨大影响。因特网的爆炸性成长是这场革命的核心。今天，首席执行官们都清醒地认识到，IT在提高业务竞争力方面至关重要。他们在IT最新技术上投下巨资，目的是让他们的经营模式"数字化"。许多企业在高层管理团队中增添了首席信息执行官的职位，并且在进行持续的技术创新的同时聘请咨询公司提出一些在IT方面投资的新想法。

众所周知，因特网最初是美国国防部的一个研究项目中的研究成果，目的是让不同计算机之间在发生意外情况下（比如战争）可以交换信息。可是由于使用繁琐，其用途只限于技术人员和科学工作者。1989年，它以WWW（World Wide Web，即万维网）的形式出现。在三年后，伊利诺斯大学和网景（Netscape）公司推出了一个网络浏览器，使网络大变模样。网络技术的不断发展让任何人只要轻轻地点击鼠标就可以立即获得全球性信息，因而触发了一场因特网革命。事实上，IT对商业的影响是势不可挡的，不但显著地降低了获得信息所需的时间，而且减少了交易成本。结果，新产品和服务不断地涌现出来，许多新型企业雨后春笋般地涌现，而对IT孤陋寡闻的公司却一蹶不振。

回想起来，在这场"革命"之前，"数字化"已经酝酿了30年。20世纪80年代的"战略信息系统"（SIS）在我们的脑海里仍然记忆犹新。然而，这与数字化的最新阶段似乎有显著的不同。目前的IT革命与20世纪80年代以前的一系列"数字化"之间的根本区别在于明显降低了处理数字化数据的成本。数字信息的关键属性是它的灵活性，因为所有信息都可以变为"0"和"1"的简单编码储存起来。当然，如果没有以摩尔定律（计算机芯片上的线路密度每隔两年提高一倍）所代表的半导体技术的进步以及没有在计算技术方面互补的硬件和软件的创新的话，IT的基础设施也许不会存在。尽管如此，IT革命的本质并不在IT本身；恰恰相反，在于任务和活动的传统边界，这个边界已产生了实质性的变化。因此，在哪里重新划分业务边界正在成为制定经营战略的中心议题。故此，"经营模式"这个术语开始风靡一时。

企业应不应该利用IT呢？回答是"是的，但又不尽然。"当今，谁都不会否认IT已经成为商业活动的基础设施这一事实。如果有哪一个业务没有配置计算机系统的话，实在难以想像。没有哪家企业会不在乎IT的战略重要性，也没有哪家企业没有在IT上投资。企业都必须掌握并利用IT，只不过可能在程度上有些区别而已。

然而，IT本身并不能保证企业一定获得竞争优势。在本质上，IT属于基础设施性技术，被用来携带数字信息，就好像运输设施（如铁路）运送物资和电网传输电力一般。这类基础设施的进步注定加大技术的标准化程度和功能性的同质化程度，总之，是提高通用品化（commoditization）程度。企业的管理人员必须考虑运用IT作为一种使本企业与众不同的手段。投资IT固然容易，但从这些投资中获得回报还是有难

## 第十一章　综合模块知识与整体知识——信息技术时代经营构架的创新

度的。如果缺乏明确的战略意图，IT投资将得不到红利。通过IT来获得和维持竞争优势的关键是如何深入了解IT对企业业务和战略的影响。

本章将从"经营构架"的视角，讨论IT对经营战略的影响。我们所说的"经营"通常是指为顾客提供产品和服务以及支持活动的整体系统。这个系统的特征是由各种活动因素之间的相互作用模式决定的。我们将这种模式叫做"经营构架"（business architecture）。经营构架反映着企业的"构架知识"（architectural knowledge），它包括哪些活动属于整个经营系统的一部分，这些活动的功能是什么，以及该系统里的这些活动是如何通过界面进行相互作用并彼此适应的。

强调经营构架作为探索IT对经营影响的关键概念的重要性至少有三个理由。第一，由于IT以极低的成本来传递数字信息，它有能力实质性地改变一家企业的经营构架。IT的本质之一是它可以使业务活动的边界和配置更加灵活。因此，企业的构架知识是追逐IT革命浪潮的关键。在IT革命的时代，隐含在要么成功要么不成功的企业背后的关于经营构架的奥秘很多。一般来讲，构架和系统的边界不是很明显，但却被作为一种已知条件，属于理所当然的事。不过，IT已经在较短的周期里打破了活动之间的假设、变动的系统边界及彼此关系。

第二，经营构架作为获得并维持竞争优势的关键层面变得越来越重要。在计算机产业，经营活动包括开发、制造和采购零部件，产品的制造和组装、订单、批发、零售和服务。在这个过程中，额外的利润从何而来？这些活动中哪一种能创造更高的附加价值？或许，答案是"不能。"计算机是由标准化的界面如硬盘、内存、光盘驱动器、显示屏及键盘构成的，用这些零部件组装一台计算机并不难。不需要太多的计算机知识，大多数人都可以进入兜售各式各样的计算机部件的虚拟市场，并可以购得必要的部件，然后把它们组装成计算机。戴尔计算机公司就是创造有创新性的经营构架（被称为"戴尔直销模式"）的例子。在一个新产品问世后三个月就进入生命周期成熟期市场里,仅仅达到计算机最新功能性还不够。企业必须认真地思考应该致力于哪些活动,应该将哪些业务外包给外部企业,更重要的是,为了将根据最新零部件制造的最新产品以定制的组合方式迅速提供给顾客,企业要了解必要的连接和相互作用是什么。戴尔公司通过对订单、零部件生产、最后组装及分销之间的密切关系进行管理做到了这一点。简单地说,戴尔公司的成功在于其创新性的经营构架以及独树一帜的构架知识,这是它在竞争激烈的计算机行业竞争中制胜的核心所在。在许多行业里,"构架经济"正在成为像传统的规模经济和范围经济一样重要的战略维度。

第三,从经营构架的观点来看,IT包含一个悖论:IT不仅有创造新事业机会的能力,它还有可能摧毁企业可持续优势源泉。我们在本章后面会详细地讨论,IT趋向于诱使企业追求模块构架,它或许不是故意造成通用品化,因此迫使企业进行残酷的价格竞争。尽管竞争战略的精髓是取得"差异化",IT可能通过竞争性趋同威胁差异化的机会。换言之,IT很可能成为企业迈向优势源泉自我毁灭的驱动力量。为了避免竞争性趋同的陷阱和为了使用IT作为差异化的真正竞争利器,全面理解企业构架非常重要。

本章的重点不是放在IT企业上面,而是专注那些在业务中如何利用IT作为打造竞争优势的企业。如果我们将因特网比作一条新的"公路",可以说目前许多新公路已经铺好,为建筑企业和材料及机械制造商提供了极大的商机。提供基础设施的电信企业、提供光纤电缆、半导体、PC、服务器及路由器的制造商以及软件供应商均作为"IT企业"而倍受瞩目。像思科公司、Sun微系统公司、微软公司、甲骨文公司及美

## 第十一章　综合模块知识与整体知识——信息技术时代经营构架的创新

国在线都属于IT革命大戏第一幕的宠儿。IT革命大戏第一幕中的巨星成为IT的供应商，但是在刚刚拉开的第二幕中，利用IT的企业将成为整个舞台的主角。

## 模块构架

一般来讲，"构架"被看作是捕捉人工系统（artificial system）特征的概念。如果我们将某项业务视为由各种活动构成的一个系统，构架问题就是将这个系统分解成若干个部分然后将这些部分重新连接起来的方法。例如，制造与设计之间的关系可能是由事先规定的明确的规则决定的。另一方面，设计和营销活动对需要密切互动的解读更开放。某些因素及其关系是由事先确定的设计规则所决定的，而其他因素及其关系留给密切互动的人们来决定。经营构架正是了解这些模式的一种方法。

在追逐可持续利润及超级利润中，建立可以剖析在何处及如何创造附加价值的经营构架至关重要。对于任何企业，构架都不是从天上掉下来的。相反，经营构架的设计属于强烈地反映企业战略意图的维度。新的附加价值可以从原本一体的活动分解，或将原来分立的活动结合在一起的过程中创造出来。

构架的特征可以通过从"模块构架"（modular architecture）到"整体构架"（integral architecture）的模块化维度进行理解。[1] 每个系统都由一些相互依存的元素构成，元素的数量和元素之间的相互依存关系决定了系统的复杂性。设计系统的一个主要问题是如何降低这两个来源的复杂性。下面将讨论的"界面集成"（aggregation of interfaces）是通过减少降低系

---

[1] 有关模块化概念的内容，参见 K.B.Clark and C.V.Baldwin,"Managing in the Age of Modularity," Harvard Business Review,September-October,1997 以及 Y.Aoshima and A.Takeishi,"The Perspective of Architecture," in T.Fujimoto,A. Takeishi,and Y.Aoshima (des.),*Business Architecture* (in Japanese) (Tokyo:Yuhikabu ,2000).

统中相互作用的元素的数目来降低系统复杂性的一个策略，相倚程度依系统的元素而定。比方说，在汽车的机械系统里，引擎的汽缸与活塞之间的关系通常比引擎的活塞与悬簧（suspension spring）之间的关系更紧密。此外，仪表板与引擎之间的依赖关系比不上车身底部与悬架之间的关系。在组织系统里，工厂的装配活动与市场营销活动的关系可能被认为要比装配与制造技术的开发之间的关系弱一些。随着对该活动系统中这些不同依赖关系的了解，模块化的第一个策略是通过将整个系统分解成若干个具有相对高度依存性的元素的"模块"（module），以这种方式对界面进行集成。在这个分解过程中，许多复杂的界面可以被集中在集成度较高的模块上面。换言之，集中界面战略试图识别可以被相对地忽略的依赖关系。结果，每个模块中包含的元素可能相对独立于另外模块中的元素运动。

与之相反，"界面的标准化"是通过降低元素之间依存度来解决复杂性的一种策略。模块化的第二个策略是预先规定适用于界面的规则。这种战略通过事先设定标准化界面来降低依赖关系，因此避免了各个元素间的协调问题。与之相反，这种集成战略，也称整体战略（integral strategy），则刻意地接受了系统之间的复杂依赖关系，并且通过持续的协调工作对这些依赖关系进行管理。换言之，模块战略的目的是尽可能地忽视组件之间的关系，而整体战略则认为，组件之间的关系可以作为一种选择，借助持续的协调努力可以使系统表现达到最大化。

将这两种战略结合在一起就是设计经营构架的"模块战略"。模块战略会让企业根据较少的子系统建立其经营构架，各个子系统彼此独立，但却作为一个整体进行工作。

## 第十一章　综合模块知识与整体知识——信息技术时代经营构架的创新

经营构架还决定一个企业创造、积累及组织知识的方向和模式。从知识的视角来看，模块战略假定模块知识与整体知识之间存在明显的差别。整体知识将构架作为一个整体，它决定哪些活动是该系统的一部分，它们的功能是什么以及元素之间是如何组合、连接及交流的。在一个模块构架里，整体知识塑造有形的设计规则，这些规则是在设计过程中以及与有关人员进行广泛沟通之后预先规定好的。有了预先明确规定的整体知识，模块知识就成为关于个别模块的"隐藏知识"（hidden knowledge）。它不影响局部模块以外的整个系统。将知识区分为关于设计规则的有形知识与每个模块内的隐藏知识便可以获得一个模块构架。模块构架只有在上述的区分是明确的情况下才是有益的。在整体构架内，知识的区分并不很清楚。为了促进优化元素界面的持续协调工作，整体构架的设计规则不可能是预先规定好的。将元素结合在一起的知识被分散化，子系统本身或多或少要对达成系统一体化负责。在这个整体构架内，整体知识可以通过对全部系统内所涉及元素的持续学习和互动来改善及改变。

模块构架具有一定的优势。第一，极大地降低了经营系统内活动之间的交易和协调成本。由于模块化让每个子系统或活动成为独立的部分，只要在个别模块内部做出改变，在没有与其他模块进行深入而广泛协调的情况下，就可以对系统进行改变。如果数字照相机的迅速普及需要高度的PC的视频处理能力，整个计算机系统并不需要进行重新设计。实际上，开发运行速度更快的CPU（中央处理器）或附加制图板就足够了。另外，像调制解调器或内存这类的器件都可以用在笔记本式PC上面，只要它们可以与PCMCIA（国际个人计算机内存卡协会）标准兼容。将具有共同界面规则的模块进行组合就可以形成各种各样的系统类型。通过改变系统局部模块的方式来提高功能水平的能力还意味着其他模块可以在不做任何改变的情况下继续使用。鉴于模块构架可以降低交易和协调成本，设计人员、负责生产的人员及用户就可获得极大的灵活性。

第二，模块化鼓励劳动分工。如果可以独立地开发模块，每个专门小组就可以聚焦在自己的开发活动上面，不必再牵挂其他模块。这种劳动分工不仅可以提高效率，还可以促进模块知识的持续积累，推动每个模块内部的创新。

第三，因为模块构架建立在预先规定的、一目了然的设计规则基础之上，模块构架很可能带来开放式构架，在这种情况下，界定元素之间界面的规则可以获得整个行业的认可，并会得以广泛的传播。如果构架是开放的，它所涉及的企业和用户的范围会急剧增加，从而导致更大的规模经济和网络外部性。此外，共享的设计规则和界面标准可以增进聚焦在不同模块上的不同企业之间的竞争，这种竞争又可以提高效率，促进创新。

## 信息技术与模块化

以经营构架的视角来看，利用IT的重要意义在于它极大地促进了经营构架的模块性。最明显的例子是因特网。由于因特网是一种基于建立开放和标准化的界面的技术，由于它促进了模块化，所以使企业可以采用模块型经营构架。利用易于操作的标准化界面，任何人在任何地点都可能通过网络来接收信息。这样，外部交易成本极大降低，包括发现买方或卖方的成本、收集与产品和服务有关信息的成本、签订和监督合同的成本以及将产品和服务从卖方转移到买方的成本。一旦网络的标准化界面明确地决定了设计的规则，企业就可以成为一个为创造许多模块业务或产品的可视化平台的设计师，或者作为精通某些特殊活动的模块专家直接参与竞争。

因特网不仅可以通过开放的标准化界面降低交易成本，

# 第十一章 综合模块知识与整体知识——信息技术时代经营构架的创新

而且还支持网络的外部性（externality）。例如，一个为某组装商（assembler）提供部件的制造商可能会发现部件对其他组装商也有价值，然后通过因特网来扩大市场的触角。反之，组装商也会发现，其他供应商，以更低的成本获得更优质的部件。卖方和买方通过被称为"电子中心"（e-hub）的在线市场发现对方。开发这些市场的公司（通常被称为"市场创造者"）是以因特网为基础的、以B2B（business-to-business，即企业对企业）形式交易的、模块式经营构架的典型代表。在企业对最终用户直接销售的B2C（business-to-consumer，即企业对消费者）领域里，新的竞争对手如雨后春笋一般，形成风靡一时的dot.com公司的热潮。在线拍卖商eBay公司利用因特网在它创造的巨大C2C（Consumer-to-Consumer，即消费者对消费者）市场中获得模块构架的优势。因特网具有让企业充分利用模块构架的开发式标准化界面，可以使交易成本降低，并且可以更好地发挥网络外部性。

除了展现标准化界面的逻辑之外，因特网还通过界面的集成来鼓励经营构架的模块化。例如，eBay公司将参与不同拍卖市场的卖家与买主之间的复杂活动聚合在一起。因特网具有搜寻网页的分层式结构的典型特征，非常适合不同界面间的集成。总之，因特网将会通过界面的标准化和集成来强化经营构架的模块化。

自20世纪90年代以来，日本企业的活力一直在下滑，并且使用IT的滞后似乎是构成日本10多年经济低迷的一个原因。为什么日本企业及产业在IT革命浪潮中落后于时代呢？在宏观层面，日本面临许多不利的因素，包括PC的普及率低、缺乏"键盘"文化；熟练使用英语的人并不多，而在因特网的世界里英语是重要语言；规制森严及基础设施壁垒重重（比如说，与通信有关的费用高昂）阻碍了因特网的普及。在相对微观的企业及管理层面，为什么日本企业在顺应IT革命方面进展迟缓呢？日本企业在20世纪70～90年代以前的石油危机中展现出极大的灵活性，它们陶醉在市场进入速度、持续的质量改善及技术创新之中。那么，20世纪

70年代的挑战与90年代之间到底有什么区别呢？

构架的视角凸显了日本企业不情愿顺应IT潮流背后的一个主要原因。当IT以模块构架为导向的时候，许多日本企业的主打项目却建立在基于整体知识的经营构架之上。精益产品及精益制造系统的方式是要完全排除所有系统的浪费，目的是在没有浪费的情况下创造完全优化产品的绝对整体性。为此，所有部件的设计都是高度相互依赖的，自然会导致高度地依赖于活动之间密切沟通和协调的整体构架。类似地，与各种供应商的紧密业务联系对生产线保持零库存是必不可少的。精益制造系统是日本在自然资源方面的环境局限及建立密切的劳工关系优势方面的自然归宿。

与此相反，模块构架是让工程师通过留出剩余能力来确保一定的自由度的系统。拥有剩余记忆和处理能力的软件工程师与硬件工程师之间的密切关系在PC开发上倒不是必需的。在设计汽车的过程中，引擎技术人员和电气技术人员在关于燃料效率方面没有严格限制的情况下可以独立工作。在这些例子里，虽然不需要创造出效率极高的产品，但是他们可能在子系统层面享有更大的独立性。在这种模块构架里，具备专有模块知识的较小创业公司，在不必成为大型企业集团的一部分的情况下，也可以发挥其潜能。

20世纪90年代的模块战略好像与日本企业的基于整体知识的经营构架发生了正面的冲突，而这些整体知识是基于长久以来根据传统的企业价值观开发的。模块构架相对比较粗糙、有许多浪费、可靠性较低并且缺乏精致的平衡系统。因此，日本企业并不欣赏模块化的威力，而是采取"谢谢，不必了"的态度。日本企业在汽车产业依然保持（甚至不断提高）竞争力，其中经营构架或多或少是整体考虑的。然而，

## 第十一章 综合模块知识与整体知识——信息技术时代经营构架的创新

在其他产业（比如PC）和其他IT相关的产品领域，传统的整体构架在全球范围内阻碍着日本企业的发展，而对手美国却充分享受着模块化的盛宴。具有日本组织文化特点的部件之间界面的逐渐的、持续的优化过程，妨碍了一个开放式网络的模块构架。换句话说，为了追求新的机会，企业在必须抛弃目前优势方面陷入两难的困境。鉴于IT的模块性质，在某些IT相关的产业里，日本企业所创造和积累的整体知识也许或多或少有些过时了。

### 通用品化：模块化陷阱

如上所述，模块化会带来相当大的好处。特别是，IT为企业在获得模块构架的优势方面提供了许多新机遇。然而，从另一方面来看，由于模块构架使得在强化和深化模块知识的同时对整体知识的改善或更新变得困难重重，所以它可能是极其脆弱的。模块构架通常面临在模块知识的强化与整体知识的灵活性之间的权衡问题。首先，标准化的设计规则必须是在假定它们应用到不同环境下多种场合中而建立的。设计规则无论有多完善，都会包括那些在某些环境下不受欢迎或不需要的东西。一个很好的例子是用乐高积木（Lego Blocks）搭房子，它的模块具有完全标准化界面。不管用于建立屋顶的长方形积木有多少，它永远不可能像实际的屋顶一样光滑，这仅仅是因为长方形积木并不是专门为搭建屋顶而设计的。

第二，模块构架不可避免地会包括一些硬性的部分，可能对变化产生某种阻碍。一旦建立之后，构架的划分和规则难以变动。特别是，规则一经确立，改变构架就很难，尤其是当网络外部性产生作用之后。这便是PC操作系统制造商微软公司所面临的挑战。在某种设计规则下的灵活性抑制了对其他构架的适应性。

第三，一般来讲，对界面的整合会在企业的经营构架里留下一个遭人遗忘的角落。然而，如果这个区间恰好是与其他部分有很重要的相互作用，模块化就会引来许多麻烦。具体地讲，如果技术因素或市场因素促使这个体系发生变化,模块构架的脆弱性会突然暴露出来。我们可以对吸收在模块内部的变化作出相当灵活的处理,但它在解决模块之间的变化问题方面的弱点是与生俱来的。因此,模块化系统不能取得最佳的表现。将界面进行标准化还意味着最大化表现会受到标准的局限。无论模块内部取得多大进步,要想超越系统的限制都是不可能的。

例如,在HDD(hard disk drive,即硬盘驱动器)产业里,当部件的科技创新——磁阻读写头——出现时,一些追求模块战略的企业便落入了模块化陷阱❶。在这项创新来临之前,HDD使用的部件是薄膜磁头。当时,许多企业为了利用模块构架中的灵活性,建立了磁头与媒体之间的标准化界面。就标准化界面而言,HDD产业中的企业可以专注于磁头、媒体或这些部件的组合方面的模块知识,这驱使它们逐渐地失去关于磁头与媒体之间相倚关系的整体知识。磁阻读写头属于根本性创新,因此要想抓住磁阻读写头全部潜能,就要解决许多与磁头、媒体相互作用相关的技术问题。因缺乏相倚关系的实质性知识,曾经享尽模块化威力的企业在解决界面问题时遭遇了非常大的困难,并且在磁阻读写头新一代技术方面痛失竞争力。与此相反,有目的地保持更为整体性经营构架的日本企业,利用其较丰富的将部件集成在一起的整体知识,成功地导入了以磁阻读写头为基础的HDD。

对于模块构架,最大的威胁是:模块化将促进通用品化,它会摧毁企业的差异化来源。如果建立一个完全开放的模块构架,竞争的焦点将进入个别模块的层次。此外,开放的界面意味着,独立模块的交易可以轻松地在市场上进行。因特网上的B2B部分是企业被迫在此展开在模块层面的价格厮杀

❶ 参见 H.Chesbrough and K. Kusunoki,"The Modularity Trap: Technology Phase Shifts and the Resulting Limits of Virtual Organizations," in Nonaka and D. Teece (eds.),*Managing Industrial Knowledge*(London:Sage,2002).

# 第十一章 综合模块知识与整体知识——信息技术时代经营构架的创新

大战的范例。

回想20世纪90年代PC产业，企业使用模块构架，将它们的业务集中在单独的软件和硬件模块上面。虽然个别模块的功能在性能上不断得以改善，差异化依然通过对模块知识技术前沿的追求而获得。然而，在预先规定设计规则的情况下，模块构架将设定改善模块知识的自然极限。当产品在技术上变得成熟时，追求模块化的企业除了动用价格因素之外，将无法使自己与对手产生差异化。

如果IT驱动企业迈向模块构架，并且如果模块构架促进某项业务的通用品化，那么我们可能会看到IT将导致通用品化的逻辑。在B2B和B2C网络业务中，残酷价格竞争支撑模块构架导致竞争性趋同和通用品化。像在本章引言部分里强调的那样，既然战略的本质是"创造与对手的区别"，模块化对战略来讲可能具有自我摧毁的机制。

## 对模块知识和整体知识的综合

在这里，基本假设是：在设计经营构架方面，不存在惟一的最佳方式。从这个意义上讲，经营构架的设计是战略层面的事情。现在模块构架很流行，但不代表一切。由于IT有可能促进通用品化，我们需要重新发现那些针对整体构架的以及可以使整体知识不断演化的各种优势。

从另外一个角度来看，IT也有鼓励整体知识创造的一面。信息处理能力的增加可能促进业务系统的进一步整合，可以发现新的整体知识。模块化是在严格的制约条件下所使用的技巧，它使人们可以处理以前不可能解决的系统复杂问题。随着信息积累、传递和处理的成本问题得以改善，一切就更容易做到协调一致了。例如，利用CAD（计算机辅助设计）、CAE（计算机辅助教育）和CAM（计算机辅助制造）技术连续进行产品设计、检验和生产过程设计，我们可以使整体优化更上一层楼。IT使我们有可能对以前只是通过简单的规则联系在一起的各种活动进行复杂的协调和整合。

在概念上，模块化和整体化是一个维度的两个极端。降低界面数量和建立设计规则通常会导致模块化，而模块化最后将导致业务系统的瓦解。然而，视系统为一个整体可能使某些部件模块化，还会使另外一些部件整体化。实际上，该系统的某种程度上的模块化可能导致同一系统的不同水平上的整体化，这是一个逻辑的结果。

在汽车产业，部件模块化已经成为近来的一种现象。以驾驶员座位区域为例，过去各种仪表和开关全部是由不同的供应商提供的，但是现在数量有限的强大供应商（全套服务供应商）将所有相关部件集合成一个"驾驶舱"模块，这样，汽车制造商就可以购买和使用这个作为某一款汽车的驾驶舱的整体模块。对汽车制造商来说，这就意味着模块化。而对供应商而言，这意味着其经营构架整体化程度的增加，因为他们需要在较低的水平上处理部件之间的关系。习惯于在较窄范围里创造模块知识的供应商现在至少在某种程度上要负责创造整体知识。这是典型的模块化和整体化齐头并进的例子。简单地假设IT总是一定促进模块知识的想法是错误的。有可能发生的是，无论是在分离还是集成的方向上，IT对现有业务的活动边界都会产生很大的影响。不过，对于处在IT革命时代的各行各业来说，重要的是必须对构架和系统边界产生的可能变化时刻保持警惕。在此意义上看，以IT作为一种真正的竞争优势，就需要设计一个经营构架方面的构架知识。

日本企业在游戏机、游戏软件、笔记本PC、移动终端及

## 第十一章　综合模块知识与整体知识——信息技术时代经营构架的创新

数字照相机这些或多或少需要整体知识产品构架的领域里一直保持竞争优势。微型化机器需要将部件置于有限的空间内，因此通常需要丰富的整体知识。在汽车工业里，因需要同时实现燃料效率、成本效率和环保等条件，企业需要在整体知识方面进行创新。具有深厚整体知识的日本企业在开发需要对子系统进行持续协调和集成的技术方面都很成功。由于网络设备及其应用变得更加精致，人们对制造更小、更优秀产品（包括更多相互依赖的子系统）的整体知识进行改善的需求会增多。但这并不意味着日本企业不再需要对整体构架做出改变。如前所述，单纯注重整体构架会使企业难以赶上IT的浪潮，也难以顺应IT革命的潮流。

现在，关键的问题是，在企业的经营构架中，要想更好地平衡模块知识和整体知识，应该如何创造模块化与整体化的综合。既然IT为重新审视构架带来了许多机会，企业必须在这两个表面看似不同的理念之间做出调和，从而创造独特的构架。考虑到IT有驱动通用品化的趋向，模块化和整体化不应只被视为一种折衷。事实上，为了获得可持续的竞争优势，建立一个独具一格的、综合模块和整体知识的经营构架至关重要。

前面曾经提到的戴尔公司的例子，也是通过将整体知识与其经营构架的某些部分相结合进行构架创新的范例。戴尔公司通过基于PC产业中开放式模块构架的前提，开发其经营构架，并获得竞争优势。可是，戴尔公司所体现的构架——直接从顾客获得订单、组装各式各样的PC以满足各种需求、再利用充足的服务将PC迅速且可靠地送达给顾客——不是单纯地通过追求模块化来获得的。戴尔公司的供应链管理、组装操作及分销系统及例行程序是通过仔细的相互协调方式来细腻地进行管理，这需要高度整体知识的连续演化。戴尔公司还深深地意识到，PC业务中支持系统非常重要。与顾客需求有关的界面整体知识创造了附加价值，这一点不能用简单的规则来定义。然而，这类整体知识的管理同时仍然充分利用内部开发的IT系统。虽然戴尔公司对PC的开放式模块产品构架的长处发挥得淋漓尽致，但利润也来自整个价值链的复杂运营。总之，"戴尔直销模式"包括简单模块构架和复杂统合构架两个方面。

从第一章中对辩证思考的讨论，我们可以回想，对立双方实际上是彼此互相渗透的。模块知识与整体知识之间的互相渗透在日本也可以看到，包括以 NTT DoCoMo 的 i-mode 为代表的利用移动技术的网络。2000 年以来，虽然日本与美国的因特网利用率差距已经缩短，但是移动因特网利用率差距依然在扩大。在日本，移动因特网的一个特点是发展的速度——在两年内，用户率达到 10%（以 PC 为基础的因特网用了 5 年，移动电话用了 15 年，而固定电话用了 75 年）。i-mode 是建立在高度整体的硬件知识之上的，同时维持一个内容和软件的开放式模块构架。它使用了只能通过整体知识灵活性实现的流行硬件，同时具有由具有丰富模块知识的模块专业公司所提供的各式服务菜单。

## "乐天市场"与 Askul 公司

开办日本最大、被称为"乐天市场"在线购物街的乐天(Rakuten)公司是将模块化和整体性进行综合的成功事例。自 1997 年创立以来，乐天公司的战略始终是促进顾客和卖家之间以及顾客之间的密切联系。这种在线购物商场里各个虚拟商店的密切沟通既是交换诸如产品规格、价格、服务及交货日期方面的正式信息，又了解顾客的兴趣和偏好，此外还包括其他一些与购买产品和服务并不直接相关的交流。

作为促进充分交流的一个机制，乐天公司在内部为卖家的库存管理、与顾客的交流及市场分析开发了全部软件工具，尽管在市场上可以找到为这类目的而开发的"标准"软件模块。在乐天的网站上，所有商店一定包括顾客交流工具，

# 第十一章 综合模块知识与整体知识——信息技术时代经营构架的创新

比如,"店主室"、"留言板"及"询问店主"专栏。此外,乐天公司还聘请被称为"电子商务咨询员"的顾问,并且开展了名为"乐天大学"的卖家培训计划。所有这些举措是乐天公司重视与卖家面对面交流的组成部分。乐天公司的经营构架既与像eBay公司这样并不直接参与交易的纯粹市场不同,也与像亚马逊公司这类凭借巨大库存支撑以B2C形式进行直接交易的电子商务模式有很大区别。乐天公司总裁三木谷浩史强调说:

(把商品)放在网络上出售那不叫电子商务。网络购物不是自动售货机。在这个顾客不再想购买更多东西的繁荣时代,我们的主要目标是让购物成为愉快的娱乐之旅。我们不要求商家把精力放在卖什么东西上面,而是注意应该怎样卖。网络上的数字媒介在将购物作为一种娱乐形式方面开辟了许许多多的新机遇,而不只是改善速度和效率。我们公司所提供的价值是真正模拟的东西。❶

例如,"乐天市场"内的"新宿－稻谷"鸡蛋店,增加了乐天购物街的销售,并荣获了1999年"年度最佳店铺"的称号。该店以每30个2 700日元(大约22美元)的价格出售放养鸡所生的蛋绝不能说是便宜的。顾客可以在"店主室"、"雏鸡日记"和"新宿－稻谷的四季"等网站栏目中接触到这些鸡蛋是如何生出来的背景信息。另外,乐天公司为对食品的环境问题敏感的常客提供了直接对话的场所,此举使销售进一步增加。维持与顾客的交流不仅对基于顾客偏好和需求等数据的一对一式营销有益,而且对商店作为一个"社区"的成功亦有贡献。这个例子通过传递某些购物体验的社会意义显然超越了只是B2C产品交易的方式。乐天公司刻意地将整体化结合到经营构架之内,目的是不断开发其有关顾客界面的整体知识。"乐天公司"利用整体知识,已经成功地为卖家和购物者建立了一个独特的"场"(互动

---

❶ 作者于1999年8月对乐天总裁三木谷浩史的个人专访。

空间），从而形成了一个与 eBay 及 Amazon.com 不同的虚拟购物空间。

在B2B领域，Askul公司通过因特网销售办公室用具，由于其独具一格的包括模块化和整体化在内的构架，其业务经历了飞速成长的时期。Askul公司是虚拟销售所有办公室用具和消耗品的"一步到位"式商店，以快速服务闻名遐尔，可以做到"明天货到"的承诺（Asukul 在日语里是"明天就到"的意思）。1999 年，公司每天订单在三万个以上。尽管许多B2B电子商务公司在追求模块构架，Askul公司总裁岩田彰一郎却强调说：

> 我们虽然在一开始并没有计划开展电子商务，但是从方便顾客的角度考虑，我们后来使用了因特网。因特网只是Askul公司经营模式的一个元素。所以，在电子商务公司的眼里，我们做的许多事情都有点"奇怪"。❶

❶ 作者于2000年7月对Askul总裁岩田彰一郎的个人专访。

Askul 公司的经营构架刻意利用了整体知识。首先，公司积极地投资于极具整体特征的别具一格的分销系统。尽管Askul 公司每天收到次日交付的三万个订单，但其内部系统准备交付订单的时间只需花费15 分钟的时间。在没有产生任何多余浪费的情况下，处理这类运营的专业知识和技巧体系的整体性非常高。

第二，Askul 公司本身是一家直销型零售商，但同时还创造一个构架来组织当地文具店作为"代理商"。这些代理商除了促销和收取货款之外，还有责任去开发当地零散的顾客。这有悖于非居间化（disintermediation）的思路，通常采用电子零售商（e-retailer），而不使用批发商和零售商。Askul公司之所以能够成功，一个重要的因素是专注那些雇员不超过30 人的小型企业，而这些小公司却没有充分利用现有办

**316**

# 第十一章 综合模块知识与整体知识——信息技术时代经营构架的创新

公用品零售商的整套服务。雇员人数超过30人的办公室在Askul公司日本全部市场中占不到10%。虽然这些公司数量大，但是它们的分布非常分散，难以以系统的方式来捕捉到他们的需求。Askul公司通过利用代理商开发顾客的方式进入小且难以接近的公司。这些代理商对收取琐碎的货款及放账游刃有余。比方说，在分发产品目录时，代理商由于对当地市场更加了解，所以它们的目标会比较集中。许多B2B在线卖家（比如，Office Depot和Office Max）已经被迫展开大型区域或全国性促销活动，巨大的促销成本超过了它们的利润。相反，Askul公司的经营构架刻意要维持与现有批发商和小型零售商的整体界面，这种做法被证实是竞争优势的来源。

第三，整体知识是与顾客共同创造出来的。Askul公司所提供的商品数目已经从开始的500件增加到目前的8 700件。在这8 700件商品中，所谓的文具用品只占40%。它提供办公室里所使用的全部用品，包括PC外围设备、咖啡、手纸、瓶装饮料，乃至方便面。这是对顾客五花八门的需求做出反应的结果。Askul公司顾客的主要联系方式是电话和传真，每天所处理的电话和传真要超过5 000个。尽管顾客的订单仅限于使用网络和传真，但公司也强调电话作为收集顾客的询问和申诉要求的工具。在这些电话里，申诉的电话低于10%，大多数电话是询问，比如，"我想要这种产品"或"你们有这个产品吗？" 如果需求合理，Askul公司总会做出回答并将这些商品添加到商品目录上面。当对某个商品的要求很强烈但又不可能获得时，Askul公司会与制造商一道开发这种产品。

每日三万个订单的数据是自动地积累起来的，并用做数据挖掘。此外，每隔30分钟，电话的通话内容就会转换成数据库。基于"电话交谈"的具有模拟界面的个性化系统是于2000年1月导入的。记录每位电话员与顾客谈话的系统是一个非常复杂的劳动密集型工作。然而，Askul公司视这个做法为极其重要的营销资源。利用这个系统，公司就可以这样回答顾客："多谢您打来电话，这与您以前的回复有关吗？"此外，如果发生意外事故，公司要向受到影响的所有顾客发出传真。为了强化个性化服务，交谈还可以包括影响交货的路况信息及关于办公室条件的询问。

"真诚"可以使回头客大增，沟通可以创造商机无限。Askul公司将回复顾客"现场意见"的部门叫做"联系中心"，设置在公司总部的电话联络中心里，共有100位电话接线员。这些与顾客联系的界面表明，该公司已经从战略的角度来开发整体知识来促进与顾客的互动。像许多电子商务的dot.com公司一样，Askul公司尽可能将互动限于网络层面，并且积极追求在没有使用中间代理商情况下的"非居间化"，利用比较模块化的方式，以具有预先规定的设计规则与顾客建立良好的互动关系。然而，如果经营构架里缺乏整体化，那就既不可能与竞争对手产生差异化，也不可能成为其战略不断演化的推动力量。

## 源自经营概念的构架

正如本章讨论的那样，IT有着很强的将经营构架进行模块化的趋势，因此我们应该注意创造一个带来可持续竞争优势的独特构架的模块化和整体化的综合。尽管如此，在经营构架层面，我们还可能创造不了差异化，因为企业趋向于首先以活动、资源或模块作为组成经营构架的单元。相反，经营概念必须跃居前沿，作为设计经营构架的分析单元。模块化和整体化的综合源自经营概念的创新（见第六章对概念创新的详细讨论）。如果不能将有创意的洞见融入经营概念当中，企业对IT的干劲越大，经营构架将越可能只不过是成为通用品化的模块集合。

# 第十一章 综合模块知识与整体知识——信息技术时代经营构架的创新

经营概念包括对以下问题的回答。一般来说,经营为顾客提供了什么东西?顾客属于什么类型?业务为什么能够让顾客满意?怎样让顾客满意?

经营概念是企业内在顾客价值(customer value)的浓缩表述。设计一个经营构架应该从明确构思一个经营概念开始。经营概念决定着企业的经营构架及其构架知识的概述。它涉及进行哪些活动、配置什么样的资源以及如何将各种要素配合在一起。然后,经营概念再被分解为若干组块,而且经营构架以这些组块系统的形式出现。每个组块和连接必须是经营概念的反映。从这个意义上讲,如图11-1所示,经营构架可以被视为经营概念的操作版本。经营构架只是付诸实践的经营概念。

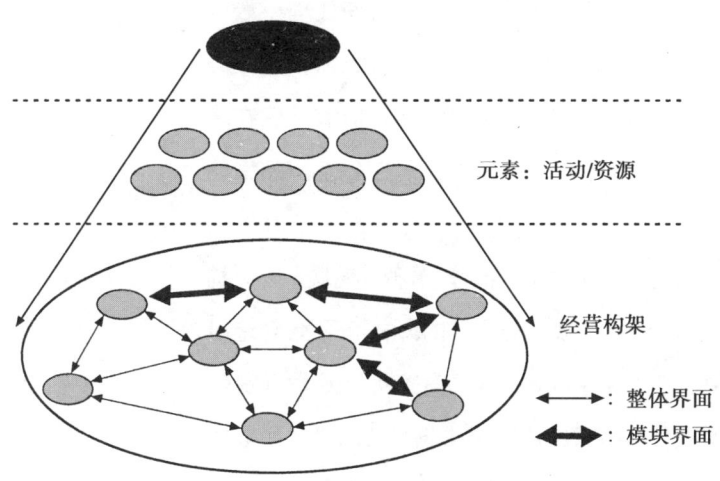

图11-1 从经营概念到经营构架

如上所述,i-mode、"乐天市场"及Askul公司都是将竞争优势建立在对构架的模块化和整体化进行创造性的综合之上。这些构架源自能够捕捉到独特顾客价值的经营概念。在"乐天市场"例子里，基本价值并不是像商店及商品的数目、价格、交货速度、网页的使用等方面的有形规格。从概念上讲，"乐天市场"为顾客所提供的东西是"娱乐形式的购物"。"乐天"那种旨在促进卖方与顾客之间微妙沟通的经营构架，其整体部分是将以娱乐为导向的经营概念付诸实践的自然结果。在当今物质充裕的时代，日本的购物者并非是由于缺少某种商品而必须购物。相反，购物作为一种娱乐形式的概念目的是创造一个虚拟的空间，促进类似在传统购物街上的密切交谈。"乐天市场"为顾客带来的真正价值是其购物的社会及人际交流过程，而不是通过因特网更高效地交易某种商品。

　　Askul公司的顾客价值也清晰地蕴含在其交易构架之内。它为职员人数不多的公司提供了在直销店采购办公设备的一种手段。这些公司以前必须出去"购物"，因为不可能享受办公用品供应商的送货上门服务。由于可以快速处理小量订单的Askul公司的存在，这些小公司不用再为维持一定文具品库存的成本问题而发愁。Askul公司的顾客价值不仅在降低顾客的采购成本，而且还在于增加小公司办公室用品采购过程的总体效率。

　　设计交易构架的相反方式是从选择单独"模块"作为构架的一部分开始的。这种"模块先行"的方式不可能创造出独特的竞争优势。就IT的模块化而言，商家可能开发并提供许多使用方便的硬件（如服务器和路由器）及软件（如数据库）模块。另外，在模块知识方面的创新飞速发展。企业可以在市场上接触到各种各样的最新模块，甚至像ERP（企业资源规划）、SCM（供应链关系管理）、CRM（顾客关系管理）这样的"管理系统"。"IT供应商"之间的竞争如火如荼，这

## 第十一章　综合模块知识与整体知识——信息技术时代经营构架的创新

样，成本性能比值自然不断改善。例如，从一家供应商那里，可以购买到整套数据挖掘系统。既然这些模块可以如此方便地获得，且很容易地与其他模块兼容，还毫无疑问地提高经营活动的经济性，因此企业现今在建立它们的经营构架时会发现，采用"模块先行"方式的做法很有诱惑力。

然而，仅凭模块组合建立经营构架来获得竞争优势是很困难的。因为许多这些标准化的模块随处可以买到，要想维持差异化非常困难。如果竞争者从卖家获得相同的模块，任何优势都会随即失去。简而言之，在创造独具一格的构架中，次序很重要。仅仅寻找可以利用的模块、将它们以"网络"、"系统"或"经营模式"的名义集成在一起是不够的。这像许多失败的 dot.com 公司一样，并不能确保顾客价值。例如，在音乐产业里，面对 IT 革命，唱片公司巨头纷纷进军在线音乐服务行业。环球唱片公司和索尼音乐公司成立名为"Pressplay"的合资公司，而美国在线时代华纳公司、BMG、EMI 和 Real Networkst 建立了"MusicNet"。这些服务均没有获得实质性的利润，这表明以因特网为基础的模块经营构架在创造真正的附加价值方面路途险峻。经营构架的建造必须源自对独特的新经营概念的展望，这可以为实现这个概念所必需的组件的新构架知识打开一扇大门，然后企业可以将这些组件结合起来，建立一个具体的经营构架，它通常涉及一些未必与 IT 模块理念配合的整体界面。

知识，与信息不同，事关信念和承诺。❶在这个意义上，经营概念是将企业的信念和承诺浓缩在顾客价值之中的最至关重要的知识。因为知识与信息有别，无论企业使用 IT 的深度和广度如何，都不会创造出原创的经营概念。要想建立独特的构架，企业应该依次将经营概念付诸实践。否则，企业将成为 IT 的奴隶，还可能导致企业竞争优势的自我破坏。

---

❶ 关于知识与信息之间的区分，参见本书第三章。

## 信息技术的三大悖论

无论成功与否，企业和产业在IT方面的经历提醒我们：IT革命中许多似是而非的东西值得我们深入思考经营概念和构架的创造。第一个悖论是，"越数字化，就越模拟化"。因为IT可以让企业高效地处理数字化信息，鼓励在经营构架中包含许多数字化元素。然而，这只是结果。作为创造经营构架的出发点，创造一个新的经营概念仍然取决于传统的模拟知识，这包括我们对微妙的、暗默的顾客需求的洞察。像前面强调的那样，一个新颖且独特的构架很可能是建立在模块性和整体性的创意组合之上。这就意味着数字化和模拟元素必须在一个经营构架内共存。在IT革命的时代，有关顾客的潜在需求及行为作为构架性差异化来源的模拟知识正在变得越来越重要。诚如一句名言所指出，"信息财富会带来注意力贫穷"，问题的关键不是信息不充足，而是信息泛滥。对顾客愿意关注的独特价值的发掘是创造构架性优势的关键。基础工作仍然是模拟知识，它是暗默知识的主体。

第二个悖论是"越全球化，越当地化"。IT使企业可以在全球范围内收集并转移数字化信息，使企业不再受到地域的局限。然而，对独具一格的经营概念来说，其创造经常是由对一批特殊顾客的特别洞察得到的局部现象。对日本企业来说，拥有巨大的本地市场非常重要。事实上，日本的IT革命已经落后于美国。不过，在日本所发生的一切并不是对美国模式的简单复制。在美国陆续进行的事情（计算机硬件的普及逐渐开辟了电子商务的市场）几乎同时也在日本发生了，这已经促进新市场区隔的开发。

日本在某些领域，如移动因特网，实际上领先于美国。自从1999年2月日本在市场上导入i-mode服务以来，用户

# 第十一章 综合模块知识与整体知识——信息技术时代经营构架的创新

的数量一直在递增,不到18个月的时间就达到1 000万户,而且NTT DoCoMo已经成为日本最大的因特网服务供应商。移动技术增强了日本人在新玩艺方面的独特性,也反映了社会中日常人际网络的重要性。它是通过过程和情境创造的,日本模式的持续改善所触发的新型IT业务的实例。移动技术及市场还可以为未来其他大型行业,如经销、电子结算及移动办公室等,提供先进的交通系统及银行系统。无论如何,虽然当地客户和市场对日本企业来说是约束条件,但是在创造新型经营构架方面仍然具有很大潜能。"乐天市场"和Askul公司的独特经营构架还基于日本的"交流密度",许多人或企业地处较小的区域,它们的相互作用像网络一般。日本市场和消费者的特点将鼓励那些公司去开发独特的,对经营构架至关重要的整体知识。

  第三个悖论是"越广泛,就越集中"。构想一个经营概念,就必须彻底地考虑其固有顾客价值的背景,顾客价值必须涉及能够欣赏这种价值的人以及为何及如何顾客将珍视它的具体故事。即使IT大幅度增加了可以接近的顾客群,却可能使目标顾客变得更模糊,使顾客价值概念不清、构架松散且不一致。如像"VerticalNet"一样的B2B公司和像"Webvan"节目一样的B2C公司所经历的困难充分展现了这种陷阱。与之相反,"乐天市场"和Askul公司通过有目的地聚焦在它们的目标顾客身上,同时使用因特网广泛的平台,成功地创造了顾客价值。在为B2B交易所设计的电子中心的世界里,专注某一领域并保证详细服务的趋势已经迅速地取代了"更大、更快"的原始战略,这只是"什么东西都放在网络上"的缘故。

  正像我们在第一章的开始指出的那样,时代越动荡、世界越复杂,矛盾就越多。在过去的10年里,信息技术无疑已经让矛盾逐步升级。但是,随着IT的应用入主舞台的中央,我们可以预见,越来越多的矛盾会不断涌现。"乐天市场"和Askul公司已证明能够积极地面对周围事物的复杂性。正如我们在第一章所说的,公司在当今动荡和复杂的年代里,失败的一个主要原因是它们倾向于扼杀矛盾。成功的企业不仅能够应对矛盾，而且拥抱矛盾、培育矛盾并且利用矛盾。

本章从经营构架的角度讨论了IT的影响。要点可以概括如下：

- 经营构架指引企业如何创造、组织和利用知识。建立独具一格的经营构架是在现代竞争环境下维持差异化的关键。

- 信息技术对经营和战略的影响举足轻重，这是由于它对经营构架中的重大及频繁变动有促进和增强的作用。

- 信息技术鼓励经营构架的模块性，后者为成本降低、网络外部性、速度及成长等开辟了新天地。同时，信息技术促进企业对模块知识的专业化。

- 然而，模块性也会通过通用品化吞噬企业的独特能力。企业要想建立可持续性的竞争力，创造独特的、模块性与整体性能够共存及相互渗透的构架非常重要。

- 在创造这样独特的构架中，先后次序是很重要的。建立一个构架必须从想像开始，对明确定义该业务是否具有顾客价值、是否有创意的经营概念的想像。通过选择个别模块的方式所制定的经营构架将导致模块性陷阱以及业务的通用品化。

鉴于IT革命的力度，有关信息技术冲击的论述似乎特别偏爱这样的说法：所有现行管理都应该以非连续的方式进行变革。然而，战略的实质依然未变，即创造和维持有别于竞争者的差异。有些论述强调IT是推动企业阔步向前的"顺风"。IT的清风可以促进创新，催生新市场及新企业，改变竞争的结构，创造赢利的机遇及降低各种成本。不过，这场"顺风"只不过是战略管理的外部因素。这些外部因素是任何

# 第十一章 综合模块知识与整体知识——信息技术时代经营构架的创新

人都可以享受的环境变化,而且任何人也都可能受到这些变化的影响。很显然,企业之间的各种"差异"不会从这里自动产生。

IT革命这场大戏的第一幕无疑已经带来许多环境的变化。在刚刚开始的第二幕里,主角将逐渐地从生产IT的企业向利用IT的企业转移。在此,战略意图,如"船头的方向"及所使用的"桅杆"类型,将成为管理思考的重点。为了正确利用IT的风势,我们应该选择使用何种桅杆?如果船只不够坚固的话,桅杆可能因"顺风"或许变成风暴而被折断。许多帆船正翘首以待,随时准备赶上下一次顺风,而每一次来风都会让竞争更加激烈。模块化的"顺风"可能突然间转变成通用品化的逆风。关键是要确定航线,保持船头所指引的方向。在这个比喻里,"帆船"代表企业,而"船头方向"表示经营概念。而经营构架就是航行在IT革命的动荡海洋中的帆船的"桅杆"。

第十二章

辩证组织内部的知识创造

在前几章介绍的案例中，我们谈到一些企业，如IBM、佳能、美国海军陆战队、本田、松下、"7–11"、丰田、NTT DoCoMo、索尼和奥林巴斯等。它们在很大程度上属于形成规模的大型企业。在前一章里所描述的两个案例，即乐天市场和Askul公司，也基本上是羽翼丰满，在日本已经家喻户晓。在本章里，我们将介绍一个创业型组织。尽管这个组织创办于2000年，但在业界已经获得创新者之美誉。

这个组织就是日本一桥大学的国际企业战略研究生院（以下简称ICS）。美国《商业周刊》（2000年10月2日）将它称为日本首家"世界级"商学院。本书作者几乎全部在ICS任教，更准确地说，隶属于ICS内四个系中的一个系，即国际经营战略MBA项目，[1] 也就是本章所指的"ICS"。

虽然ICS历史并不长，但已经创造了许多"第一"的纪录。例如，它是日本第一家专业研究生院：

- 由日本教育、文化、体育、科学与技术省（MEXT，前身为日本文部省）所创立；
- MBA课程全部用英文授课；
- 主办国际知识管理研讨会"知识论坛"（与美国加州大学伯克利分校Haas商学院合作）；

---

[1] 其他三个MBA项目分别是："金融战略"、"亚洲公共政策"和"商法"。

● 每年向日本企业颁发以哈佛大学波特教授名字命名的"波特奖",以表彰获奖企业该年度在竞争战略方面的卓越成就;

● 被MEXT评选为知识管理领域的卓越中心(Center of Excellence);

● 一年内从私营企业获得两个讲座教席(即大和证券教席)赞助;

● 开设面向高级管理人员的工商管理博士(DBA)课程;

● 开设为期一年的MBA课程(被称为"青年领袖"项目,这个项目是MEXT资助的奖学金项目);

● 与美国一家主要投资银行合作举办由高级管理人员参加的研究型会议(与摩根·斯坦利共同举办21世纪峰会);

● 与美国一所设计研究生院一起开发多媒体内容创造的实验课程(与美国加州大学伯克利分校合作);

● 与美国顶级商学院(哥伦比亚大学和杜克大学商学院)在东京合作开办高级管理人员培训课程;

● 提供主要面向亚洲学生的奖学金(由大和证券和安利日本公司资助);

● 将院MBA学生与有心理残障的儿童共度周末及为东京的约700位无家可归者提供晚餐作为学生必修课的部分内容;

● 允许MBA学生用志愿者工作换取一定的学分(例如一位MBA学生在尼泊尔的一所小学讲授了三个月的英语和数学课);

● 每年举办教职员和学生捐物的拍卖活动,拍卖的收入用于慈善事业。

在晚于美国的多年之时,创办一所专业商学院也存在一

第十二章　辩证组织内部的知识创造

些优势。它提供了这样一些机会：别出新裁、打破条条框框、力争上游、独辟蹊径、不囿传统成见、拒绝接受既定解决方案、挑战已知的事物以及谋求改变现状。ICS所追求的境界是让商学院面貌一新。

　　曾经有人写道："如果上帝打算让人类能够飞翔，就应该赋予人类一双翅膀。"不过，人类总有飞翔的梦想。如果一个人认为他做不到这一点，他将不会翱翔蓝天；倘若他坚信自己可以做得到，他终究有一天会实现这一梦想。莱特兄弟就认为他们能够做到这一点。展开想像的翅膀就是为了搜寻那些不太可能的事情，是要触及超出我们想像力的东西，是一种对未来的思考方式。例如，在ICS的"战略"课堂上有这样一个作业："假设你的照片在20年后被刊登在《财富》杂志的封面。现在假定你是《财富》杂志的记者，请撰写关于你的封面文章并讲述与这项荣誉相称的事迹。"

　　作为入学教育的一个组成部分，ICS的MBA学生要攀登12米高嵌有石块的木制墙壁；并双双结伴走过一座距离地面高达7米的独木桥。作为必修课内容的一部分，他们与有心理残障的儿童共度周末，鼓励这些儿童骑马；或与志愿者组织一道为东京新宿地区约700位无家可归者提供晚餐。ICS相信21世纪领袖所面临的挑战不仅是经济问题，还包括社会问题，而后者与前者同样重要。

　　ICS甚至利用音乐作为获取新知识的形式。MBA学生要花上半天的工夫来观赏东京无指挥室内交响乐团"奥菲士"（Orpheus）的排练。❶ 学生们观察演奏者是怎样不时停下来，完成原本由指挥所需做出的各种解释性决定。他们认识到交响乐团所有成员在排练过程中对所演奏的音乐均有发言权并且负担着音乐效果的责任。学生们与乐队成员进行切磋交流，领教有

---

❶　这一种学习体验是在2000年与摩根·斯坦利形成"战略联盟"后才得以进行。

关领导能力、决策及团队精神方面的新事物。

对新方式的不断思考使ICS能够提出如何重新改造商学院的创意，例如，我们在本章开篇处所列出的内容。究竟ICS是怎样做到持续的推陈出新的？其中一种方式是面向世界、放眼未来、预见外部世界的变化。生活在充满不确定性、动荡及复杂性的世界里可能对我们更有利。过去的优势在这样的世界里很快就会过时，这就迫使我们对始终维系成功的经验进行反思。对于ICS来说，变化属于家常便饭，也是进步的力量。这与那些沉迷于保护自身优势的组织以及在面对变化时害怕失去优势的人的心态形成鲜明对照。这些组织通过寻求可预测的未来和稳定将自己与现实世界隔绝开来。

如图12-1所示，ICS的标识昭示着我们的基本态度：面向世界、放眼未来。这个标识是由飘扬的旗帜与人类面孔组成。它表示创新、非传统、打破条条框框的领袖人物面向世界、放眼未来。他们分别是在各自领域的前沿挥舞旌旗的知识先锋。这一标识提醒我们不断创造新知识，并思忖灵活性和可变性。

充满不确定性的时代经常驱使组织寻找组织以外的人所拥有的知识。如上述例子所示，ICS拥有商业组织、美国的商学院、美国的设计研究生院、政府机构、志愿者组织、交

图12-1　ICS标识

## 第十二章 辩证组织内部的知识创造

响乐团及其他外部组织所积累的知识。在我们组织内部，对外部所积累的知识进行广泛的共享，并且作为我们知识库的一部分储存起来，并为组织内部从事开发新知的成员所利用。ICS进行持续创新的独特方式就是在外部与内部进行综合。

## ICS 是辩证的组织

我们在第一章里曾经谈到，组织失败的一个主要原因是往往倾向于通过坚持利用以往成功所确立的成规戒律来遏制矛盾、不一致、两难困境和两极化。幸运的是，ICS没有昔日的成功，它必须建立崭新的"惯例"。它不仅要应对矛盾，而且要主动地拥抱对立的双方，还积极地培育各种矛盾，热情地运用矛盾作为发现最佳方式的请柬。

我们在第一章里还提到过，想要在当今动荡的时代和复杂的世界里出奇制胜，各种组织需要拥抱不仅一套对立的事物，而且要同时拥抱全部对立的事物。事实上，ICS是能够应对、拥抱、培育并利用多种对立事物的组织，是一个发现获得更佳方式的请柬的活例子。ICS以追求"两个世界之精华"（即同时追求 A 与 B）而发展壮大。它视矛盾为一种生活方式，同时拥抱两种表面看似对立的势力。

诚如一桥大学的名字所示，ICS为了汲取"两个世界之精华"试图在两种分歧的力量之间架起一座桥梁。这种做法体现在MBA课程、研究及日常活动之中，构成ICS的哲学基础。ICS利用知识作为超越和综合下列对立世界的重要资源：

- 东方与西方
- 大与小
- 新与旧
- 理论与实践

- 合作与竞争
- 公立与私营
- 富人与穷人

## 东方与西方

当日本想要培育其最有前途的年轻高级管理者时，传统上会选送他们去欧美的商学院进行深造。这类的事情令人匪夷所思：世界第二大经济体竟然没有一所世界级商学院。在ICS创建日本第一所专业商学院的过程中，以哈佛、斯坦福或沃顿作为模型是最容易做的事。而恰恰相反，ICS却选择让我们的MBA学生既要接触由先进的东方管理理念（比如运营管理中的单元制造系统和知识管理中的"场"的概念），又要学习领先的西方管理思想（比如竞争战略中的"取舍"和创新管理中的"颠覆性技术"）。

此外，ICS的学生接受在东西方通行的两种"极化"教学方法：西方的案例研究和模拟教学，东方的研讨班和论文撰写。研讨班（seminar）属于由指导教师与少数学生组成的辅导课。学生须申请参加他们自己选定的研讨班，但是教员目前只能最多接受四名学生。每个学生必须归属于一个既有学术功能又有社会功能的研讨班。在学术上看，每个研讨班每周聚会一次，研究某个共同感兴趣的话题。在MBA结业的时候，每个学生必须提交在研讨班导师指导下完成的毕业论文。毕业论文的篇幅一般在40~80页之间，均收藏在大学图书馆内。从社会功能上讲，研讨班为学生提供彼此之间以及与指导教师在课堂之外进行交流的场所。这些社会性接触发生在饮茶休息之间、在指导教师家中的晚餐上、在泡温泉时、在网球场或高尔夫球场上以及在下厂实习过程中。由于

# 第十二章 辩证组织内部的知识创造

这些亲密的互动，教师通常成为学生的"终身良师益友"。

就研究而言，ICS 的教师以在全球范围内传播日本的原创研究成果为己任。这有助于在 ICS 内以英语为正式语言，在研究上也帮助与像佳能、丰田、索尼、本田、NTT DoCoMo、马渊马达、富士施乐那样的顶尖日本企业进行深入的切磋。ICS 的研究者专心于开发一种适合于全球化时代的"普遍适用"管理模型，而不只是一个盎格鲁·撒克逊模式或日本式管理方式。

## 大与小

在 ICS，我们刻意地将学生总数保持在较小的规模（目前为每年 50 名）。学生与教师（全职教师加上访问教授）比率不超过 3：1。在世界上这一比率是其他顶尖商学院无法相比的。学生规模小使我们的 MBA 学生能够在课堂内外得到教师的个性化关照。上述研讨班制度是这种优势的例证。由于学生人数少，在第一学年学生之间便有机会建立密切的联系。在入学前一周组织的校园外团队活动、共同核心课程学习、从事多种团队项目、下厂实习、院长家里串门或集体体育活动中，同伴间的密切关系自然而然地酝酿发展。这样做的优势在于学生们在大多数情况下可以作为一个组织单元开展此类活动，并且对暗默知识进行分享。

同时我们的 MBA 学生可以充分利用东京大都市的生活优势。在东京商业核心地带，全球的大公司几乎均在此设有办事机构。由于 ICS 地处神田一桥地区，与东京商业中心大手町近在咫尺、与皇宫仅隔两个街区，学生们可以借助公共交通系统去访问这些公司。东京有世界上最佳和最安全的公共交通系统。近来，学生所拜访的公司包括位于品川区的索尼媒体大世界、赤坂的 NTT DoCoMo 实验室、惠比寿的摩根·斯坦利交易所；他们在埃森哲公司赤坂办事处与硅谷进行远程通信会议，在六本木出席麦肯锡主办的结业聚会；参与青山的星巴克、赤坂的富士施乐、四谷的英国石油的现场研究项目。所有这些地点均在公共交通系统 30 分钟所及的范围。

同样，设在东京的世界顶级企业的高级管理人员可以方便地作为客座演讲者来 ICS 访问。过去几年，ICS 有幸接待下列公司当地高级主管的造访：摩根·斯坦利、富达投资、利曼兄弟、麦肯锡、波士顿咨询集团、埃森哲、科尔尼、摩立特、博思、毕马威、IBM、微软、思科、Infosys、辉瑞、菲利普·莫里斯、奥美、Prophet、安利、通用电器、通用汽车及戴尔公司。

ICS 地处东京，对学生的应聘活动亦有很大帮助，学生们可以方便地访问招聘单位，反之亦然。相反，在美国，由于许多招聘公司并不在城内，商学院二年级的学生因招聘活动而旷课的现象非常普遍。现在，这种现象已经蔓延到 MBA 一年级学生的身上。一般认为这种现象对学习和编班安排有消极的影响。而在 ICS，因应聘活动而造成缺席的现象几乎不存在。

"大与小"的分析对教师同样也适用。ICS 教师队伍规模不大。在花名册上，全职和访问教授不足 20 人。可是 ICS 有庞大的一桥社区作后盾。在距离一桥校园以东 30 公里处的国立主校园❶，有约 400 位教员和 300 位职员。另外，一桥大学还有一个忠实且乐于助人的校友会，闻名的 14 层校友大厦如水会馆与 ICS 毗邻。

❶ 该校园位于国立市，译者注。

## 新与旧

ICS 尝试在"新经济"与"旧经济"之间架起一座桥梁。在学习中，MBA 学生接触到两种经济的本源："新经济"中的想像、体验和企业家精神；"旧经济"中的规模、效率和复制。同时他们还要懂得对维持两种经济中的竞争优势来

# 第十二章　辩证组织内部的知识创造

说，强大的组织能力、独特的战略、创造顾客价值的重要性，掌握产业结构的丰厚知识及执行实际职能的独具一格方式必不可缺。

从历史的角度看，ICS既崭新又古老。虽然ICS作为一家专业研究生院诞生于2000年，可是作为一桥大学的一部分，其源头可以追溯到1875年在（东京）银座附近开办的一家私立职业培训学校——"商业培训学校"。一桥大学一直期望其研究生们能够成为"业界领袖"。《商业周刊》（2001年7月2日）曾经指出："一桥大学有着培育业界未来领袖的悠久历史。"丰田汽车公司现任董事长奥田硕、东京市市长石原慎太郎、松井证券总裁松井道夫和乐天市场创始人兼总裁三木谷浩史都是一桥大学的校友。

ICS将继承一桥大学的传统，同时还要将精力更多地集中在培养能够开拓、管理及执行创新的领袖上面。ICS希望培养既是"业界领袖"同时又是"创新领袖"的人物，因为创新不仅仅是指新产品、新型服务、新系统或新政策，还需要审视各种机会的新视角、做事的新手段、形成意会的新方式、共享价值的新过程、开展合作的新途径、创建组织能力的新方法以及建立新标准的新准绳。鉴于创新是一个过程而不是一个事物，我们在ICS可以观察、分析、了解、复制，乃至传授有关创新方面的知识。

## 理论与实践

作为一家专业学院，ICS特别注重实践。近2/3的全职教师曾经在咨询公司、投资银行、IT企业、广告代理公司做过全职工作，拥有丰富的实际工作经验，而且半数以上获得过美国顶尖商学院MBA学位。同时，理论离不开实践。学生学习管理的最新理论，并将它们应用到现实世界的实际情形之中。例如，在2002～2003学年里，在冬春学期间歇的一个月里，学生们对在日本的四家企业（其中两家为日本企业，两家为在日本的外资企业）进行实地调查研究，课题从品牌管理到生态管理。最后，ICS的学生团队像咨询顾问一样，在四家企业的高层主管面前汇报了他们的研究结果。

ICS学生每周三要走出课堂，到现实世界去观察，完成规定的学习任务。例如，上"运营管理"课的同学须花上一整天的时间参观丰田工厂的Lexus生产线或者佳能公司的复印机生产线。上"创业精神"课的学生要前往索尼的媒体大世界，在那里了解最新的视听设备及与人会话的拟人机器人的最新进展。上"世界公民"课的学生来到本田公司的工厂，观察残障人士是如何与身体健全的工人肩并肩工作，或拜访一家非营利组织了解与建造一个操场相关的事情。

实践总是与应对当今的各种问题及挑战所需采取的行动有关，而理论则与明确阐述及解决未来的问题及挑战密切相关。有关"未来"，野中郁次郎教授在他"知识管理"课堂上，向一年级学生分派下列作者的作品作为必读读物：柏拉图、笛卡尔、西田几多郎、马克斯·韦伯、马斯洛、巴纳德、赫伯特·西蒙、伊迪丝·彭罗斯等。他还要求学生们理论联系实际，完成一篇约40页的文章。

如上所述，递交毕业论文是学生在ICS获得MBA文凭的必要条件。现在，这类要求在ICS以外算是稀奇的事。美国的顶尖商学院过去一般要求提交毕业论文，但近年来，由于侧重于实践、重视应聘活动以及学生人数锐增（比如，哈佛商学院的MBA每年达到900人），这些情况逐渐使完成毕业论文成为学生和教师的负担。ICS则逆水行舟，坚持认为完成毕业论文的过程使学生有机会将两年学习期间所获得的实际知识、研究技能和创造性能力运用到阐述并解决未来问题及挑战上面。

第十二章　辩证组织内部的知识创造

## 合作与竞争

ICS的学生在开始学习之前就已经领会到了合作的重要性。在入学前的一周里，他们乘公交车前往距离东京三小时路程以外的山区——八岳高原。他们在那里开始为期三天的户外创建团队训练。第一天集中在进行团队创建活动的"低元素"（low elements）训练，比如10人一组在一块木板上做有点像跷跷板游戏的平衡活动；全体成员穿过由绳索编织的"蜘蛛网"，但需要与绳索不发生任何接触，或蒙上眼睛将一条长绳结成五角形。第二天，进行团队创建活动的"高元素"（high elements）训练。在这项训练中，如前所述，学生们戴上头盔，结伴走过一个离地面有7米高的独木桥，或者攀登12米高的木墙。第三天，学生来到荒野，以团队的形式完成涉过山间溪流、穿越峡谷的任务。

这些活动培养同学们的团结意识。2000年11月27日的《朝日晚报》刊登一篇文章，引述一位来自洪都拉斯的学生（Gabriela Gomez）的话，她说："从那时起，我们成为了一个团队。每堂课都很艰苦，但是我想任何人都不会让其他同学掉队。我们总会想方设法使彼此不断前行。"正像她所说的那样，学生们在八岳高原所积攒的暗默知识，在整个MBA学习期间始终伴随着他们。

在正式学习开始之后，我们鼓励学生们建立学习小组，要求他们参与多项团队项目。在任何时候，每位学生均可能参与4~5个不同的项目。尽管项目耗时费力，但在塑造各类学生（一半的学生为外国留学生）之间合作方面却行之有效。自2000年创办以来，ICS已经录取来自27个国家的留学生。

虽然ICS鼓励团队合作，但我们也运用多种方式将竞争引进课堂。例如，评分是按照硬性排名制（forced curve），几乎在所有课程上，成绩为A的学生占30%，成绩为B的学生占60%，10%的学生成绩为C或C以下。世界上商学院里现在很少坚持使用ICS所严格执行的硬性排名评分制。此外,一年级的学生在他们所选择进入的研讨班也需进行竞争,在"创业精神"课上,同学们为赢得商业计划竞赛而展开竞争。二年级学生在获得实习生或海外学生项目的资格时也必须进行竞争。在各项选拔中,ICS均采取"公开、简单和公平"的原则。

## 公立与私营

一桥大学是全部由日本政府直接资助的99所公立大学之一。❶ 作为一所政府所有的商学院,ICS具有许多优势。首先,学费低。如果一个学生完成两年脱产学习,在ICS获得MBA学位,其费用是日本私立顶尖商学院费用的1/3~1/4,大约是欧美主要商学院的1/6~1/8。

另一个优势是硬件。在东京市中心新建的日本国家科学中心是政府所有的22层大厦,在这个配备最先进IT设备的智能大厦里,ICS占据1/3的办公室面积。学生通过学院内部网接收作业布置,可以通过在学生计算机室的台式计算机或在学生休息室利用自己的笔记本计算机,通过以太无线网接入因特网。他们还可以免费使用彭博在线和其他图书馆专有数据库。此外,该大厦配有最先进的教学和会议设施、有500个座位的礼堂、大型室内体育馆、22间宾馆式客房以及餐馆和自助餐厅。

作为政府拥有的大学,ICS在某些方面也获得不少有形的优势。例如,ICS是日本文部省建立的首家专业研究生院、第一所通过提供全额奖学金接受来自亚洲"青年领袖"项目学生的商学院、首家开设一年制MBA课程的商学院、首家提供DBA学位的商学院。ICS的许多教授在文部省的一些重要的专门委员会里任职,使ICS对高等教育政策发挥影响力。

❶ 2004年4月,所有日本国立大学将变成"半官方"大学。虽然这一转型的影响尚待观察和研究,但可以确定大学将以责任制和精英治学换取更大的自主独立性。

# 第十二章  辩证组织内部的知识创造

尽管ICS是政府兴办的商学院,但同时也接受私营部门的大力赞助。目前由ICS所组织的三个大型会议分别得到富士施乐、摩根·斯坦利和大和证券的资助。私营企业还通过共同研究、奖学金、课程开发、现场研究、下厂实习、客座演讲、案例研究、高级主管培训及捐资来资助ICS。关于捐资,在过去两年里,ICS从私营企业所获的捐资是一桥大学所获总额的一半。

## 富人与穷人

ICS致力于这样的愿景:我们的MBA学生在未来将积极承担起缩小"富人"与"穷人"之间差距的重任。我们要求学生积极地参与根除贫困、仇恨、愚昧、不公正、饥饿、犯罪、疾病、歧视、污染、全球变暖、能源耗竭,以及其他人力资本和环境问题。我们相信MBA学生在21世纪里将在解决经济问题和社会问题上发挥更大的作用。

我们所开设的"世界公民"课为实现上述目标提供一个重要的步骤。在过去的学年里,我们的学生与无家可归者、有心理和身体残障的人士,非政府组织活动者、志愿工作者及社会创业者相互沟通,体验"做中学"的真实含义。他们还有幸直接与两位"世界公民"面对面地对话:戈登·佐藤和垣见一雅。

70多岁的戈登·佐藤是美国一位著名的生物学家。在过去10年里,他用大部分时间致力于帮助世界上最贫穷且饱受战争之苦的非洲国家厄立特里亚的人民实现自我生存。他发起一个富有创造性的计划,利用厄立特里亚海岸两种最丰富的资源(阳光和海水)种植可以喂养动物,可以为鱼类及贝类提供栖居地的红树植物。他告诉MBA学生,他的梦想就是帮助厄立特里亚贫困地区开发低技术、可以持续生存的农业经济。戈登·佐藤为科学工作者树立了榜样,展示了他们可以并且应该将实验室里的知识应用到大千世界里。

垣见一雅,以前是日本的英文教师,在过去10年里一直在帮助尼泊尔偏远地区一些最贫穷的人。他每天在帕尔帕贫困地区从一个村落徒步走到另一村落，让那里的患病儿童得到医院的治疗，为遭遇火灾的家庭提供应急援助，为村民在建立学校、公共洗浴设施及其他工程时提供必要的物资材料。由于他是一位老人而且对别人的要求总是说"OK"，所以当地村民称他为"OK Baji"（尼泊尔语中Baji是老人的意思）。与戈登·佐藤和垣见一雅的交流，ICS学生学到了大量的关于退休之后如何面对生活的暗默知识。

## 促进辩证组织内部的知识创造

在前一节里，我们了解到ICS是如何成为一家典型的、能够拥抱许多对立面的辩证组织。在本节中，我们将探讨一家辩证组织是怎样促进知识的创造及活用的。如图12-2中三角关系式所示，三个相关联的要素，即对话、创造性常规和绝对愿景，可以强化组织的知识创造活动。这三个要素通过"场"的动态情境共享（图12-2中的圆形区域所示）源源不断地涌现出来。在下面，我们对每个要素及其依存的动态情境逐一进行讨论。

### 通过对话拥抱并超越矛盾

对话不仅仅指面对面的交流、它是交互式地创造及表述，并使组织中的个体共享新含意的过程。对话是一种特殊讨论形式，它对对话的参与者规定了严格的纪律。这是一个使隐含假设浮出水面并同时暂时搁置任何判断的过程。

像我们反复指出的那样，由于拥抱矛盾而不排除任何矛盾，新含意应运而生。更为重要的是，为了创造新含意，我们必须对对立双方（即正题与反题）进行超越、对双方进行

# 第十二章 辩证组织内部的知识创造

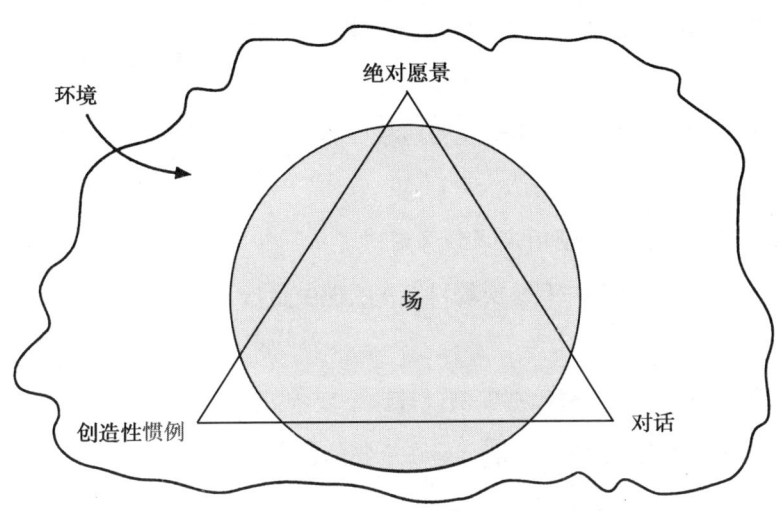

图12-2 辩证组织中对知识创造的强化

综合从而形成更高级的现实。在这个揭示假设同时搁置判断的对话中,对纪律所持的一丝不苟的态度是非常有益的。只有这样,对话参与者才可能超越自己的思想世界。

个体在一个辩证的组织里可以展示自己的经历及现实世界,并同时很容易感受到其他参与者所表达的不同观点。通过对话的形式,个体在视角方面的差异起到"思考装置"(thinking device)的作用,如第九章所指出的那样,它会创造出新的含意。因此,通过社会互动与交流,参与者可以获取新知识。

ICS在创造新含意方面的一个例子是在被称为"协调会议"上所进行的对话。这类为期半天的会议每年要举行2~3次。参加会议的所有教师对即将到来的学期的全部课程内容进行讨论与协调。参加最近一次会议的教师共计12位。每位教师要介绍自己所开设课程的具体内容,其中包括主题、核心概念、案例、教科书、读物、客座教员、录像资料、练习、作业及评分标准。以上所有具体内容资料须事先分交给有关教师。

在每个课程介绍之后，为了使学生获得最佳的学习效果或更好地进行全面的综合，教师们需要对必要的课程调整进行公开讨论。在最近一次"协调会议"上，教师们提出下列有代表性的意见：

● "在开始的时候，你看是不是少使用一些案例，传授更多的商业中'围追堵截'（blocking and tackling）的技巧？"

● "你应该在邀请之前核实一下这位客座教员的英文口头表达能力。"

● "你为何在课堂上不再使用XYZ录像资料了？"

● "在最后一刻你将教科书B替换教科书A的理由是什么？"

● "你应该考虑用哈雷·戴维森案例代替这个案例。"

● "去年你说过将进行期中考试，可是在今年的计划里为何没有这一项？"

● "我可不可以在我的教学课上结合进你在课堂上所使用的在线投票技巧？"

● "我们可不可以重新调整案例教学的时间表，这样这些内容就可以在同一天讲授了？"

● "每个课程里是否应该增添一些管理伦理学及商业实务中公平性问题方面的内容？"

● "你让学生在课外利用自己计算机看录像资料，会不会出现违法下载问题？"

● "你最好用简短而有效的课堂小测验来代替期中考试。"

在会议上，无论资历深浅、职称高低，教师均有权公开

# 第十二章 辩证组织内部的知识创造

表达他们的意见。教师背景的多样性有助于扩展该集体的不同视角。在多样性方面,我们的教师队伍中近1/3的全职和客座教师是外籍教师,1/3为女性;近1/3的教员来自纯粹实践岗位,近2/3有着实际商务工作的经历;如前所述,约半数教师获得过美国顶尖商学院的MBA学位。约一半教师有在美国商学院(如哈佛大学、斯坦福大学、加州大学伯克利分校、弗吉尼亚大学、哥伦比亚大学、纽约大学和密执根大学)里教书的经历。这种多样化背景无疑带来"多音性"——表达多元视角和观点的不同声音。

ICS通过积极地培育价值观来强化知识创造,有助于拥抱及超越各类矛盾,如平等机会、开诚布公、接受新观念、公平合理及谦卑。对于领导者来说,谦卑格外重要,这是因为领袖人物越是能够控制自我,他们就越会坦诚地包容多元的视角。当他们周围的人越少感觉到他们的存在时,他们就会领导得越好。这种由野中郁次郎教授提出的非刻意的领导方式,为组织寻求更高级的现实提供了内在动力。

## 利用创造性常规,刻意打破成规

诚如我们在第一章里指出的,一家辩证组织有两种特征,其中之一是强调变革。辩证的组织不是谈论如何维持稳定局面,而是总在不断地前进。第二个特征是强调对立面。变革是通过冲突和对立在辩证组织内部产生的。

通过我们所称的"创造性惯例"(creative routine),辩证组织有目的地打破成规,并对既存的实践提出挑战。辩证组织通过创造性惯例进行自我更新、超越、摒弃过去的做法。在个体层面,创造性常规的典范是在美国大获成功的日本垒球选手铃木一郎。他所取得的骄人成绩正是基于这样的精神:打破成规,挑战既有球技。利用不断创出的创造性常规来进行自我改善,即使像铃木这样的世界级选手,也都了解到改善是永无止境的事业。

铃木的做法在日本被称为"型"。"型"是指由"守"、"破"、"离"组成的惯例或某种理想做法。"型"是对学习（"守"）、打破（"破"）及创造（"离"）的不懈追求。辩证的企业欢迎这种能够激励其员工不懈追求变革的动态自我超越循环过程。在组织层面，"型"的实际范例是英特尔公司的"建设性对抗"（constructive confrontation）过程。在面对任何工作中的问题时，员工之间建设性对抗的能力已经成为英特尔公司成功的一个关键因素。英特尔公司的任何员工均可以直接向有关人员表达意见，无论那个人的职位有多高，哪怕他是公司的总裁。

为了明确与一桥大学在国立主校园的习惯做法进行决裂，ICS 提出了许多创造性常规。以下一些与陈规陋习决裂的新做法值得一提：

- 在 ICS，所有教师彼此均非正式地在名字后加"san"或直呼其名。这是一种打破对长辈教师以"sensei"（先生或老师）相称的旧习惯。
- ICS 不再实行让年轻教师做耗时但却不重要的事务性工作，而是将那些工作分派给几位愿意承担此任的资深教师来担当。
- ICS 打破每月例行的为时 4~6 个小时教师会议的陈旧做法，充分利用信息技术将会议时间压缩到一个小时以内。
- ICS 打破常规，在商学院内的关键岗位开始从校外聘用专业人士作为合同教师，这包括 MBA 项目主任、IT 主任和公共关系主任。
- 在过去，资深教师听年轻教师的课是闻所未闻，但 ICS 为了提供建设性批评和提出改善意见而将这样的做法制

# 第十二章 辩证组织内部的知识创造

度化。

- 在过去，学生们对他们所上的课程及教员没有系统的评估手段，但ICS推出一个评估体系，让学生分别针对课程及其教员10个方面以及各个课程的教学辅助的6个层面进行评价。
- ICS的教员对学生的评价反馈意见进行讨论，这种做法在过去一般不会予以考虑。
- 过去不成文的规定是：教师的海外学术访问只限一年一次，但现在ICS鼓励教师，如有必要，尽可能多地到国外访问。
- ICS的课程每年都会有较大的变动，此举也打破了在相当长时间里课程保持不变的老规矩。

这些例子，无论如何琐碎，都提示了ICS愿意对守、破、离的动态循环做出不懈的努力。创造性惯例是反映我们愿景的统一戒律，是一项将我们共享价值观、信念及行为规范融为一体的行动计划。

## 通过绝对愿景为未知事物铺路搭桥

一项愿景可能会拉近现实世界与潜在未来之间的距离。对辩证的组织来说，当前的现实往往提供不了多少有关未来的线索。受动荡、复杂性及矛盾的困扰，对未来的憧憬就好像在没有月光的树林中行走，或好似将孤舟驶向波涛汹涌的茫茫大海。要想为通向未知的世界铺路搭桥需要勇气。踏上未知疆土需要绝对愿景（absolute vision），而非相对愿景（relative vision）。而绝对愿景正是我们生存理由的核心所在，它既是理想又是梦想。

然而，仅仅为未知世界指出道路还远远不够。因为组织成员的愿望与该组织的绝对愿景是一致的，他们需要同舟共济、齐心合力。因此一项绝对愿景必须与环境的复杂性及内部的承诺紧密相连。绝对愿景可以成为一个有凝聚力的宣言，使外部环境与内部组织实现同期化。有凝聚力的绝对愿景将决定组织需要哪种类型的知识以及创造和保持什么样的知识。

在ICS开始漫漫行程之前，我们扪心自问："我们存在的理由是什么？"我们的绝对愿景可以概括如下：

1. 我们渴望创造亚洲的世界级商学院；
2. 我们渴望对日本的高等教育进行更新；
3. 我们渴望创建将日本创造的知识传播到海外的基地；
4. 我们渴望培养不仅可以克服21世纪所面临的经济问题，而且还能够解决社会问题的"创新领袖"。

在起航后的三年里，ICS社区的所有教职员和学生都全心全意地为这条小船出力加油，我们还决心向更高的理想迈进。2003年4月，我们收到一份外部的评估报告，该报告对ICS尝试将崇高理想变为现实的努力给予极高的评价。

## 通过"场"共享动态情境

知识管理领域的学者经常忽略一个重点，即知识是不可能在真空中创造出来的。创造、共享及运用知识需要一定的环境。"场"便是第四章里所指出的创造、共享及运用知识的共有动态情境。上述讨论的三个相关联的要素——对话、创造性惯例及绝对愿景——没有哪一个可以在缺乏"场"的共有动态场所的情况之下自然产生出来。

将"场"想像成会议室这样的实际地点是比较容易的，可是它还应该被理解为在某一特定时间与空间，在项目团队的内部、非正式圈子、临时聚会以及在如电子邮件组这类虚拟空间里，个体之间所发生的各类"相互作用"。在这个方面，我们可以将组织视为各种"场"的有机配置，其中组织成员基于他们具有的知识和他们所创造出来的含意彼此

# 第十二章 辩证组织内部的知识创造

相互作用。另外,组织可以与供应商、竞争者、顾客、大学、当地社区和政府一起创立跨组织边界的"场"。

ICS具有许多促进对话、创造性惯例及绝对愿景不断涌现的"场"。以七楼的开放式休息室为例,在那里,所有全职教师均有办公室。在环绕宽大窗户的开放空间里,配有舒适的沙发。在每月教师会后的非正式会议或临时会议中,许多重要的决定(例如人员招聘)都是在这里进行的。

ICS的大多数创造性点子也是在这里孕育而生的,包括:

- 将春季学期一分为二;
- 每年为每位教师提供40万日元(约3 333美元)的海外学术访问资助;
- 与蓝筹股公司、跨国公司共同进行企业内部培训;
- 聘用专业演员来指导为期半天的即兴表演;
- 与丰田公司一道开展一项包括亚洲、美国和欧洲在内的大型研究项目;
- 将两个普通教室改建成圆形阶梯教室;
- 委托兰德公司制作有ICS标识的壁画及大型帐幔作为室内设计的一部分;
- 推出"与院长共进午餐"的计划,邀请所有MBA学生与院长和副院长们一起在院长办公室共进午餐。

ICS还利用许多其他"场"促进成员基于他们具有的知识和他们所创造出来的含意进行彼此互动。下面是一些例子:

- 在大仓饭店举办"波特奖"颁发仪式。席间,教师、MBA学生、兄弟院校的学者、媒体、当年申请"波特奖"的企业、以前得奖单位及应邀来自商业界和政界的来宾汇聚一堂,相互切磋,共享体验;

- 在三得利大厅观察东京无指挥室内交响乐团"奥菲士"(Orpheus)的排练。教师和MBA学生与乐队成员及商业主管彼此交流心得体会；

- MBA学生每周五晚上与招聘单位在校园见面；

- 在春季学期，MBA学生每周四晚上与来自专业公司的主管——作为"如何成为高效专业人士"话题的客座演讲者——进行交流；

- 在卡拉OK聚会中，MBA学生与教职员一起联欢；

- ICS高尔夫和乒乓球锦标赛，MBA学生与教职员一起互动；

- 在富士山脚下的周末骑马活动中，MBA学生、教职员与孤闭症儿童、志愿工作者、营地管理者和马匹进行互动；

- 在远程电话和电视会议上，MBA学生和教师与硅谷的风险投资家及新德里的非营利组织成员进行交谈；

- 在丰田、佳能及本田工厂的现场实习中，MBA学生和教师、工厂的管理者及工人进行对话；

- 在东京公立高中，MBA学生和教师用英语与中学教师和学生进行交谈；与负责中学学生商业模拟游戏管理的代表进行交流，在此，MBA学生充当协助者的角色。

为了营造自由表达观点和自由交谈的氛围，ICS在校园建筑物内的墙壁上悬挂100多幅康定斯基(Kandinsky)、埃舍尔(Escher)、米勒等著名画家的临摹作品。对来自不同国家、操不同语言、具有不同背景和经历以及秉持不同价值观的教师和学生进行有意识的组合，由此创造一种有益于多元思考的环境。

## 结论

对于未来的领袖来说,同时拥抱对立双方或两个极端情形的本领变得越来越重要。他们必须头脑与双手并用。他们既要追求持续改善又要发现颠覆性技术。为了创造新知识,他们必须同时兼顾暗默知识和形式知识。

诚如"一桥大学"的校名所示,ICS一直试图在两种分歧的张力之间架起一座桥梁,尝试将"两个世界之精华"综合成一体。迄今为止,它已经经受住菲茨杰拉德的检验,同时还具备了胸怀对立想法的本领,而且能够做到对此驾轻就熟。对本书所有作者的挑战是继续泛舟激浪,将ICS这艘航船驶向波涛汹涌的茫茫大海。

## 本书各章节作者

第一章　竹内弘高　野中郁次郎

第二章　野中郁次郎

第三章　野中郁次郎和竹内弘高

第四章　野中郁次郎和远山亮子

第五章　一条和生

第六章　楠木建

第七章　石仓洋子

第八章　克里斯蒂娜·阿玛德伽

第九章　大園惠美

第十章　阿久津聪和野中郁次郎

第十一章　楠木建

第十二章　竹内弘高

## 汉译创新管理丛书

《创新的种子：解读创新魔方》　　　　　　　　作者：[美] 伊莱恩·丹敦
《创新的源泉：追循创新公司的足迹》　　　　　作者：[美] 冯·希普尔
《创新高速公路：构筑知识创新与知识共享的平台》　作者：[美] 戴布拉·艾米顿
《研发组织管理：用好天才团队》　　　　　　　作者：[美] 杰恩·川迪斯
《研发组织沟通》　　　　　　　　　　　　　　作者：[美] 托马斯·艾伦
《文化VS技术创新：德美日创新经济的文化比较和策略建议》　作者：[德] 柏林科学技术研究院
《企业战略与技术创新决策：创造商业价值的战略和能力》　作者：欧洲技术与创新管理研究院
《破译创新的前端：构建创新的解释性维度》　　作者：[美] 理查德·莱斯特　迈克尔·派尔
《变化中的北欧国家创新体系》　　　　　　　　作者：[瑞典] 霍刚·吉吉斯
《服务创新：对技术机会和市场需求的组织响应》　作者：[英] 乔·迪德　[美] 富兰克·M. 赫尔
《牛津创新手册》　　　　　　　　　　　　　　作者：[挪] 詹·法格博格
　　　　　　　　　　　　　　　　　　　　　　　　[美] 戴维·莫利　理查德·纳尔逊
《企业产品创新》　　　　　　　　　　　　　　作者：[美] 大卫·瑞尼
《民主化创新：用户创新如何提升公司的创新效率》　作者：[美] 埃里克·冯·希普尔
《国家创新体系比较：德国国家创新体系的结构与绩效》　作者：[德] 乌利齐·施莫河　克里斯蒂安·拉默
　　　　　　　　　　　　　　　　　　　　　　　　哈拉尔德·雷格勒尔
《赢在创新：日本计算机与通信业成长之路》　　作者：[英] 马丁·弗朗斯曼
《创新的愿景：日美公司的创新文化》　　　　　作者：[英] 马丁·弗朗斯曼
《创新的10个面孔：打造企业创新力的十种人》　作者：[美] 汤姆·凯勒
《企业快速成长之路：知识和技术的新市场应用》　作者：[美] 马克·梅耶
《日本零售业的创新和动态：从技术到业态，再到系统》　作者：[德] 亨德里克·迈耶·奥勒
《创新突围：美国著名企业的创新策略与案例》　作者：[美] 马克·斯特　菲克 等
《创新之道：日本制造业的创新文化》　　　　　作者：[日] 常盤文克

## 汉译知识管理丛书

《创造知识的企业：日美企业持续创新的动力》　作者：[日] 野中郁次郎　竹内弘高
《知识创造的螺旋：知识管理理论与案例研究》　作者：[日] 竹内弘高　野中郁次郎
《创新的本质：日本名企最新知识管理案例》　　作者：[日] 野中郁次郎　胜见明

## 汉译企业知识产权战略丛书

《技术许可战略：企业经营战略的利剑》　　　　作者：[美] 罗塞尔·帕拉　帕特里克·沙利文
《企业知识产权评估与定价》　　　　　　　　　作者：[美] 理查德·拉兹盖提斯
《智力资本管理：企业价值萃取的核心能力》　　作者：[美] 帕特里克·沙利文 等
《无形资产的有形战略：管理公司六大无形资产的制胜法宝》　作者：[美] 约翰·贝利

出版发行：知识产权出版社
直销电话：(010) 82000733
网　　址：http://www.ipph.cn
E-mail：duanhongmei@cnipr.com